LES ÉNIGMES DE L'UNIVERS

Collection dirigée par Francis Mazière

HECTOR PEREZ MARTINEZ

CORTÈS ET CUAUHTEMOC

Vie et mort de la civilisation aztèque

Version française de Jean Camp

Préface d'Octavio Paz

ÉDITIONS ROBERT LAFFONT
PARIS

Titre original : CUAUHTEMOC

ISBN 2-221-00910-X
(édition originale : Espasa Calpe Mex., S.A., Mexico)

PRÉFACE

Sous la double pression de l'État et de l'économie, notre époque tend à faire disparaître la riche diversité humaine. La multitude, faite de bras innombrables et d'un seul visage contracté, remplace l'image antique du peuple au sein duquel l'homme, au lieu de se perdre, se retrouvait. Mais à mesure que la société se répète sous un même masque, les différences d'une classe à l'autre, d'un homme à l'autre, sont profondes et ineffaçables. Jamais les hommes ne se sont autant ressemblé ; jamais ils n'ont été plus seuls. Et la solitude moderne ne donne même pas cette sensation de plénitude que provoque parfois le sentiment de se savoir tout seul avec soi-même. Au fond de son être, l'homme est séparé de soi, comme coupé. Nous nous ressentons comme une absence. Il nous manque une partie de nous-mêmes : les autres. L'uniformité sociale se transforme ainsi en amputation psychique.

Dans ces conditions, il n'est pas étonnant que le drame de « l'intelligence » contemporaine consiste dans son impuissance à sortir d'elle-même. Modelée par la propagande ou la terreur, la société s'est convertie en une masse inerte devant ses chefs, impénétrable à l'extérieur. Et rien de plus « extérieur » à cette masse que la pensée indépendante. Le fait que dans les dernières cent années, le nombre des livres et des lecteurs ait augmenté dans des proportions incalculables ne prouve rien. La culture ne consiste pas autant dans le nombre de lecteurs que dans l'intensité et l'authenticité des relations entre le public et les œuvres.

Les liens organiques qui lient le créateur à son auditoire se sont brisés. Dans le meilleur des cas, la lecture est maintenant une communion entre deux solitaires, l'un étant invisible à l'autre. La résonnance profonde de l'œuvre, son efficacité modeleuse a cédé la place à la diffusion. La publicité exige des millions de lecteurs et des milliers de livres, oubliés à peine sont-ils consommés par un public sans mémoire. Les canaux de communication une fois bouchés, les possibilités d'action de la pensée s'éteignent. Livré à lui-même, l'écrivain se spécialise. Et le créateur se dévore.

Cette situation est universelle. Mais il y a des exceptions. Évidemment, des exceptions qui tendent à disparaître. Au Mexique, par exemple, l'écrivain, jusqu'à ces derniers temps, avait la sensation d'appartenir encore au corps social. Si peu le lisaient ; il pouvait cependant en influencer un grand nombre. La Révolution mexicaine de 1910 ouvrit les portes de l'action aux écrivains et aux artistes. Au début, les peintres manquaient de marché individuel, mais ils possédaient les murs publics. Les écrivains, sans grandes possibilités pour éditer leurs œuvres, pouvaient influencer le public à travers l'éducation et d'autres formes de contact direct. En Europe, il est difficile qu'un écrivain pénètre dans le monde fermé des partis, des syndicats et autres organismes. La jalouse bureaucratie des dirigeants leur barre le passage. Les murs abattus par les encyclopédistes s'élèvent à nouveau. Au Mexique, c'est le contraire. Bien des hommes publics de ces derniers trente ans sont aussi des écrivains, des poètes, des philosophes. José Vasconcelos, écrivain, est le fondateur de l'éducation mexicaine moderne. Genaro Estrada, poète et critique, fut secrétaire aux Affaires Étrangères. Les exemples sont innombrables.

Hector Perez Martinez appartient à cette lignée. Sa carrière politique est inséparable de son œuvre littéraire. Dans sa jeunesse, il s'occupe de journalisme politique. En même temps il cultive les formes extrêmes de ce qu'on appela l'avant-garde littéraire. « Image de personne » (1932) est un récit poétique. Pendant le gouvernement de Lazaro Cardenas (expropriation et nationalisation du pétrole, partage des terres, aide à la République espagnole, asile aux hommes poursuivis par les régimes totalitaires, de Léon Trotski aux réfugiés espagnols, Perez Martinez se distingue par la ferveur et la loyauté de ses convictions. Il publie alors une excellente biographie, « Juarez l'impassible » (1934) ; une étude sur la poésie populaire mexicaine, « Trajectoire de la Complainte » et un volume de poèmes, créés sous le double soleil baroque de Gongora et de Sœur Juana Ines de la Cruz.

Directeur du « National », il ouvre son journal aux jeunes écrivains et poètes. Plus tard, il est élu gouverneur de sa province natale. Fondation d'écoles, réforme agraire, lutte contre les conditions inhumaines imposées aux travailleurs qui s'enfoncent dans les forêts pour extraire le « chicle », création de coopératives ouvrières, etc...

Dans le gouvernement du Président du Mexique, M. Miguel Aleman, il occupe le poste de Secrétaire de l'Intérieur, jusqu'au jour de sa mort.

Mais l'action ne l'absorbe pas tout entier. Une bonne partie de son œuvre se compose de travaux historiques. Il se penche aussi bien sur l'histoire de la piraterie dans le golfe du Mexique — la capitale de son pays, Campiche, élève encore ses murailles décrépites contre les fantômes des corsaires — qu'il étudie le caractère de la Conquête à travers son édition critique du livre de Landa « Relation des choses du Yucatan ». Histoire et érudition au service de son idée de l'homme. En 1944, il publie son œuvre fondamentale : « Cuauhtemoc, vie et mort d'une culture. » Quatre ans plus tard, le 12 février 1948, il meurt. Il avait quarante-deux ans.

L'intérêt de Perez Martinez pour l'histoire n'était pas dû au hasard. Ortega y Gasset a montré que le passé est fonction du futur. Seuls, les peuples d'avenir ont une histoire. La tradition est toujours une création ; elle embrasse la résurrection de ce qui fut autant que son reclassement dans la perspective dessinée par l'histoire. La volonté de l'auteur remet debout les morts et impose un ordre à leurs œuvres. En tournant les regards vers notre passé et en s'interrogeant sur le sens de cet amas de décombres, Perez Martinez cherche les signes de l'avenir du Mexique. L'histoire est une besogne urgente. Son œuvre aspire à comprendre pour fonder. De là vient que cette compréhension est aussi, à sa manière, poésie et invention. Toute l'histoire, quand elle est quelque chose de plus qu'une accumulation de chiffres, est une invention. Non pas une simple remise en lumière du passé, mais un rattachement à une réalité en marche. À ce point de vue, le livre de Perez Martinez est exemplaire. C'est une question posée au passé, bien sûr, mais aussi c'est *une réponse que le passé nous fait.* Nous sommes ceux qui avons à dire les mots de la fin du dialogue mortel qu'entamèrent Cuauhtemoc et Hernan Cortez.

Il est vrai que toute réponse contient implicitement sa réponse. Formuler un problème suppose déjà les éléments de sa possible solution. Mais l'authenticité de la question dépend précisément de la liberté qu'on accorde à la réponse pour qu'elle soit donnée ou non. Perez Martinez ne part pas d'un système préalable. Il suit en cela la Révolution mexicaine. Comme on le sait, ce mouvement n'est pas le fruit d'une « idéologie », dans le sens d'un schéma intellectuel imposé à la réalité par l'esprit de géométrie. De là vient que, même en pleine lutte civile, la Révolution mexicaine n'a jamais pratiqué la terreur organisée. La violence, quand elle est une explosion spontanée, est salutaire. L'esprit de système, fils de rationalisme du XVIIIe siècle, a fait déboucher les révolutions européennes dans la tyrannie bureaucratique ou dans la restauration césarienne. Les institutions mexicaines, « l'idéologie révolutionnaire », se sont créées peu à peu, alimentées par l'esprit de rébellion et comme l'exigeait le libre jeu du combat. Le Cuauhtemoc de Perez Martinez jouit de cette flexibilité. Son livre commence comme une évocation de la réalité. L'entreprise de l'historien coïncide avec la science par la rigueur de la recherche ; avec la création artistique, par son respect pour la libre et changeante objectivité de la réalité. Perez Martinez ne croyait pas posséder la clef de l'histoire. Il savait que les pouvoirs de l'homme sur l'avenir sont assez précaires. Son image du passé ne dépend pas autant de l'idée qu'il se fait du passé que de *sa recherche de ce même passé.* C'est justement par son absence de dogmatisme que son livre possède une valeur exemplaire et esthétique. Loin de postuler une « vérité », Perez Martinez interroge, cherche. Il veut savoir qui est Cuauhtemoc. Peut-être le héros lui dira-t-il ce qu'est le Mexique. Et, bien entendu, cette question est déjà une réponse : le Mexique, c'est la recherche elle-même.

Essai de compréhension, le livre de Perez Martinez échappe à la mesquinerie de l'« indianisme » comme à l'orgueil vain de l'« hispanisme ». On ne peut pas réduire l'histoire à la dimension de nos rancœurs. Le Cortès que nous peint Diego Rivera est aussi faux que le Cuauhtemoc que nous décrit Vasconcelos. On ne peut rapetisser l'un des protagonistes sans dégrader l'autre en même temps. Cuauhtemoc et Cortès sont inséparables. Achille est inexplicable sans Hector. La chute de Ténochtitlan est tragique pour les mêmes raisons qui rendent tragique l'écroulement d'Illion. La morale de l'histoire est toujours tragique : conjonction de destins, choc de mondes.

Cuauhtemoc et Cortès restent vivants dans le sang et dans l'imagination de tous les Mexicains et ne cessent de lutter secrètement au fond de chacun d'entre nous. Leurs ombres sont déjà des mythes et forment la substance même de notre destin. Perez Martinez a aimé les indiens, mais sa passion n'était pas exclusive. Dans son cœur, il y avait de la place pour le peuple espagnol. C'est pour cela qu'à la différence des artistes rancuniers, il a pu écrire impartialement la vie de Cuauhtemoc.

Dans le premier chapitre de son livre, Perez Martinez souligne le caractère absorbant et total de la religion aztèque. À peine y avait-il un geste ou une attitude qui ne fût pas empreint de religiosité. La vie se pétrifie dans le rite. Le secret de la défense désespérée de Tenochtitlan réside peut-être dans cette totale soumission aux images du mythe. La guerre est pour eux une fête religieuse, une *re-production* de la lutte cosmique. Le combat était une représentation rituelle de la mort éternelle et de la résurrection. D'autre part, nous savons que la religion aztèque, comme ses temples, est composée par la superposition de croyances et de concepts. Un édifice en recouvre un autre ; un dieu, un autre. Les dieux primitifs aztèques étaient des divinités de guerre et de chasse, comme il convient à un peuple nomade. Quand ils s'établissent dans le val de Mexico, les Aztèques adoptent des dieux agriculteurs et civilisateurs, comme Tlaloc, le dieu de la pluie. À la cime de la théogonie aztèque deux cultes différents s'entrelacent sans se fondre complètement : Huitzilopochtli, le dieu solaire des guerriers, et Quetzalcoatl, la divinité des prêtres. Tous les deux réclament du sang. Mais le premier est le dieu de la tuerie et de la guerre ; le second, celui de la mortification, de la pénitence et du suicide. Tous les deux incarnent les tendances fondamentales de l'homme, le double instinct de tuer et de mourir.

Soustelle, dans « La pensée cosmologique des anciens Mexicains », observe que ce dualisme correspond à l'idéal de chacune des fractions de la classe dirigeante, guerriers et prêtres. Les attributs du dieu reflètent les appétits et les espérances de ses adorateurs. L'arrivée des Espagnols provoque immédiatement une double réaction chez les chefs aztèques. Moctezuma sent la fascination du suicide devant Cortès. Ce n'est pas un hasard qu'il ait vu Quetzalcoalt, la divinité qui s'immole à Téotihuacan pour recréer le monde, dans le Conquérant. Moctezuma était vaincu d'avance ; il défaille parce qu'en lui triomphe la divine tendance à l'auto-destruction. Cuauhtemoc représente le mouvement opposé, polarisé dans la terrible figure de Huitzilopochtli. La conquête du Mexique peut s'expliquer *en partant de la religion aztèque comme une dernière représentation de ses mythes grandioses*. En son midi, à la moitié de sa course, le soleil vacille. C'est l'heure du suicide rituel. La chute de Tenochtitlan commence avec l'abandon des dieux. Avant que ne désertent les amis et les vassaux, les divinités tournent le dos à leur peuple. C'est ainsi que la première conséquence de la Conquête fut de rendre orphelins tous les Indiens. Leurs liens avec le sacre étaient rompus. Elle est bien significative, la rapidité avec laquelle s'étendit dans tout l'antique Anahuac le culte rendu à la Vierge de la Guadeloupe. Son temple, construit sur les restes de l'antique pyramide consacrée à Tonantzin, déesse de la fertilité, est encore le sanctuaire des Indiens. Il s'agit sans doute d'un retour aux vieilles divinités féminines. Le trait caractéristique de la religiosité mexicaine consiste en ce retour aux entrailles de la déesse mère. Ce qui est aussi révélateur, c'est la vitalité et la permanence du culte envers Cuauhtemoc. Le dernier chef aztèque est un mythe populaire. À une autre époque, il aurait été défié. Divinité en puissance, Cuauhtemoc incarne le culte du dieu jeune qui meurt en combattant pour donner la vie. Sa figure polarise un autre des courants de la sensibilité mexicaine. Si Notre-Dame de la Guadeloupe, Tonantzin, symbolise le retour au giron maternel, Cuauhtemoc représente, au contraire, la solitude du héros qui lutte et meurt tout seul, abandonné par les dieux et les hommes. Expliquer le mythe, en faire jaillir tout le sens, c'est l'humaniser. En même temps, c'est rendre plus clair le sens de notre destin. Le mythe est le hiéroglyphe de notre destin. Perez Martinez nous en offre une clef.

Octavio Paz.

AVERTISSEMENT

La conquête de Mexico a été un thème de politique militante et on l'a jugée, à différentes époques, gonflée d'une actualité qu'elle ne possède plus. Il s'agit d'un fait consommé dont la discussion ne pourra modifier la réalité. Ceux qui la dénigrent et la condamnent ou qui la justifient et l'exaltent, s'éloignent donc de sa vérité essentielle qui nous touche plus intimement : l'existence du Mexique comme pays métissé.

Pour comprendre et aimer le Mexique, il faut compter équitablement le battement de notre sang espagnol et la quantité de notre monde indigène que ce sang féconde. Se décider pour une seule de ces deux origines et la brandir comme un drapeau exclusif, c'est nier notre destin.

On ne peut parler de la mort absolue des valeurs indigènes, non plus que d'une prédominance absolue de l'occidental sur l'autochtone. Notre métissage a franchi les frontières purement raciales pour inonder les vastes champs inquiets de l'esprit. L'autochtone a nuancé de telle façon l'occidental, ces deux éléments se trouvent si pénétrés l'un par l'autre dans leur essence mexicaine, ils composent une seule substance et ils donnent naissance à une sensibilité si caractéristique et si particulière, en même temps qu'universelle, qu'une telle communion est la meilleure preuve des vertus de l'apport indigène et de l'apport espagnol.

L'histoire qui sert de support à la vie, à la mort et à la survivance de Cuauhtemoc s'est toujours construite sur la croix gravée sur notre monnaie et l'on n'en a tiré des jugements favorables que pour l'une des deux grandes forces qui, dans cette lutte, entrèrent en conflit. Voici la même histoire reposant sur l'autre versant du drame. C'est un livre dans lequel on fait entendre la voix des Indiens, poétique et mythique, pour conter leur épopée. Une grande passion l'anime : Celle-là même qui est enfermée dans les lettres de Hernan Cortès et dans la Chronique de Bernal Diaz del Castillo ; mais elle est aussi un témoignage — celui qui fut le moins écouté jusqu'ici — de l'épopée castillane.

C'est un livre pathétique, puisque le pathétisme est le langage même des Indiens.

PREMIÈRE PARTIE

L'AMBIANCE

CHAPITRE PREMIER

L'EMPIRE DU SACRÉ

Le monde dans lequel naît et passe Cuauhtemoc est régi par d'étranges et mystérieuses puissances : un monde saturé de dieux et de rites fantastiques qui imprègnent la vie, lui donnent un sens et façonnent la conduite personnelle de l'individu en la soumettant au souffle et au devenir mystérieux de la tribu. Voilà la raison pour laquelle Cuauhtemoc apparaît froid et mort par avance dans les études qui ont voulu l'expliquer. Si on l'isole en effet de son atmosphère, si on l'éloigne du climat magique qui lui est propre par raison de lignage et de tradition, on lui attache aussi tous ses attributs et on le laisse inexpliqué et nébuleux, étranger à l'esprit indigène qui trouve en lui un de ses modèles.

Aucun des peuples aborigènes du Mexique n'accomplit son destin sous la vigoureuse emprise de la divinité au même degré que l'Aztèque. Le sacré est ce qui donne à l'Aztèque sa pleine vie ; le sacré est, en même temps, ce qui lui enlève cette vie et met un terme implacable à son existence.

Dans cette tribu complexe, on s'échappe de la vie et on arrive à la mort en ignorant que celle-ci est la sévère correction que l'ordre de la Nature impose à la volonté de vivre. Pour l'Aztèque, le sacré, le surnaturel, le mystérieux, l'irréel, l'empire d'une force prépondérante et supérieure à l'homme, mais confondue et mêlée au sang de ce même homme, voilà ce qui donne la vie et la mort.

Le sacré, enfin, ouvre le chemin de la vie elle-même pour livrer l'être humain aux puissances qui le conduisent vers son anéantissement. C'est le sacré qui purifie et justifie l'homme, qui lui donne le pouvoir, la vertu, la sagesse, la technique, qui l'élève et le guide à travers l'existence en le dirigeant d'une manière implacable et fatale. Le sacré est, pour l'Aztèque, d'une part la volonté de vivre ; mais aussi la volonté de la mort, car, en somme, celle-ci n'avait d'autre signification que celle d'être la façon la plus parfaite pour l'homme de revigorer le principe de la divinité et assurer la jeunesse permanente des dieux et de leur peuple.

Ceci explique une des caractéristiques permanentes de la mentalité indigène : présenter l'homme comme un collaborateur de la divinité. Grâce à cette collaboration, il est possible de perpétuer non seulement le dieu mais l'homme. Le premier trouve chez l'homme une source de vie ; le second trouve chez le dieu la décision et la source de la mort d'où jaillira sûrement la vie du peuple. Et ce rythme, sur lequel nous insisterons plus loin, nuance et exprime d'une façon nette la plus profonde des conceptions aztèques.

⁂

La création de l'homme est le fait de la divinité. Nous pourrions dire au rebours : la création de la divinité est le fait de l'homme. Et dans aucune de ces deux affirmations extrêmes ne manquerait le sens caché de la mythologie du peuple aztèque. Ce dernier fut créé grâce à la douleur et au travail des dieux et il doit y répondre en leur offrant son propre sang. Le sacrifice humain était donc essentiel dans la religion aztèque puisque si les hommes ne pouvaient exister sans la création qu'en firent les dieux, ceux-ci, à leur tour, ont besoin que l'homme les maintienne avec sa propre immolation et leur fournisse comme aliment la substance magique, le « chalchiualt », le liquide précieux, la vie qui se trouve et se cache dans le sang et le cœur humains.

À l'origine, les dieux naissent comme les hommes : Ometecuhtli et Omecihuatl s'unissent pour avoir quatre fils : Xipe, Tezcatlipoca, Quetzalcoatl et Huitzilopochtli. Ce dernier, le dieu de la guerre, divinité solaire, est le filon de la vie mais aussi celui de la mort réitérée puisqu'il doit livrer tous les jours de terribles combats dans lesquels il périt pour renaître toujours nouveau et divin grâce au don de sa vie que l'homme lui a fait. Tezcatlipoca, le dieu au miroir fumant sur le front et au pied difforme est, comme tous les contrefaits, méchant et redoutable. Entre lui et Quetzalcoatl se poursuit une autre lutte, aux triomphes alternatifs, qui tantôt culmine en fruits éternels pour l'homme comme la découverte de l'apiculture et tantôt en catastrophes comme le dépeuplement de la terre, la disparition du soleil et la transformation des hommes en singes. Les dieux créateurs transforment ensuite Tlaloc en soleil, mais Quetzalcoatl qui n'est pas d'accord, fait pleuvoir sur la terre les langues embrasées du feu et transforme les hommes en oiseaux. Un nouveau soleil s'éleva alors, Chalchiutlique, mais Tezcatlipoca réalisa le miracle d'une pluie sans fin qui inonda la terre et réduisit les hommes en poissons. L'univers demeura dès lors sans terre et sans soleil. Les dieux batailleurs se concertèrent, élevèrent le niveau de la terre et tinrent conseil à Teotihuacan pour faire un nouveau soleil.

Ce rythme de vie et de mort, de création et de destruction culmine avec la naissance de l'homme. C'est Quetzalcoatl qui descend au monde des morts, et avec les os des générations disparues et son propre sang divin et vivifiant, modèle le genre humain. Voici comment cette dette mutuelle que les dieux et l'homme ont entre eux doit se maintenir en portant sur le fléau de la balance tout le sens de l'existence. Le dernier soleil doit périr aussi. Le feu, le vent, la pluie — qui détruisirent, au temps de leur pouvoir, les soleils antérieurs — seront suivis par le séisme. Le peuple aztèque sent sur soi la terrible menace. Il vit dans le mythe fantastique et cruel et il n'est donc pas étonnant que l'aspiration générale s'incline vers le sacré pour maintenir l'ordre du monde actuel étayé sur la force des dieux et le salut de l'homme.

Un tel abandon fébrile, désespéré, de l'homme au sacré, conduit le peuple aztèque à des excès qui répugnent à notre mentalité occidentale mais qui ont une explication justicière dans le contenu d'éternité que le peuple lui-même leur donnait en recherchant la mort. L'Aztèque est fils du soleil. Huitzilopochtli — qui conduisit le pèlerinage de la tribu — exige la vie de l'homme pour se maintenir au plus haut du ciel. Le sacrifice de l'homme sur les autels de la divinité était donc une façon d'introduire dans le sacré quelque chose qui n'appartenait réellement qu'à l'homme : la vie et la mort.

C'est ainsi que sous l'empire du sacré, l'Aztèque fait tout, même la guerre. Il la dépouille de son simple aspect impérialiste

— imposition de tributs après la conquête militaire — et la transforme en un moyen de recruter des victimes propitiatoires offertes aux dieux. De cette façon naît la xochiyoayotl ou « guerre fleurie », à quoi se rapporte un des chants indigènes les plus fascinants :

Que les Aigles et les Tigres s'accolent tandis que résonnent les [boucliers !
Les princes sont réunis autour du festin : ils vont faire des [prisonniers.
Sur nous se répandent, sur nous pleuvent
Les fleurs du combat dans lequel le dieu se complaît.
Voilà le lieu où l'on bouillonne,
Où tout est pêle-mêle, lieu de l'ardeur guerrière,
Où l'on obtient la gloire et l'on suit le bouclier,
Lieu du danger qu'entoure la poussière.

Jamais la guerre fleurie ne doit cesser,
Elle est durable au bord du fleuve ; là ouvrirent leurs corolles
Les fleurs des Tigres et les fleurs de l'écu,
Lieu du danger qu'entoure la poussière.

Voilà le jardin parfumé des Tigres :
Les fleurs tombèrent sur nous dans le champ de bataille,
Sur nous se répandirent leurs parfums, oh ! vous qui désirez la [gloire et le renom !

Non seulement Huitzilopochtli impose des sacrifices pour demeurer jeune. Mais Tezcatlipoca aussi, et Xipe et Quetzalcoatl et, après eux, tous les dieux secondaires. Sahagun nous a conservé un récit détaillé des fêtes mensuelles que les Aztèques pratiquaient et dans lesquelles la mort de l'homme était obligatoire. Ce vertige de mort trouvait son expression suprême dans les sacrifices de ce que Mendieta nomme le cinquième mois, pendant lesquels on écorchait la victime, et les prêtres revêtaient les peaux ensanglantées d'où pendaient les pieds et les mains du mort.

Mais, en d'autres occasions, c'était le dieu qui devait mourir. Déjà Frazer faisait remarquer cette mystérieuse cérémonie : « Aucun peuple — assure-t-il — ne semble avoir observé la coutume de sacrifier un représentant humain de la divinité aussi couramment et avec autant de solennité que les Aztèques. » Ils sélectionnaient d'avance un jeune captif qu'ils soumettaient, pendant toute une année, à la rigide éducation qui correspondait à celle de la noblesse ; ils lui vouaient le respect dû à Tezcatlipoca et lui faisaient savourer la vie en le promenant avec des fleurs dans les mains, en l'adorant, en le vénérant. Mais quand arrivait le mois appelé Toxcatl, ce représentant humain du dieu était amené au temple de sa propre divinité et il y était sacrifié. De cette manière, le peuple aztèque rendait la liberté de la mort à la divinité choisie, pour orner de nouveau, immédiatement, un autre captif des attributs de la divinité et le préparer à la vie magique et péremptoire du dieu et à son anéantissement.

Ce mystère s'explique par la plus étrange déviation du sens du sacré dans la mentalité aztèque : la mort d'un représentant du dieu ou de la divinité n'avait d'autre objet que d'assurer sa propre vigueur dans la plénitude de sa puissance — la mort était un renouveau ; et aussi, comme l'explique Freud, une façon de se réconcilier avec l'ennemi, de l'exalter et de faire de sa mort un symbole de la solidarité et de la vie.

Le peuple aztèque se penche avec tant de force sur le sacré que celui-ci devient, plus clairement qu'en aucune autre des races indigènes, un interdit, une fatalité protégée par la coutume et par le rite. La mort du dieu, dans ce cas, ne correspondrait qu'au dieu. La mort est sacrée et un homme, investi de la divinité, ne peut l'éluder.

Entre le sacré et le profane, une barrière est tendue ; elle avance ou elle recule, mais on ne la renverse jamais. Aussi le cadre naturel de toutes les sociétés primitives, logique et équilibré grâce à l'harmonie qui s'établit entre le sacré et le profane, se trouve brisé chez le peuple aztèque par la prépondérance du sacré sur le profane.

Dans d'autres peuples, le sacré n'est que « la recherche constante d'un juste milieu qui permette de vivre entre la crainte et la prudence sans jamais s'écarter des limites de ce qui est permis, dans une médiocrité dorée qui assure la conciliation précaire de deux forces contraires, celles-là mêmes qui assurent la durée de l'univers en se neutralisant en partie, réciproquement ».

Saint Augustin disait à propos du sacré et du profane : *et inhorresco et inardesco*. Dans le milieu aztèque, le profane — ce profane qui brûlait Saint Augustin — se rapporte seulement à quelques scènes de la vie de la tribu. Et même ces quelques scènes se caractérisent toujours par la présence de la divinité qui faisait de l'homme un serviteur et un collaborateur des dieux. De là l'instabilité de l'univers aztèque. De là, cette succession ininterrompue de cataclysmes où sont anéantis et créés des mondes, des hommes et des dieux qui n'ont pas trouvé la grâce de leur équilibre, celle qui donne l'éternité à d'autres hommes et à d'autres dieux. De là, cette folie à la fois sacrée et brutale qui entourait toute chose en lui donnant sa raison d'être. De là, cette ubiquité des dieux du panthéon aztèque. Quetzalcoatl est aussi Ehecatl, Tlahuizcalpantecuhtli, Ce Acatl. Tezcatlipoca se dédouble à son tour en Telpochtli, Yaotl, Ezcozauhqui, Ome Acatl, Iztlacoliuhqui. Tous les dieux aztèques, ou presque tous, sont liés par des liens de parenté. Ils composent une famille formidable qui, parfois, organise et règle la vie en paix. Mais, d'autres fois, cette même famille rend l'homme victime de ses discordes et de ses dissensions. Tezcatlipoca est lié à Huitzilopochtli par des liens plus intimes que les liens fraternels. Le même dieu redoutable enleva Xochiquetzal et exila Quetzalcoatl. Celui-ci, le dieu du vent, était frère jumeau de Xolotl. De telles divinités dynamiques ont besoin du tonnerre et de la mort pour satisfaire l'homme. Elles n'ont jamais voulu condescendre, comme les divinités grecques, à prendre part à la vie familière et humaine. L'Aztèque, l'Indien, tourne toujours le dos à la vie, cette vie débordante de la rumeur de la mort.

C'est pour cela que l'indigène du pays de Cuauhtemoc a une vision de la mort qui lui est propre. Cette mort n'est pas caractérisée par un aspect moral, tout comme dans l'Occident. Une activité sociale, peut-être, pourrait l'influencer, selon la routine et la tradition, pour former plus qu'une règle de vie intime et personnelle. Mais, après la mort, il n'y a pas un ciel qui récompense ou un enfer qui punit. La conception aztèque de la mort, froide et naturelle, est plus proche de la définition qu'en a donnée Horace : un exil sans fin. Mais non un exil glacé et oisif pour tous. La situation de celui qui meurt, qu'il soit au paradis ou dans l'enfer aztèque, dépend du genre de mort, des coutumes ou des occupations de cet homme. L'organisation de l'outre-monde indigène se déplace vers les quatre points cardinaux, vers le ciel et la terre, vers l'horizontal et le vertical. Il y a un paradis oriental et un autre occidental, réglés par le soleil, vers lesquels s'en vont, après leur mort, les guerriers tués dans la lutte. Ils passent quatre années en compagnie du soleil, puis, enfin, ils reviennent sur la terre transformés en oiseaux aux riches couleurs. À côté des guerriers, il y a d'autres élus : les femmes mortes en mal d'enfant. Les noyés et les lépreux vont au paradis de Tlaloc, lieu où la nourriture abondante se joint à la fertilité. Les autres, ceux qui ne sont pas mentionnés, descendent avec Mictlantecuhtli, après avoir passé par une série d'épreuves magiques et de travaux douloureux, afin de se reposer, de se libérer, puis de disparaître. C'est bien un exil sans fin.

Cette conception sacrée de la vie et de la mort règle aussi d'autres phénomènes qui ont une intense répercussion sur l'organisation de la société. Les actes religieux sont en grande partie des actes sociaux parce qu'ils créent une hiérarchie, c'est-à-dire un droit et un pouvoir. Cela se passait ainsi pour les Aztèques, la place d'un individu dans son milieu strictement religieux pouvait être déterminée *ipso facto* par sa naissance, son sexe, certains états physiologiques, son rang. De plus, en dépit de la valeur que l'on donne, à priori, à certaines conceptions que l'on peut facilement confondre avec l'expression d'une conscience morale et individuelle, il y avait une dissolution de la conscience individuelle en une sorte de conscience sociale inséparable de la force de la religion. C'est ainsi que l'Aztèque ne se sentait jamais seul dans la multitude : il était l'homme de la masse. La conscience religieuse aboutissait chez ce peuple à une inconscience de l'être.

⁂

La religion se chargea de régler les relations des individus avec leurs semblables et avec leurs dieux. Par conséquent, les prêtres étaient une force déterminante et très importante dans le système qui réglait la vie de la communauté. À travers la religion, investissant dans la hiérarchie religieuse le tlacateculatli, ou chef des guerriers — celui que les chroniqueurs espagnols primitifs appelèrent roi ou empereur — les prêtres, la caste, la matière qui servait d'intermédiaire entre l'homme et la divinité, avait la prédominance dans la vie sociale et ils exerçaient le pouvoir. Le sacré fut parmi les Aztèques le principe du respect, l'instrument du commandement. Les prêtres élaboraient le culte, ils dirigeaient le rituel, ils suggéraient encore à l'esprit du peuple la proximité, la force et la crainte de leurs dieux. Ce n'est pas extraordinaire, par conséquent, que les arts indigènes fussent dédiés spécialement à l'expression religieuse.

Et c'est dans l'art que l'on observe l'une des contradictions les plus apparentes et confuses, sur laquelle il est bon d'insister à chaque pas, lorsqu'il s'agit du peuple aztèque. Cette contradiction, tout comme celle de la vie et de la mort, explique quelques-uns des mystères les plus profonds de la culture indigène. Cette contradiction est éternelle et monstrueuse, elle se place entre le réalisme et le subjectif qui sont les marques de l'art autochtone.

Une telle contradiction n'est pas étrangère à l'essence même de l'esprit aztèque. Déjà, l'un des chroniqueurs du XVIe siècle signalait l'évidence d'une antithèse semblable en affirmant que les Indiens, discrets et honnêtes d'une part, étaient aussi sans retenue et sanguinaires. Les Aztèques portent ce conflit jusqu'à sa plus haute conception : Tezcatlipoca, le dieu au miroir fumant et au grand pouvoir, est boiteux : l'homme a mis son empreinte digitale dans l'abstraction. Coatlicue, la mère des dieux, porte en elle-même les deux principes féconds de l'indigène : la vie et la mort. Bien qu'elle soit une abstraction, l'artiste aborigène l'a créée dans la pierre, il lui a donné un collier émouvant tout en cœurs fumants et en mains coupées, une jupe de serpents et des griffes énormes dressées contre les hommes.

Huitzilopochtli, le dieu du soleil, source de vie, est un dieu qui meurt — a-t-on dit — à plusieurs reprises. Les cataclysmes créateurs qui créèrent le dieu, l'homme, la mort et la vie renferment aussi cet aspect d'une contradiction. Et cependant le dieu et l'homme, la vie et la mort, la création et la destruction n'étaient pas pour le monde et la mentalité aztèques des choses antithétiques. La contradiction renfermait une fin plus généreuse : celle de la synthèse. Mais en elle le profane était subjugué par le divin. Le sacré inonde tout. Le profane, moins fort et moins important, se confond avec le sacré. Le profane est le détail, le côté réaliste, purement humain de l'art indigène. Le sacré est le côté subjectif, l'ensemble, le mystère, l'idée abstraite et dramatique qui préside à l'avenir indigène.

Cela pourrait être, sans doute, une explication de la raison pour laquelle la sculpture et l'architecture se trouvent indissolublement unies dans l'art indigène. Ces deux ordres distincts, chacun d'eux ayant sa propre fonction, selon la conception classique, servent, dans l'esprit aztèque, d'éléments complémentaires. L'un d'eux, l'architecture, réalise, grâce à une immobilité qui rappelle la rigidité de la mort, le déplacement de l'élan créateur vers l'un des sens essentiels, le sens vertical qui servait de soutien à l'outre-monde aborigène — l'on ne doit pas oublier que l'Aztèque sculpte et construit dans un but religieux. L'autre, la sculpture, marche dans le sens horizontal, comme une répétition de catégories et d'essences si réitérée et si manifeste que le motif ornemental, l'académisme, est sa qualité essentielle. Mais une décoration conçue sans la moindre intention de recouvrir une surface. C'est dans la sculpture que se révèle dans tout son pathétisme la puissance objective de l'esprit aztèque en même temps que sa soumission au sacré. Tandis que l'architecture élève de grandes masses de pierre qui serviront de soutien aux dieux, la sculpture met, sur ce squelette monumental, tels des nerfs et des artères, une décoration qui donne la vie, l'originalité humaine ou inhumaine, peut-être, au temple.

⁂

La sculpture parcourt un bref chemin chargé de mystères. Elle retourne vers son propre début. Elle insiste en elle-même. Elle ne se dédouble pas pour bifurquer, mais elle se courbe pour recommencer. C'est pour cela que le serpent — symbole de Quetzalcoatl — est l'un des motifs les plus fréquents dans la sculpture et la décoration de l'art aztèque. C'est le sacré qui revient vers le sacré. Le génie de l'homme esclave d'un mythe, de l'ambiance terrestre de vie et de mort, comme un seul cycle de son existence. Pendant longtemps la sculpture indigène n'a pas été assez prisée, car l'on y cherchait des comparaisons avec la sculpture occidentale.

On voulait définir son apparence sans pénétrer son essence.

La meilleure définition que l'on pourrait en donner serait de dire que la sculpture occidentale est faite de sérénité, d'une paisible sensualité qui la rend classique, tandis que la sculpture indigène est possédée par la folie du mythe et du rite. Elle porte en elle-même une exaltation sexuelle qui aboutit au principe séculaire de tout ce qui est indigène : la vie et la mort. Et les deux sont la porte du sacré.

***

La peinture aztèque démontre, à un plus haut degré que les différents arts créés par le génie de la tribu, la riche imagination de ce même peuple excitée par l'élan religieux. Cette peinture n'a pas le caractère populaire et humain que l'on trouve parmi les toltecas et mayas — le Tlalocan de Teotihuacan ou les fresques représentant des scènes de la vie communale à Chichen Ytza. Ce que l'on connaît de cette peinture — par quelques manuscrits — est purement rituel, sacré, intelligible seulement pour les initiés, surchargé et délirant.

Le peintre aztèque fait de la stylisation, du symbole, une matière qui lui permette de réunir toutes les puissances et leur signification autour de la monstrueuse conception de ses divinités pour les définir et les exprimer, mais aussi, pour les protéger et les défendre d'une pénétration étrangère. Le peintre de Aztlan a donc la main et le coup d'œil précis pour réaliser d'abord une analyse de ses sujets, pour prendre en eux ce qui est essentiel et caractéristique, pour le grandir dans son imagination et ensuite dessiner plutôt que peindre — car le dessin est essentiel dans l'art aztèque — ce que révèle l'ordre intellectuel de sa création et son essence subjective.

Les couleurs pures, la richesse imaginative et la stylisation font aussi de la peinture aztèque un art qui excelle dans la décoration. Même quand cet art a seulement recours au dessin — tissus et poteries — il trace des figures, des créations fantasmagoriques moins baroques que les créations arabes, plus mouvementées que les égyptiennes, pourvues, enfin, d'un souffle si vigoureux que l'on imagine quelque mystère caché dans la construction des lignes.

Toute cette peinture a la même inspiration qui lui est propre : le sacré, le magique, la supériorité du divin et du surnaturel sur l'esprit créateur de l'artiste aborigène.

***

Un peuple qui vit en contact aussi étroit avec le sacré invente aussi un langage qui révèle le sacré. Puisque tout est en relation avec la divinité, puisqu'un dieu caché et mystérieux vit en tout, l'Aztèque donne à la parole un sens émouvant et profond à la fois léger et grave pour s'adresser non à la chose ou à l'homme qui, tous les deux, passeront et périront, mais pour s'adresser à ce qui dure en eux, à l'élément sacré qu'ils gardent et représentent. De là, cette aptitude poétique de l'esprit indigène que certain observateur a déjà fort bien analysée.

Une telle aptitude permet d'inventer un langage avec une « faculté dans l'expression plastique qui se manifeste dans la force symbolique des mots. La morphologie de ces mots réunit des pluralismes significatifs. Les couleurs ont une valeur métaphorique dans les modes comme dans les arts visuels ; dans les langues, la variation de l'accent et l'introduction de particules développent le sens des mots. Ces mots, dont la décomposition étymologique équivaut à de sûres analyses de la forme : voyez, par exemple, les richesses de sens dans l'étymologie des noms donnés aux divinités aztèques, véritables hiéroglyphes linguistiques qui découvrent le sentiment plastique dont on les a chargés. »

« Toute la religion, avec son pouvoir absolu d'absorption vitale, est une suite continue de concepts, d'émotions et de formes à l'origine plastique. »

Et un langage poétique doit avoir une poésie caractéristique qui se révèle, aussi, par une plastique particulière, qui ressemble à celle de la sculpture par l'importance donnée au sujet, par son retour, sur la frise qu'il compose :

« Le dieu remplit Tlaxotla d'effroi : la poussière montait en [tourbillons.
Le dieu de Tlaxotla dans la poussière : la poussière montait en [tourbillons »...

(Chant à Huitzilopochtli.)

« Les jeunes gens viennent en escadrons : mon esclave a été [emplumé !
Je me fais craindre, je me fais craindre : mon esclave est [emplumé !

(Chant du guerrier Suriano.)

« Ah, la fleur jaune a ouvert sa corolle :
C'est elle notre mère, la fardée aux cuisses divines,
Qui est venue de Tomoanchan.

La fleur jaune a fleuri :
C'est elle notre mère, la fardée aux cuisses divines,
Qui est venue de Tomoanchan. »

La poésie, dans le milieu aztèque, a un but : le sacré. La mort. « Il est facile de concevoir le thème ou le sujet de ces poèmes (les poèmes indigènes). Tantôt, c'est la célébration de rites religieux, les louanges et les divinités, les allusions à des faits théogoniques ; tantôt, c'est le souvenir de batailles (on ne doit pas oublier que la guerre avait pour les aztèques un but religieux), le souvenir de faits historiques, la louange des chefs. Et, parmi les poèmes destinés au chant fugace des invitations et des réunions, revient le thème constant sur la vie éphémère, cette vie que l'on ne peut vivre qu'une seule fois dans ce monde ; aussi faut-il profiter du moment qui passe en le consacrant à la joie. »

***

À côté de la poésie et du langage, la danse, avec toute sa force magique et sa valeur de relation avec le sacré, appartenait elle aussi, en puissance, à l'ambiance divine. Il n'y avait pas de culte en l'honneur d'un dieu sans la danse rituelle. La divinité prenait part à la danse, elle était représentée par des hommes vêtus comme des dieux, ou bien, de leur autel, ces dieux regardaient le drame des masses qui se déroulait dans la cour du temple. La danse est revêtue de la même apparence limitée et monotone. Elle n'a pas la grâce de libres mouvements harmonieux, mais la sévérité d'un acte rituel. Quelques danses burlesques ou représentant des activités étrangères à la religion tombent, elles-mêmes, dans la répétition et la monotonie, telle une grecque dans la sculpture ou un refrain dans la poésie.

La musique aztèque s'adapte aussi à l'esprit de la tribu qui l'invente. Si l'on ignore l'inspiration de sa mélodie, on connaît par contre le rythme qui l'anime et la prend toute. Et celui-ci n'est autre que la répétition, l'élément décoratif de la danse, de la sculpture et du vers.

***

Mais la poésie, la musique et la danse créaient la « fête », cette cérémonie qui était, au fond, un appel au sacré, d'une manière spéciale lorsque tous les cinquante-deux ans on fêtait le siècle aztèque, toute la tribu se groupait alors pour assister à la renaissance du feu. Un vieux mythe était présent. Le nouveau soleil, celui qui éclaire, créé dans le conciliabule des dieux de Teotihuacan, doit mourir. Les Indiens supposaient que cela pouvait arriver tous les cinquante-deux ans. Tous les feux s'éteignaient alors, sauf un seul tout en haut d'un mont sacré. Si l'univers aztèque n'était pas détruit au début du nouveau siècle, le feu flambait à nouveau et reprenait sa route. Cette fête a un sens magique : par elle le peuple aztèque recréait le chaos pour le modeler ensuite. C'était un cataclysme symbolique que l'on célébrait. À nouveau, tout renaissait : les dieux et les hommes, la vie et la mort. C'est le rythme millénaire et angoissant, la frise sur laquelle se déroule la vie indigène. Ce peuple, plongé dans le sacré, observe une attitude qui n'est pas étrange bien qu'elle nous apparaisse ainsi. Son détachement de la réalité, cette attitude métaphysique à laquelle Fernando de los Rios faisait allusion, se comprend comme un refuge passif de l'Indien dans le sacré séculaire, déjà incompréhensible dans l'actualité.

Ces hommes « à la culture tuée dans la plénitude de son développement, disait Spengler, culture détruite comme une fleur qu'un passant décapite d'un coup de bâton », furent arrachés à un monde sensible et délicat, sanglant et exquis, traditionnel et routinier quand on coupa le cordon ombilical qui les liait à cette tradition et à cette routine, à cette sensibilité et à cette passivité de leur espèce, de leur tribu, de leur clan et de leur dieu. Et ils restèrent dans une solitude implacable, comme suspendus dans l'air. Et tout ceci explique cet étrange mélange de mysticisme et d'âpreté, d'amour et d'ennui, d'anxiété et de fatalisme qui fait des Indiens contemporains des êtres qui sont sourds devant la vie, parce qu'ils écoutent la rumeur de la mort.

⁂

Tout dans la vie indigène obéit à un rythme pathétique. Le « tempo » de la culture aztèque en montre l'influence. L'Aztèque qui déborde de vitalité a un sens du grandiose qui est une réaction naturelle de sa misère passée ; il s'empare des cultures les plus évoluées qu'il trouve dans la vallée d'Anahuac. Il les interprète à sa manière et il crée, d'après ces vieilles cultures, une culture baroque et conservatrice. Celle-ci atteint la perfection dans quelques-unes de ses manifestations.

Comme l'astronomie — mais, elle s'arrête au moment même où elle allait connaître d'autres mystères, par suite de l'asphyxie de la pensée aztèque sous le poids du sacré.

Cette orientation du monde indigène vers une seule direction, mais aux détours inévitables sur le principe, cette recherche incessante du principe pour partir à nouveau, brisent l'énergie intellectuelle de l'homme aztèque et le rendent incapable de trouver un sens de la vie nouveau et fécond. Cette vie a un but : le sacré. Au-delà de l'homme sont les dieux, plus près, l'homme qui, humble et résigné, est un serviteur et un collaborateur des dieux.

L'Aztèque est un homme — un peuple — pris par des devoirs qui réclament son attention tout entière : ces devoirs consistent à honorer ses dieux et à leur servir de soutien, à les nourrir et, enfin, à leur donner la vie par le sacrifice de sa propre vie. De telle sorte que l'Aztèque ne sombra point dans ce qui caractérise l'ascension culturelle, d'après Linton, c'est-à-dire l'aptitude à l'ennui.

Et, c'est à ce monde fantastique, de rigueur et de fièvre, de mythes et de surnaturel, qu'appartient Cuauhtemoc.

CHAPITRE II

LE SPECTRE DE LA RANCUNE

« Là où s'arrête la grive, où le serpent se déroule, où le poisson vole, où de nombreuses fleurs ouvrent leurs corolles ; lieu déshérité où tu règnes, Moctezuma. »

(Chant pour la fondation de Tenochtitlan.)

Le peuple de Cuauhtemoc a pour origine un assemblage complexe de tribus qui n'est pas encore bien éclairci. Ce peuple comprend, grâce à des alliances et à des conquêtes, les tribus qui s'établirent dans la vallée d'Anahuac, au cours d'un exode tragique.

Tout d'abord, venant du nord, du fabuleux pays de Huehuetlapallan, arrivent les Toltèques, guidés par Hueman, l'homme aux mains toutes-puissantes. Ils ont traversé des déserts effrayants, des étangs immenses, des fleuves furieux. Mais, à tous les obstacles, ils avaient opposé leur destin : toujours en avant. La vallée les éblouit et les retient. Avec eux, viennent leurs séculaires divinités, toujours puissantes : Quetzalcoatl, Tezcatlipoca, Tlaloc. Ils parlent une langue élégante et souple, ils cultivent la terre et s'adonnent au commerce. Ils trouvent des traces éparses de la présence d'autres hommes ; sur ces vestiges, ils élèvent de grandes villes prospères comme Tollan et Teotihuacan. Ils créent un état encore plus fort qui prend racine et se développe, laborieux et pacifique, et qui remplace le gouvernement purement théocratique qui les avait encouragés dans leur exode. Un de leurs seigneurs boit pour la première fois, dans les mains d'une humble jeune fille, une liqueur blanche et épaisse, le pulque, que l'on vient de découvrir. Leur vieille prophétie s'accomplit alors : le roi et la jeune fille engendrent un homme qui, plus tard, s'empare du trône ; il a les cheveux bouclés et une âme dure. L'ivresse, les guerres civiles, les différences de classes et la faim les affaiblissent et les dispersent. Un groupe important part vers le sud, sans but précis.

Alors, arrivent d'autres tribus nomades et sauvages de chasseurs aventuriers, les Chichimèques, habitants de cavernes et mangeurs de viande crue qui soumettent rapidement les Toltèques faibles et civilisés. Ils s'établissent sur un territoire qu'ils nomment Chichimecatlalli. Sous leur influence, l'intelligence et la grâce primitives s'estompent et, seule à régner, la barbarie freine durement la vie. Lentement, au cours d'années difficiles, survient une fusion de sangs et d'intérêts. Les chichimèques deviennent sédentaires, on détermine les limites géographiques et politiques de chaque tribu et il semble que renaît l'antique vigueur de cultures constructives et fécondes.

Mais, à peine les Chichimèques se sont-ils installés dans la civilisation, qu'apparaissent les six premières tribus nahuatlaques. Toutes ont une origine commune, elles parlent la même langue et elles ont les mêmes dieux. Elles diffèrent seulement par le niveau de culture qu'elles ont acquis pendant les longues étapes de leur route. Et, enfin, les derniers apparaissent, conduits par Huitzilopochtli ; ils apportent l'empire du sacré et le culte des morts : ce sont les Aztèques.

La vie de cette tribu est une éternelle pérégrination ; quelquefois, elle obéit au commandement énergique de son terrible dieu, comme au début de sa migration ; parfois, elle obéit à la force qui les poursuit et les décime. Comme les autres, les tribus aztèques viennent de Chicomoztoc, le pays des sept grottes, situé dans l'Aztlan, poétique et merveilleuse contrée aux blancs hérons. Elles partirent à une époque lointaine dont on ne se souvient même plus. Devant le peuple, marchent les prêtres ; ensuite, sur des brancards, apparaît l'horrible pierre qui créa le dieu Huitzilopochtli, selon l'esprit de la tribu ; et, enfin, derrière, en file confuse et misérable, vient la foule sauvage et affamée. Les enfants, les jeunes gens et les vieillards chassent, au hasard, des cerfs, des lièvres, des rats des champs et des serpents ; ils sèment sur des passages élevés, cette graine providentielle et mystérieuse, le maïs que, dans leur langage riche en métaphores, ils nomment « aliment divin ». Cette tribu en marche démontre sa force en élevant des temples éphémères à la divinité, en récoltant des épis de maïs, et, enfin, elle entreprend, bien des fois encore, le départ éternel car, dès qu'elle s'arrête, une voix divine l'oblige à marcher. Non, ce n'est pas encore la terre promise. Elle est là-bas, à l'horizon. C'est une marche fatigante, toute d'abnégation, derrière son dieu et son avenir. Ils paraissent toujours fuir le passé en mettant entre eux et lui la distance et le temps. Rien ne peut les arrêter : ils connaissent les rochers élevés, les gorges profondes, la terre stérile, la plaine fertile. Ils se battent entre eux après la journée douloureuse que remporte un groupe aux pieds sanglants. Ce sont les seigneurs de l'évasion ; un grave mystère impénétrable dirige leurs pas. Il n'est pas de panorama qui les laisse satisfaits ; il n'est pas de climat qui leur apporte une détente. Marcher, marcher : tel est leur destin.

D'innombrables années passent dans la lutte et la mort. Puis, un jour, ils découvrent les vestiges de Tollan, ville abandonnée par les Toltèques et les Chichimèques.

À peine la tribu installe-t-elle des foyers et dresse-t-elle un autel, que le dieu implacable ordonne de partir à nouveau. Derrière les montagnes, ils découvrent, enfin, la vallée d'Anahuac et, cette fois, ils sont conquis par le paysage : les hauts sommets volcaniques brillent au soleil levant, au-dessus du haut plateau. Puis, les hauteurs s'échelonnent, doucement, en paliers, jusqu'aux plaines grises, que les mains des Toltèques et des Chichimèques ont fertilisées. Une puissante gamme de bleus et de verts adoucit les tons rudes de la plaine. Au milieu de la vallée, apparaît le lac de mercure qui est le cœur et le blason de cette terre, embrasé au crépuscule, gris à l'aube, éclatant à l'heure précise à laquelle Tonatiuh descend vers le zénith.

Ils arrivent à Chapultepec ; puis, ils vont s'établir à Acolco où ils vécurent plusieurs mois dans les marécages. Là, ils furent attaqués par les Acolhuas, qui appartiennent à une seigneurie à laquelle s'étaient unis Toltèques et Chichimèques ; ils devinrent leurs vassaux. Peu après, ils aident leurs conquérants dans une guerre contre ceux de Xochimilco, en qualité de mercenaires. Ce sont eux qui remportent la victoire. En récompense, ils reçoivent un lieu inhospitalier, mais fixe, où ils peuvent résider : c'est Tizapan.

Non sans dédain, on leur offre le haut coteau et la plaine stérile, paradis des serpents et autres reptiles. Humbles et courageux, ils changent ce désert en un village souriant et, de cette dure terre, ils extraient l'âpre suc. Un tel labeur émerveilla les Acolhuas, à tel point que lorsqu'une ambassade aztèque, un jour, demanda sa fille au chef vainqueur pour la marier avec son propre chef, le vainqueur n'hésita pas. Mais l'on recherchait la vengeance de vieilles offenses à la faveur de cette alliance. La fille du seigneur acolhua fut sacrifiée à Huitzilopochtli et, suivant la pratique d'un vieux rite magique, un jeune homme revêtit la tendre dépouille. Le père de la princesse voulut honorer ce peuple allié si étrange, et il se rendit au temple le jour des supposées épousailles, pour offrir un présent. Mais, dans la fumée de résine, il contempla, avec horreur, le cadavre de la vierge, dépouillé, sur la pierre rougie.

La réponse fut une guerre foudroyante. Comme bien d'autres fois, les Aztèques s'enfuirent ; ils parcoururent les rives du lac, mais ils furent chassés de partout. Les autres peuples les détestaient et les repoussaient à cause de leur religion féroce. Leur route est semée de corps humains, la poitrine ouverte et la peau arrachée. Eux-mêmes, ils ont toujours les oreilles, la langue et le front en sang. C'est un peuple qui porte la mort en lui. Poursuivis, ils se cachent parmi les « tulares », au bord du lac entouré de joncs et de marécages, là où, enfin, la voix de Huitzilopochtli leur donne l'apaisement et l'autorisation de s'établir. Là, ils trouvent sur le nopal pourvu d'épines, l'aigle — leur emblème — qui dévore un serpent. C'est le site choisi ; un îlot battu par les vents, ouvert sur le ciel, solitaire et silencieux dans la plaine liquide.

Les Aztèques ne sont pas propriétaires de cet îlot. Il appartient à l'une des puissantes seigneuries qui réunirent les six premières tribus nahuatlaques : les tecpanèques d'Atzcapotzalco. Mais les Aztèques se déclarent leurs vassaux, ils élèvent leurs chaumières faites d'herbes et de boue, et, tout au milieu, le pauvre temple de leur dieu, humble et gris : Tenochtitlan est né.

La vie organisée commence pour eux. Les clans errants se fixent définitivement. Finie la fugue ou l'évasion. Ils sentent que leurs pieds s'enfoncent à l'intérieur de la terre dans un élan désespéré de survie, pendant que la mort préside à leur propre avenir. D'autre part, les clans se fondent, en proie à l'horreur. Comme ils ne peuvent se marier au dehors à cause de l'épouvante que leurs rites causent chez les peuples voisins, ils détruisent presque totalement leurs totems et ils renoncent à leurs tabous. Plus fermes encore, ils font de la mort le sens de leur vie et ils créent de nouvelles préoccupations collectives — sacrées — qui sont toutes-puissantes. En même temps, viennent les étapes de l'installation du clan et de son organisation. Ils remplacent le Conseil des Anciens et des prêtres qui les dirigeaient par un chef : Acamapichtli, celui qui saisit le sceptre. Ils divisent leur ville précaire en quatre quartiers ; le chef de chaque quartier fait partie du conseil de la tribu. Ils pêchent dans le lac, ils forment des jardins flottants qu'ils sèment de maïs ou de fleurs ; ils tressent les joncs de la lagune, ils chassent les oiseaux et, même, ils entrelacent les plumes de ces derniers pour former de fantastiques mosaïques. Mais, ils sont soumis à la rigoureuse dictature du chef d'Atzcapotzalco qui exige de lourds tributs. Ils s'en acquittent par des sacrifices et ils assurent ainsi leur propre stabilité. Ils jettent les bases de leurs institutions sociales et économiques, assujetties et conditionnées par la religion qui reste leur puissante raison de vivre.

Les Aztèques n'oublient pas la guerre, ils organisent de cruelles expéditions secrètes qui rejoignent leur îlot, riches de butin et de prisonniers pour leurs holocaustes. Ils établissent la coutume d'après laquelle un seigneur qui est intronisé part en guerre, ramène un butin et recrute des victimes qu'il offre à Huitzilopochtli. Ils aident le tyran d'Atzcapotzalco dans ses campagnes et ils se chargent également du produit du butin. Ils sont les premiers au combat. Pendant qu'ils combattent, ils crient et dansent, ils avancent et ils reculent en brandissant un casse-tête, la main sur la flèche, empoignant le couteau de noir silex. Plus qu'un combat, il semble que ce soit un rite auquel ils se livrent avec une joie frénétique.

Ils gagnent ainsi la réputation de bravoure ; ils se comportent si bien qu'à la mort d'Acamapichtli, on demande la main de sa fille au seigneur tecpanèque pour le nouveau roi. Elle leur est accordée.

Le tyran d'Atzcapotzalco pensait utiliser plus tard les Aztèques dans une entreprise ambitieuse : il voulait s'emparer du royaume chichimèque de Texcoco.

De cette ambition découle la future grandeur des Aztèques, en même temps que commence la décadence d'Atzcapotzalco et de Texcoco.

Le chef aztèque épousa, peu après, une sœur du roi de Cuauhnahuac (c'est à ce moment-là que les Aztèques commencèrent à porter du linge de coton), tandis qu'il mariait sa propre sœur avec un fils du roi de Texcoco.

Ces alliances successives démontrent chez le peuple aztèque la ferme intention de pénétrer profondément dans le monde d'Anahuac. C'est ainsi qu'ils se libèrent des lourdes redevances et ils obtiennent même que les anciens tributs soient symboliques.

C'est ainsi qu'ils naissent à la vie de la vallée, investis de force et de respect. À la suite de leur nouveau seigneur, ils partent à la conquête de nouvelles terres lointaines, alliés aux vainqueurs. Ils sont une force aveugle qui marche au hasard. Leur fureur au combat remplit d'effroi leurs ennemis. Mais ils ont une mission à remplir. Ils luttent et triomphent ; les uns meurent, mais les autres sont toujours prêts à mourir.

Chaque jour plus habile dans l'art de la guerre, ce peuple apporte dans la bataille une folle ardeur qui se précise à chaque occasion. Il procède par des méthodes rigoureuses et de nouvelles tactiques. Il présente des troupes nombreuses et disciplinées, attentives au commandement de leurs chefs. Tout à coup, l'une de ces troupes se détache et entoure un groupe ennemi qui est désarmé et fait prisonnier. Les vaincus ne sont pas exterminés sur le champ de bataille ; ils sont emmenés vers l'îlot et, pour qu'ils participent au drame de la renaissance du dieu, on leur retire le cœur.

Ils sont, semble-t-il, des collaborateurs dans l'action qui a pour scène la vallée paradisiaque. C'est un peuple qui oscille au rythme de son destin et qui s'y adapte : tantôt, il apporte son aide aux Tecpanèques contre ceux de Texcoco, tantôt il encourage ces derniers aux dépens des premiers. Il oublie que son roi a des liens de parenté avec le monarque chichimèque et il lutte contre lui. Ensuite, il se retire dans son petit coin de terre et il compte ses trésors.

D'autres fois, ils sont victimes. On installe sur le trône à Atzcapotzalco un Tecpanèque sans cœur qui règne par la mort et le mensonge. Il inflige à un roi aztèque la plus grave des insultes : il lui offre, en cadeau, des vêtements de femme qui nient sa virilité. Mais les Aztèques sont encore faibles. Eux-mêmes s'étonnent de posséder un îlot qu'on ne leur dispute pas. L'heure de la revanche ne sonne pas encore. Tenochtitlan est envahi par les forces tecpanèques, le seigneur aztèque est fait prisonnier et exhibé dans une cage tandis que son peuple se lamente. Comment feront-ils pour venger l'insulte ?

Le peuple se dispose à combattre. Ils choisissent Itzcoatl comme seigneur, lui qui fut à la tête de l'armée dans toutes les expéditions militaires. C'est lui qui jette les bases de la confédération que formeront les peuples de la vallée d'Anahuac. Dans cette confédération, s'intégrera le grand empire mexicain. Il divise sa tribu et il organise les classes sociales héréditaires. De plus, c'est un politique. Il gagne à sa cause le fils du roi chichimèque détrôné — Netzahualcoyotl — et il donne le commandement des troupes acolhuas, tlaltelolcas et aztèques à son jeune neveu — Moctezuma Ilhuicamina. La guerre gagne tous les villages et toute la campagne, le lac cristallin se revêt d'une pourpre de sang. Elle se termine par la défaite du tyran, tiré de son bain par Netzahualcoyotl, le grand Chichimèque, qui se venge personnellement de la mort de son père.

Cette guerre eut pour conséquence la destruction totale du pouvoir des Tecpanèques, puis, le retour de Netzahualcoyotl sur le trône d'Acolhuacan et, enfin, la libération de Tenochtitlan et de Tlaltelolco. Cette dernière ville était construite sur un autre îlot du lac par un groupe d'Aztèques qui s'étaient séparés des autres au cours de leur primitive pérégrination, par suite de désaccord entre les tribus.

Itzcoatl agrandit son territoire par l'annexion de domaines d'Acolhuacan et il se rendit maître de plusieurs tribus voisines. Sous peu, les autres peuples voisins passèrent sous le joug aztèque. Lorsque vint la paix, Itzcoatl et Netzahualcoyotl décidèrent de réviser leurs frontières et de se partager les terres conquises. On traça une ligne du nord au sud sur les eaux du lac : les territoires orientaux appartinrent au Chichimèque ; les territoires occidentaux passèrent sous la dépendance de Tenochtitlan, sauf une petite principauté, celle de Tlacopan, dont l'indépendance fut garantie. Cette principauté contracta une alliance militaire avec les royaumes de Tenochtitlan et de Texcoco ; le seigneur aztèque se réserva le commandement des armées communes.

À la mort de Itzcoatl, l'on choisit Moctezuma Ilhuicamina à

cause de sa valeur militaire. Le nouveau chef, adoptant pleinement l'habitude établie, partit en campagne pour recruter des victimes qu'il offrirait à son dieu, le jour du couronnement. Moctezuma est un militaire, mais il est aussi un constructeur. Il est possédé, à un plus haut degré que les autres seigneurs mexicains, du vertige sacré de sa tribu. Il combat les peuples qui se montraient indisciplinés envers les vainqueurs, ou qui ne payaient pas régulièrement leurs redevances, mais il se lance aussi sur ceux qui, dans le fracas des luttes passées, purent garder leur liberté. Le joug aztèque commence à se faire sentir durement et sans aucune miséricorde.

Cette tribu aztèque qui arriva dépourvue de tout s'est emparée de la terre et s'en est rendue maîtresse presque totalement. Ils arrivèrent nus d'Aztlan et ils souffrirent dans leur chair de la morsure du froid. Pour toute richesse, ils apportaient de grossiers couffins remplis de maïs et de rudes couvertures qui égratignaient leur peau. Maintenant, à l'époque de vie facile qui succède à la guerre, ils ont des dés en or et de riches tissus ; ils portent des sandales de cuir souple, ils ornent leurs masques de turquoises, ils s'étendent sur des nattes moelleuses, ils enduisent leurs cheveux d'huile et ils se parfument, ils se parent de plumes et, enfin, ils apprécient le parfum capiteux des fleurs. De vassaux, ils deviennent seigneurs, et, en même temps que se forme leur société, le cri profond de la mort qui les accompagna toujours résonne de plus en plus fort. Moctezuma inventa une forme nouvelle de sacrifice : « le foyer sacré », un feu énorme où l'on jetait, un à un, tous les prisonniers de guerre et les esclaves.

Ce peuple ne recherche pas seulement le pouvoir ou la richesse. L'empire qu'il fondera n'a pas le monopole du monde matériel comme but exclusif, mais bien le monopole étrange et tumultueux de la vie et de la mort. De longues caravanes d'esclaves apportent des corbeilles remplies de cacao et d'énormes sacs de résine sylvestre, le caoutchouc. Elles apportent, encore, des montagnes de résine blonde, des brassées de plumes impalpables et douces, des cascades de maïs. Mais, à la suite de ces caravanes, viennent également des groupes importants d'enfants et de jeunes filles, d'adolescents et d'hommes pleins de vigueur, les mains liées, ayant au cœur la morsure de leur destin. Ils tomberont, tous, sous le tranchant du silex, à l'heure solennelle de la folie sacrée.

Tenochtitlan croît. Les esclaves de Xochimilco construisent les routes de Coyoacan et d'Ixtapalapa qui, vers le sud, relient l'îlot à la terre ferme. La principauté de Tlaltelolco construit, au nord, la route de Tepeyac. Au delà du lac, apparaît à l'occident la large route de Tlacopan que des mains d'esclaves ont construite, en mêlant leur sang au mortier. Une énorme digue protège la ville contre les inondations. Les esclaves de Chalco apportent des pierres et des morceaux de lave volcanique, rouge et dure. Avec ces matériaux, dans le style puissant et grandiose d'un art dû à la fusion de l'architecture et de la sculpture mises au service de la divinité, Moctezuma élève un nouveau temple à Huitzilopochtli, un autre appelé Yopitli et le Tzompantli, lieu où l'on montrait les crânes des victimes. En entrant à Tenochtitlan, les Espagnols trouvèrent soixante-deux mille de ces crânes. Puis, Moctezuma commande un énorme récipient pour recueillir le sang des victimes dans les fêtes en l'honneur de la divinité. Enfin, il construit l'aqueduc de Chapultepec.

Pour exercer la rigueur de la divinité. Moctezuma a besoin d'augmenter sa propre puissance. Netzahualcoyotl et le seigneur de Tlacopan étaient de fidèles courtisans, de vrais satellites. En face de la puissance du seigneur aztèque, les autres pâlissaient et se soumettaient. Habiles dans l'art de la guerre, les royaumes alliés dépendant d'eux militairement, les Mexicains sont bientôt les dominateurs. Ils ont introduit, en outre, un ferment de décomposition dans les peuples qui les précédèrent et qu'ils dominent maintenant, car ils sont mieux équilibrés en face de la puissance de la divinité : ils ont établi la suprématie du sacré sur toutes les manifestations de la vie courante. Leur religion les dépasse et déborde sur les voisins. Ce tourbillon de la mort pèse sur le monde indigène et le décompose. Au-dessus de ce monde s'élèvent les rites exigeant le sang, la conception magique de leur univers fondée sur la renaissance, la vitalité permanente de Huitzilopochtli, grâce aux orgies de sang que le dieu exige pour maintenir sa force et son éternité. Leur pratique religieuse ne consiste pas uniquement dans la mort, la destruction de la vie, afin d'alimenter l'élément sacré. Le tourbillon atteint de plus grandes extrémités : cela devient un cannibalisme monstrueux. Lorsqu'ils sacrifient un ennemi investi des attributs de la divinité, les prêtres et les chefs militaires se partagent les restes humains et les mangent. De cette façon, ils se paient sur l'idole du tribut du sang. Ils se vivifient en prenant leur part des restes du dieu humain éphémère. Le cannibalisme a un but sacré : l'homme plante les dents dans la divinité. Comme ils ne peuvent mordre la pierre, ils la transforment en chair, par un effet magique, et ils la dévorent pour conquérir des forces neuves afin de soutenir le mystère qu'ils créent, en dehors du monde extérieur. Ceci place d'un coup les Aztèques au-dessus des autres peuples d'Anahuac qu'ils soumettent et qu'ils font marcher sans pitié, dans le cercle fermé qui commence par la mort et qui finit par elle, encore.

Les frontières ne sont plus un obstacle. Les Aztèques envahissent les terres des amis et ils les exploitent. Ils convoquent les seigneurs alliés auprès d'eux pour en faire leurs esclaves. À l'heure de la famine, ce seront les greniers des voisins qu'ils videront d'abord pour se satisfaire. À la guerre, les troupes chichimèques, tlaltelolques et tecpanèques prendront leur place au combat, sous le fouet aztèque.

***

Pendant le règne de Moctezuma Ilhuicamina, les institutions religieuses, économiques et sociales des Aztèques qu'Itzcoatl avaient déjà conçues fermement se perfectionnent et sont mises au point.

Chaque tribu est divisée en quatre classes sociales : les militaires et les prêtres qui sont intimement liés, les marchands et ceux qui ne possèdent rien. L'éducation était réservée aux enfants des militaires et des prêtres, elle se donnait au Calmecac, établissement qui leur était exclusivement réservé, à la discipline rigoureuse. Le peuple passait par le Telpochcalli, établissement uniquement militaire.

La caste militaire était organisée et réglée par une hiérarchie inflexible. Le chef suprême de l'État et de l'armée était le tlacatecuhtli. Venaient, ensuite, les chefs des quatre quartiers primitifs et il y avait, enfin, un grand nombre de fonctionnaires de catégorie inférieure. Chaque quartier fournissait, pour la guerre, un escadron de deux cents ou quatre cents hommes choisis parmi ceux qui étaient passés par le Telpochcalli. Les chefs sortaient toujours de l'école du Calmecac. Comme la guerre avait un but essentiellement religieux, les Aztèques firent de cette guerre un rite magnifique, un mode de vie énergique pourvu d'une discipline spirituelle qui donnait un sens à l'ardeur que chaque homme apportait au combat. Ils créent, à l'intérieur de l'armée, une série de titres en fonction du nombre de prisonniers fait par chaque soldat. Les vêtements, les insignes, les couleurs des drapeaux, les nombreux ornements enfin, attestent la tâche divine que chacun a accomplie dans la mêlée. C'est ainsi qu'une armée aztèque en campagne forme un merveilleux kaléidoscope : ici, les vêtements rouges, jaunes, verts, des chevaliers surnommés tigres les uns et aigles les autres ; là-bas, les panaches en plumes de quetzal ; plus loin, l'éclat étrange des boucliers, les couvertures aux dessins en forme de grecques et les oriflammes qui claquent au vent. Certains guerriers portent, fixés aux épaules, des étendards de soie aux couronnes de flammes. Leurs visages apparaissent au milieu de gosiers entr'ouverts ou de becs énormes, dans des casques peints et sculptés par des cerveaux fiévreux. Le héros s'exhibe dans le feu du combat et, quand il tombe enfin, c'est plus qu'un homme qui meurt, c'est une splendeur qui s'effondre.

La discipline religieuse et militaire était celle de la tribu, attentive au commandement de son seigneur qui lui permettait d'honorer son dieu. Le tlacatecuhtli, cet homme inaccessible, placé presque aussi haut que la divinité, a pour le soldat, pour l'homme du peuple, la force puissante d'un symbole. Sa mission est divine, sa personne est sacrée. L'ordre qu'il donne est un ordre formel, que l'on ne peut refuser même s'il entraîne la mort. Car mourir pour son chef, à son service et pour son dieu, c'est accéder à l'empire du soleil pour revenir, ensuite, un chant sur les lèvres, le corps recouvert de plumes, à la vie libre et riante sous les frais ombrages.

La caste militaire est encore maîtresse de la richesse, elle en dispose ainsi que du destin de la tribu. Cette caste détient le pouvoir, elle ambitionne d'être de plus en plus puissante. C'est pour cela qu'elle pressure le peuple mais, en échange, elle lui offre de nombreux sacrifices jusqu'à ce que Huitzilopochtli soit repu de sang et que la terre, saturée elle aussi, se refuse à en recevoir encore.

La plus haute investiture de la caste religieuse est celle du teotecuhtli, ou grand prêtre, choisi toujours, ou presque toujours, dans la famille du tlacatecuhtli. Moctezuma II, avant d'être le chef de l'État aztèque, fut grand prêtre ; de même pour Cuauhtemoc. À part le grand prêtre, il y avait de nombreux dignitaires, aux charges variées, en rapport avec les temples multiples et le nombre imposant de divinités qui formaient le panthéon aztèque. Les prêtres étaient les intermédiaires entre le peuple et le dieu. C'est ainsi qu'on leur attribue des valeurs symboliques qui se reconnaissaient même à leurs vêtements. Ils portent de mystérieux emblèmes de plumes et d'or ciselé ; ils ont, dans les mains, des objets étranges, des peintures bizarres couvrent leur visage, leur attitude est distante et dédaigneuse, supérieure et supraterrestre comme s'ils étaient les dieux eux-mêmes. Ils ont une fortune personnelle provenant de rentes que chaque temple prélève sur la somme fabuleuse des tributs. C'est-à-dire qu'à la force spirituelle et suprême de la religion, ils joignent celle de la richesse matérielle. À l'emprise sur la conscience de la tribu, et du monopole de l'éducation, ils ajoutent la supériorité des biens temporels.

La religion qui était simple, à l'origine, s'est compliquée de concepts magiques et hermétiques. Les dieux prennent vie dans leur dure pierre de granit et ils enfoncent leurs mâchoires insatiables dans les entrailles de l'homme. Tezcatlipoca devient aussi sanguinaire que Huitzilopochtli. Tlaloc exige aussi sa ration renouvelée de la liqueur vivifiante qui jaillit des corps de ses victimes inconnues. À l'annonce du sang répandu, tous les dieux accourent au festin. D'autres dieux étrangers, alliés à la terrible famille des dieux aztèques, reçoivent également leurs holocaustes. Quetzalcoatl lui-même, le dieu de la civilisation, demande, avec insistance, le sacrifice qui lui est réservé. Un nuage rouge aveugle le peuple aztèque. À son apogée, la tribu est atteinte de folie et de délire.

Il y avait, encore, une autre classe sociale qui pesait durement sur le peuple en jouissant de privilèges dus à sa puissance économique : c'étaient les pochtèques ou marchands. Ils s'occupaient de l'échange des produits des villes de Tenochtitlan, Tlaltelolco et Texcoco avec les villages lointains. Ce sont eux qui ouvriront la route aux invasions militaires qui suivront, en apportant le souffle d'une richesse lointaine, d'un paysage inconnu, d'une mer sans limites.

***

Le successeur de Moctezuma Ilhuicamina, cet archer divin, reçut le commandement d'une théocratie militaire qui comprenait un vaste territoire qu'il se chargea d'agrandir encore. À l'occasion de son couronnement, il partit en guerre contre le sud de l'Anahuac qu'il conquit et soumit. Peu après, la puissance voisine de Tlaltelolco était attachée au char aztèque. Pour donner plus de solennité à la consécration d'un temple nouveau et à la création du calendrier, on prolonge la guerre contre des pays lointains et riches que les marchands ont fait connaître. Les armées coalisées débordent de la vallée, envahissant les terres chaudes et arrivent à la mer. Le bruit des armes et l'insolence des conquérants ne connaissent pas de frein. Tous les chemins portent leurs traces, tous les paysages les ont vus passer, couronnés de plumes, étalant sur leurs visages des peintures effroyables, avec leurs lances tranchantes et leurs silex aiguisés. Les terres vierges de la Huastèque, le bruyant pays des Zapotèques, les pacifiques tribus, véritable éden, dispersées et craintives, sont angoissés à leur seul nom qui est le symbole de la mort. Le tlacatecuhtli, ou chef aztèque, revient de toutes ses expéditions possesseur d'innombrables prisonniers dont les cœurs rempliront l'autel de Huitzilopochtli. Les élus mangeront de cette chair. Un seul échec : la guerre contre les Tarasques. Les Aztèques garderont une rancune ineffaçable envers leurs fiers voisins.

Pendant ce temps, la folie religieuse s'accentue. Un nouveau seigneur fait démolir le plus grand temple, construit par Moctezuma Ilhuicamina parce qu'il ne le juge pas assez riche pour la divinité. C'est à ce moment-là qu'Ahuitzotl monte sur le trône aztèque. Le manuscrit de Ramirez rapporte qu'il fut un guerrier terriblement sanguinaire. Il réduisit les peuples voisins à l'obéissance et au tribut, et il en soumit bien d'autres encore. Il inaugura le nouveau temple consacré à Huitzilopochtli ; à cette occasion, les sacrifices humains durèrent pendant quatre jours. Le sang giclait sur les pierres sacrées, maculait les autels et s'écoulait en ruisseaux le long des marches du temple. L'on affirme que vingt mille prisonniers furent immolés devant une assistance composée de tous les peuples alliés, confédérés ou soumis.

Ahuitzotl comble les ambitions de la tribu. Il lui offre une guerre sans merci et sans repos, il agrandit le territoire, il enrichit les marchands et les seigneurs, il dote les temples de biens plus importants, il donne, enfin, des fêtes où lui-même brandit le poignard et ouvre la poitrine de ses prisonniers. Le chef Ahuitzotl a une main barbare et cruelle. Il a aussi un fils qui naît lorsque le sang n'a pas encore séché au soleil : ce fils, c'est Cuauhtemoc.

En même temps que le temple de Huitzilopochtli, d'autres constructions apparaissent dans Tenochtitlan : chaque roi construit son palais. La vaste place du temple est entourée par le coatepantli, énorme mur de pierre qui porte, tout en haut, de gigantesques têtes de serpents. Les nobles aztèques et les seigneurs de Texcoco et Tlacopan sont obligés d'avoir une maison à Tenochtitlan et d'y mener un grand train de vie. Les marchands construisent leurs maisons en pierre après avoir agrandi artificiellement leur îlot primitif.

Un nouveau temple, celui de Tlacateco, dresse ses murs dans l'air pur et léger. Tout ceci signifie la mort et la perte de la liberté pour d'autres peuples.

L'atmosphère de haine qui entoure les Aztèques se tisse lentement mais inexorablement. Ce sont d'abord les Tlaxcaltèques menant la « guerre fleurie » contre les Mexicains, à l'exclusion de tout autre but, qui sont envahis mais qui ne sont jamais conquis. Puis, viennent les Zapotèques qui n'oublient pas les butins qu'on a fait chez eux ; viennent, encore, les nombreux peuples de l'empire chichimèque qui regardent douloureusement la soumission de leur vieille race, et les Totonèques et les Tarasques, tous ceux qui souffrent, enfin, des continuelles incursions aztèques et se voient obligés de donner des victimes pour soutenir l'éclat de Tenochtitlan. Tous ces peuples fermentent. Ils portent en eux, inexprimé mais puissant et infini, l'espoir de leur libération en face de la misère et de la mort que les Aztèques leur ont apportées.

Lorsque succéda à Ahuitzotl son neveu Moctezuma Xocoyotzin, un seigneur qui avait plus de vingt mille vassaux disait, d'après le témoignage de Cervantes de Salazar : « Qui n'est pas l'esclave de Moctezuma ? Moctezuma commande plusieurs rois, il est un seigneur si puissant qu'il n'a pas son pareil au monde, nul ne lui est supérieur. De nombreux seigneurs le servent dans sa maison, nu-pieds et les yeux baissés. Il a trente vassaux qui ont chacun cent mille combattants. Chaque année, il sacrifie vingt mille personnes, et quelquefois jusqu'à cinquante mille. Il habite la ville la plus grande, la plus belle et la plus riche de toutes les villes parce qu'elle est bâtie sur l'eau. Il dispose de plus de quarante mille pirogues. Sa maison et sa cour sont très importantes, très nobles et très généreuses. De nombreux princes s'y rendent des quatre coins de la terre. De grands seigneurs le servent continuellement. On ne peut pas évaluer ses revenus et ses richesses, car il n'y a pas de seigneur, aussi puissant soit-il, qui ne lui paie un tribut, ni d'aussi pauvre qui ne lui offre quelque chose, ne serait-ce que son bras et son sang. Il fait de lourdes dépenses car, en plus des charges de sa maison, il doit, continuellement, faire face à la guerre et soutenir de puissantes armées ».

Le régime des impôts et leur recouvrement devinrent brutaux. La présence des collecteurs aztèques, quand leur cohorte défilait chez les peuples vaincus, était un sujet d'effroi. Bernal Diaz del Castillo nous a laissé une puissante peinture de l'arrivée de ces émissaires de la mort qui dépouillèrent une peuplade totonèque :

« Quelques Indiens appartenant au village vinrent dire, en courant, à tous les chefs qui étaient en train de parler, qu'il arrivait cinq Mexicains, collecteurs d'impôts de Moctezuma. Dès qu'ils eurent entendu ces mots, les chefs changèrent de couleur et tremblèrent de peur. Ils laissèrent Cortès seul et ils allèrent les recevoir. Sur-le-champ, ils décorèrent de feuillage une salle, ils leur préparèrent un repas et ils leur firent, en grande quantité, du cacao qui est leur breuvage préféré. Lorsque les cinq Indiens entrèrent dans le village, ils vinrent là où nous nous trouvions car, en ce lieu, étaient les maisons du chef et les pièces que nous occupions. Leur attitude fut tellement distante et prétentieuse qu'ils passèrent sans adresser la parole à Cortès ni à aucun de nous. Ils portaient de riches couvertures et des pantalons brodés. Ils avaient des cheveux brillants qu'ils relevaient comme s'ils étaient attachés sur la tête. Chacun d'eux tenait des roses dont il respirait le parfum. D'autres Indiens, leurs domestiques, leur apportaient des chasse-mouches. Chacun tenait dans sa main un bâton muni d'un crochet. »

Telle était l'attitude insolente des Aztèques vis-à-vis des peuples vaincus. Des groupes de ces collecteurs d'impôts étaient constamment sur les routes ; ils s'emparaient des richesses durement acquises et, encore, ils emmenaient les hommes à la mort, comme des troupeaux de porcs.

Moctezuma se fit construire un nouveau palais, avec une ménagerie et des jardins. Il prit à son service des nains et des stropiats. Il réduisit le nombre de ceux qui occupaient un poste, il déplaça des chefs et d'anciens dignitaires pour s'entourer de sa propre famille, très nombreuse. Il prétexta que son oncle Ahuitzotl avait exalté des gens de petite condition pour les destituer, considérant que leur présence à la cour nuisait à sa personne inviolable et sacrée. Il justifiait son népotisme en disant « qu'il voulait se servir d'autres personnes aussi bonnes que lui, tout d'abord pour s'honorer lui-même, et, ensuite pour que les fils de grands seigneurs, ses cousins et ses frères en se trouvant toujours près de lui, en sa présence, apprissent leur métier de courtisan et l'art de gouverner lorsque leur heure viendrait ».

C'est ainsi que l'un de ses frères dirigea l'assaut contre les Tlaxcaltèques, un autre frère, Cuitlahuac, commanda les armées confédérées dans les expéditions les plus lointaines et les plus importantes que jamais n'entreprirent les Mexicains ; il est fort possible qu'ils arrivèrent en Amérique centrale. Moctezuma lui-même, lorsque son ardeur guerrière fut calmée, renvoya le conseil de la tribu, assuma des charges qui ne lui revenaient pas et prit, en outre, la plus haute dignité religieuse.

La folie sacrée avait élevé de nouveaux temples, très riches, à des divinités qui étaient secondaires, autrefois. Pendant le règne de Moctezuma l'on célébra, en 1518, la fête du feu sacré, pendant laquelle tout le monde aztèque — les dieux et les hommes — périssait pour naître à nouveau dans le sang abondamment répandu.

***

Un cri de mort et de haine résonnait sur tout le pays d'Anahuac. Le pouvoir aztèque était fait de rancune et d'oppression. Son règne était celui de la destruction, de l'esclavage et du sang. C'est ce royaume, mûr pour la dislocation, que Hernan Cortès affrontera. C'est ce sceptre, dur et ardent, que Cuauhtemoc tiendra dans son poing.

DEUXIÈME PARTIE

L'HOMME

CHAPITRE PREMIER

DIEU DE PÉNITENCE ET DE LARMES

« Je naquis avec ma flèche de cactus,
je naquis avec ma flèche de cactus... »
(Chant des serpents des nuages.)

Dans la pièce fraîche et spacieuse se répand l'odeur de copal que l'on brûle dans des vases et le parfum des fleurs. Autour d'une natte sur laquelle gémit et tremble une jeune femme — Tlilalcaptatl, petite-fille de Netzahualcoyotl, le grand Chichimèque — un cercle de vieilles femmes indiennes, vêtues de tuniques blanches et jaunes, attend l'heure de la naissance qu'en leur langage poétique on appelle aussi l'heure de la mort. Elles ont baigné la jeune femme. Elles ont préparé des langes propres et le breuvage de cihualpactli, le suc de cette herbe ayant la propriété, disent-elles, d'activer la délivrance. Des lèvres du groupe s'élèvent des exorcismes et des mots magiques pour invoquer l'antique lignage de la tribu, sa parenté avec les dieux, et les vénérés fondateurs dont l'ombre les protégea dans le passé, comme l'ombre de l'arbre appelé pochotl. Elles ont défendu à la future mère de mâcher le noir « betum » appelé tzictli, afin que cet enfant qui va naître n'ait pas un palais dur ni de grosses gencives ; elle ne doit pas non plus connaître la tristesse ou les pleurs, le jeûne ou la fatigue.

De temps en temps, des murmures de voix s'échappent des pièces voisines. Là-bas, les parents, les hauts dignitaires des temples, le chef des armées et d'autres seigneurs encore, présidés par Ahuitzotl, seigneur de Tenochtitlan, attendent cette minute solennelle qui va donner, non seulement à une tribu, mais à une nation, « son héros unique à la hauteur de l'art ».

Tout à coup, le lent murmure du groupe des vieilles matrones est dominé par un grand cri strident. Aussitôt, une voix de femme, imitant les cris que les guerriers poussent au combat, s'adressa à l'Histoire au lieu de s'adresser à l'enfant et s'écria :

« Sois le bienvenu, mon fils bien-aimé ! »

Une fois le silence rétabli, coupé seulement de soupirs agités, la plus vieille des magiciennes coupa l'ombilic du nouveau-né pendant qu'elle récitait ces rudes phrases pathétiques :

« Mon fils, bien-aimé et très tendre, écoute la doctrine que nous ont laissée nos dieux. Du milieu de ton corps je coupe ton ombilic ; sache et comprends que cette maison où tu es né n'est pas tienne, car tu es soldat et serviteur, oiseau et soldat de celui qui règne en tous lieux. Cette maison où tu es né n'est qu'un nid, qu'une demeure où tu arrives aujourd'hui : c'est ton entrée dans ce monde. Ici tu pousseras, ici tu fleuriras, ici tu te sépares de ta mère comme un morceau se sépare de la pierre quand on la fend. Ici est ton berceau et le lieu où tu te reposeras. Mais cette maison n'est qu'une demeure temporaire, une autre t'appartient, c'est à une autre que tu es promis : tu appartiens au camp où l'on fait la guerre, là où ont lieu les batailles. C'est dans ce but que tu es envoyé. Ton métier, c'est la guerre ; ton métier, c'est de donner le sang des ennemis à boire au soleil et de donner le corps de tes ennemis en pâture à la terre. La terre qui t'appartient, ton domaine et ta souche, enfin, c'est la maison du soleil. Par bonheur, tu mériteras et tu seras digne de mourir en ce lieu de la mort fleurie. Ce que je coupe de ton corps, au milieu de ton ventre, est la chose due à la terre et au soleil. Et quand la guerre sera sur le point d'éclater, et les soldats de se joindre, nous remettrons ce morceau de ta chair entre les mains de vaillants soldats pour qu'ils le donnent à ton père et à ta mère, le soleil et la terre. C'est le signe que tu es offert et promis au soleil et que tu accompliras le dur métier de la guerre. Ton nom sera écrit sur le champ de bataille afin que l'on n'oublie ni ton nom, ni ta personne. Voici maintenant l'offrande composée d'épines d'agave, de « caña de humo » et de bouquets de fleurs. Cette offrande confirme ta pénitence et ton vœu. Il ne reste plus qu'à espérer la récompense, la dignité et le bénéfice qui nous viendront de ta vie et de tes œuvres. Mon fils bien-aimé, vis et travaille. Je souhaite que celui qui règne en tous lieux te guide, te soutienne et te protège ».

Sur sa natte, la jeune mère a souri, elle soupire encore pendant que la vieille matrone baigne l'enfant et, en même temps, elle récite des invocations à la déesse de l'eau :

« O pierre précieuse ! O riche plume ! O émeraude, O saphir ! dit-elle à l'enfant d'une voix qui n'est plus qu'un murmure.

« Tu as été formé en un lieu où se trouvent le grand dieu et la grande déesse, nos parents, Ometecuhtli et Omecihuatl.

Tu es arrivé en ce monde aux nombreux travaux et tourments où il y a des chaleurs excessives et des froids excessifs et des vents, où il y a, encore, la faim, la soif, la fatigue et les larmes. Voici ta vie, elle est toute en pleurs, en tristesse et en fatigue. »

Puis, la matrone ajouta, en s'adressant à la jeune mère, sur un ton doux, ému, comme si elle s'adressait à une fille :

« Tlilalcapatl, femme vaillante et courageuse ! Tu as agi comme l'aigle et comme le tigre. Tu t'es servie du bouclier courageusement dans la bataille, vaillamment, tu as imité ta mère Cihuacoatl. O ma fille, tu es semblable à l'aigle ! Tu as fait tout ce que tu pouvais. Tu as employé toutes tes forces pour mener à bien ton travail de mère. »

Les vieilles femmes entreprennent un dialogue interminable sur la douleur récente de la femme, mêlée de joie et de sourire, et sur le vagissement du nouveau-né, dialogue qui se termine par ces mots qui retombent sur l'enfant comme un doute inutile devant le destin tragique qui commence ce jour-là :

« Nous ne savons pas si on l'élèvera, s'il vivra quelques jours ou quelques années, s'il sera l'image, le portrait, l'honneur, la réputation des aïeux dont il descend. Nous ne savons pas s'il aura la chance d'améliorer le sort de ses semblables et de faire mieux que ses grands-parents. »

***

La nouvelle de la naissance d'un fils d'Ahuitzotl se répandit dans tout l'empire aztèque. Des confins de cet empire commencèrent à arriver des visiteurs et des ambassadeurs apportant leurs hommages et leurs salutations. Nous pouvons reconstituer l'une de ces scènes : Ahuitzotl, entouré des membres du conseil de la tribu, des seigneurs de Texcoco et de Tlacopan, du grand prêtre et de ses familiers. Tlilalcapatl portait l'enfant dans ses bras. Les yeux à terre, les ambassadeurs entrèrent couverts d'or et de plumes, portant des couvertures de couleur, ornées de grecques. L'un d'eux s'écria : « O notre seigneur, vaillant seigneur, petit-fils bien-aimé ! Je suis venu pour te voir. Me voici debout devant toi. C'est ton frère, le seigneur qui gouverne mon peuple, qui m'a envoyé vers toi en me disant : « Va voir Ahuitzotl, mon frère qui vit et règne à Tenochtitlan. Tu le salueras de ma part parce que j'ai entendu dire que nos dieux lui ont accordé une grâce en lui donnant un fils, à son image. Dis-lui que je lui envoie mes félicitations parce qu'est né et est arrivé en ce monde cet enfant, pierre précieuse, riche plume, plante qui appartient à nos seigneurs, les rois qui passèrent et laissèrent une génération après eux, à leur image avec leurs cheveux, leurs ongles et leur sang. Elle est née, elle a fleuri, la gloire qui doit ressusciter la gloire de ses aïeux, nos dieux l'ont créée à leur image. »

Le membre le plus ancien du conseil de la tribu répondit à ces mots courtois et aimables :

« Très noble seigneur, tu es envoyé par ton seigneur, prince valeureux qui dirige ton peuple et qui le gouverne. Tu as transmis ses salutations que nous avons écoutées et qui sont fort courtoises, tu as apporté dans tes mains une chose rare, à la composition originale où il n'y a aucune faute ni aucune laideur qui est comme une pierre précieuse et sans tache ; elle est semblable à un fin saphir, la manière dont tu as salué et parlé devant ces grands seigneurs. Le motif est la naissance d'une pierre précieuse et d'une riche plume que nos dieux ont envoyée. Notre seigneur Ahuitzotl, ici présent, baise les pieds et les mains de ton seigneur, il se prosterne devant lui et il souhaite qu'il fasse tout son devoir dans son métier de gouverneur. »

Les salutations étaient interminables. Sahagun dit en des mots durs, et les Indiens disent en termes poétiques que « ces souhaits de bienvenue envers des enfants qui sont au berceau et les félicitations que l'on adresse aux parents n'ont pas de limites, car la durée en est de trente jours. Quand ceux que l'on félicite sont de grands seigneurs, les visiteurs leur offrent de riches couvertures ; si le nouveau-né est une fille, on offre jusqu'à vingt ou quarante jupons. À ceux qui ne sont pas des seigneurs, mais des personnes riches ou considérées, on offre une couverture. À ceux qui sont d'humble condition, on offre des victuailles et des boissons ».

*
**

Une fois terminée, la présentation du fils d'Ahuitzotl aux parents, aux dignitaires et aux ambassadeurs, arriva le moment de connaître, grâce à la science compliquée des augures, le destin de celui qui eut une vie dure, courageuse et tendue vers un noble but. Ce fut une cérémonie magique comme celle de la naissance. On consulta des livres sacrés d'astrologie et l'on émit cette sentence finale, tout comme pour un fils de roi :

« Il naquit sous un bon signe ; il sera un vaillant guerrier ; il occupera un rang élevé parmi ceux qui décident des choses de la guerre ; il fera la guerre et il sera vainqueur. »

Cependant, son nom portera en lui-même le pressentiment de la catastrophe, Cuauhtemoc : l'aigle qui descend.

Et dans les vieux manuscrits, derrière son dos voûté, près d'une jeune tête très digne, une autre tête au bec pointu et aux dures plumes descendra du mystérieux domaine bleu vers la terre que teindra bientôt le sang de l'étrange peuple aztèque.

*
**

Ensuite, vint l'acte rituel de la consécration que les chroniqueurs espagnols nomment baptême. Ahuitzotl était magnifiquement paré, il portait ses ornements d'or, un filet bleu et une riche couverture. Hautain dans sa solitude, il mit dans les mains de l'enfant un petit bouclier, un petit arc avec ses flèches et quelques couteaux de noire obsidienne. Une vieille matrone éleva l'enfant, face à l'occident et s'écria d'une voix de tonnerre :

« O aigle ! O tigre ! O vaillant homme ! O mon petit-fils ! »

Dans ses mains noueuses, elle prit un peu d'eau et elle lui mouilla les yeux. Elle le ramenait vers elle pour l'élever aussitôt vers le ciel quatre fois encore ; en même temps, elle modulait des paroles d'invocation et de prière, d'imprécation et d'humilité, pour attirer la bienveillance des dieux bienfaisants et pour éloigner le mauvais sort. Enfin, elle le mit dans les bras de sa mère, en présence de la cour qui admirait en silence.

Les fils de nobles durent, suivant la tradition, assister au baptême du fils d'Ahuitzotl. Lorsque la matrone eut terminé la cérémonie compliquée, ils partirent dans les rues de la bruyante Tenochtitlan en criant de toute leur voix ce genre de cantique :

« O Cuauhtemoc ! O Cuauhtemoc ! Va vers le champ de bataille. Mets-toi au milieu, là où se font les guerres ! O Cuauhtemoc ! Ton métier consiste à réjouir le soleil et la terre, à leur donner à boire et à manger. Tu es de la race des soldats qui sont des aigles et des tigres, qui moururent à la guerre et qui, maintenant, connaissent le bonheur et chantent devant le soleil ! »

Ou bien ils jetaient aussi ces cris sonores et symboliques : « O soldats ! O gens de guerre ! Venez ici, venez manger l'ombilic de Cuauhtemoc ! »

Et, derrière la mère, lorsqu'elle entra dans la salle fraîche et spacieuse, parfumée de fleurs et de copal, on tenait une torche flambante.

Ceci se passa, croit-on, en l'an de grâce 1496, année incertaine qui apporta une seule vérité, cet enfant dans son berceau, fils d'aigles et de tigres, fine émeraude, riche plume dans le palais d'Ahuitzotl.

***

Dans l'illustre caste d'Acamapichtli, créée par Ahuitzotl, une place était réservée à Cuauhtemoc. Mais, pour obtenir cette place, il devait suivre le chemin de la pénitence et des larmes, de la méditation et du travail, de la discipline et de l'austérité. Ce chemin commençait au Calmecac, lieu où la caste religieuse organisait ses futurs cadres de domination et de pouvoir. Il passa ses premières années près de sa mère, à Tlaltelolco, en écoutant la rumeur des dernières entreprises belliqueuses du seigneur Ahuitzotl. Plus tard, il fut confié à un précepteur respectueux et savant qui lui apprit à s'exprimer dans sa langue, ainsi que le savoir-vivre et les beaux discours. Puis, vint le jour de sa promesse au Calmecac. Il entra dans la grand'salle du palais à côté de son père ; il y trouva une nombreuse réunion très mêlée : là-bas étaient ses cousins Moctezuma, Cuitlahuac, Matlaltzincatl et Pinahuitzin, enfants d'Axayacatl, frère et prédécesseur d'Ahuitzotl ; il vit encore Netzahualpilli, seigneur de Texcoco avec qui Cuauhtemoc avait aussi des liens de parenté. Tendre et effacée apparaissait sa mère, Tlilalcapatl. Venaient encore le hueiteopixque ou grand prêtre, les dignitaires du temple de Quetzalcoatl, une cohorte de néophytes, à peine initiés, qui allaient à la guerre fleurie chargés des équipements de leurs supérieurs, nu-pieds, à peine vêtus de quelques couvertures blanches, sans ornements.

D'après le cérémonial, Ahuitzotl — ou une autre personne à sa place — prononça un long discours dans lequel il rappela la difficulté du chemin à suivre :

« Mon fils, ici présent. Ici se trouvent ton père et ta mère, qui t'ont engendré. Bien que nous soyons ton père et ta mère, ceux qui t'élèveront en te donnant les règles de vie et qui t'ouvriront les yeux et les oreilles pour que tu voies et entendes, ceux-là — surtout — seront, en vérité, ton père et ta mère. Tu iras dans cette maison que l'on appelle le Calmecac, maison de larmes et de tristesse. Ceux que l'on élève là-bas sont travaillés et ciselés comme des pierres précieuses, ils poussent et fleurissent comme des roses ; de là, ils sortent telles des pierres précieuses et de riches plumes pour servir nos dieux. En ce lieu, on élève ceux qui gouvernent et commandent, ceux qui dirigent les peuples, ceux, enfin, qui seront des chefs militaires et qui auront le pouvoir de tuer et de répandre le sang... Écoute bien ce que tu dois faire : tu dois d'abord balayer, ramasser les balayures et mettre de l'ordre dans la maison. Ne pense pas en toi-même : « Mon père et ma mère vivent, mes parents vivent ; ma maison est florissante, l'on y trouve des biens et des vivres, j'ai de quoi manger et de quoi boire, le lieu où je suis né est vraiment délicieux. » Non. Tu ne dois pas te souvenir de tout ceci. Tu ne vas pas être honoré, ni obéi, ni estimé. Tu seras, au contraire, humilié, méprisé et dédaigné. Si ton être veut prendre un élan d'orgueil, tu dois le punir et l'humilier.

« Note bien ce que tu dois faire : chaque jour, tu dois couper des épines d'agave pour faire pénitence et des branches pour décorer les autels de feuillage. Avec les épines d'agave, tu mortifieras ton corps jusqu'au sang. Tu endurciras ton corps au froid. Tu dois étudier les vieux livres sacrés de nos aïeux. Enfin, tu dois mener une vie chaste. »

Ensuite, Ahuitzotl se dirigea vers les recteurs du Calmecac pour leur recommander son fils qu'il promettait à la « maison de Quetzalcoatl » qui est la « maison de la pénitence et des larmes ».

Ils répondirent ces mots au seigneur, les yeux baissés et le geste solennel :

« C'est à Quetzalcoatl, lui-même, que vous parlez. Lui seul sait ce qu'il doit faire de votre riche plume, de votre pierre précieuse et de vous, ses parents. Nous, indignes serviteurs, nous attendrons, avec une espérance certaine, car nous ne pouvons vous dire avec certitude : votre fils sera tel ou il ne sera pas. Espérons en notre dieu qui sait ce qu'il doit faire de votre fils. »

La vie fut pour Cuauhtemoc un réveil lent, doux et sensuel. Mais, tout à coup, cette destinée fut interrompue. Des pleurs éclatèrent dans le palais du seigneur. Les roulements sonores et lugubres sortis du ventre du tambour royal, le grand teponaxtle, annoncèrent à Tenochtitlan la mort d'Ahuitzotl.

Aussitôt, arrivèrent les seigneurs de Texcoco, de Tlacopan et les ambassadeurs des peuples soumis pour présider et organiser les funérailles. Netzahualpilli, roi de Texcoco, dut prononcer les adieux à celui qui laissait, affirma-t-il, « dans les ténèbres la grande nation aztèque, et vides la place et le siège du temps ».

Sur la grand'place de Tenochtitlan, face au temple de Huitzilopochtli, on éleva le bûcher énorme où l'on plaça le cadavre du chef des hommes.

Ensuite, l'on amena ses esclaves, un à un, vêtus des vêtements royaux du mort et ils furent sacrifiés sur le grand teponaxtle. Autour du bûcher, le sang avança en petites vagues successives qui inondaient la place. Un cordon de cœurs, encore palpitants, entoura le corps orné déjà de turquoises, paré du grand collier aux grelots d'or, le front ceint de la couronne émaillée, rehaussée de pierreries. Il avait aux chevilles des bracelets dorés et, sur la poitrine, une ceinture dorée ornée de plumes fastueuses. On peignit le corps, un filet bleu, tressé, divisé en deux, partageait sa chevelure. On lui mit la « bezolera » d'émeraudes et les boucles d'oreilles en or fin. Puis, la chair trembla sur le bûcher, éclata en de grandes bulles bleues. Les conques marines jouèrent un genre de « de profundis » accompagnées par les timbales et les flûtes.

Le jour suivant, les prêtres de Huitzilopochtli recueillirent les cendres pour les déposer dans le cuauhxicalco, c'est-à-dire le lieu où l'on égorge les innocents et les misérables.

⁂

À la mort d'Ahuitzotl, son neveu, Moctezuma Xocoyotzin, le cruel seigneur fils d'Axayacatl, fut élu tlacatecuhtli. Les seigneurs de Texcoco et Tlacopan présidèrent cette cérémonie impressionnante. Au nom de l'empire, ils assirent Moctezuma sur l'icpalli, c'est-à-dire sur le trône, ils le couvrirent d'une couverture bleue, ils lui mirent la couronne d'or, les boucles d'oreilles et les « bezoleras » en or et ils l'enveloppèrent d'un épais nuage de fumée de copal. Les électeurs de la grande nation se prosternèrent à ses pieds et lui dirent ces mots émouvants :

« Le jour s'est enfin levé, car nous étions dans l'obscurité et les ténèbres, tandis que maintenant l'empire brille comme un miroir aux rayons de soleil. »

Il se montra humble et doux. Entouré de la noblesse et de sa famille, au milieu du peuple réuni dans les rues, il se rendit de son palais au temple de Huitzilopochtli. Là-bas, il baisa la terre aux pieds de l'idole, il planta des épines d'agave dans ses oreilles, ses bras et ses jambes. Il prit dans un panier plusieurs cailles, légères et chaudes, il les égorgea habilement en éclaboussant de leur sang les murs de l'enceinte et même la pierre du dieu intrépide. Il prit dans ses mains l'encensoir d'or et il lança vers les quatre points cardinaux un jet de fumée d'un gris suave, puis, il descendit, alors, majestueux, conscient de son pouvoir et de sa force, décidé à entreprendre un gouvernement autocratique et brutal.

Si Ahuitzotl fut féroce et mérita que son nom passât dans le langage populaire comme un synonyme d'« ombre mauvaise », Moctezuma mena le pays d'une main encore plus ferme. Il déplaça des dignitaires et des chefs pour donner ces charges à sa nombreuse famille. Il inaugura un cérémonial rigoureux : il mangeait seul, servi par des femmes et des prêtres ; quand il passait dans les rues, dans une chaise-à-porteurs, les gens devaient se cacher. Personne ne pouvait se présenter devant lui vêtu élégamment afin de ne pas offenser sa richesse. Quand on voulait lui parler, avant de lui dire un mot, le signe de la soumission était trois inclinaisons et, les yeux baissés, le discours devait commencer ainsi :

« Seigneur, mon Seigneur, très grand Seigneur ! »

Il s'adonna à la guerre. Il fit sa première expédition contre les gens d'Achiotlan, la seconde contre les Tlaxcaltèques, manquant ainsi à un pacte ancien conclu entre les deux nations, d'après lequel il ne pouvait y avoir entre elles que la guerre fleurie.

Il guerroya dans le Mixtèque et dans l'Atlixco. Pendant la paix, il exerçait ses armées par des manœuvres, en leur faisant occuper des points stratégiques afin de constituer une menace d'un côté, de recouvrer des tributs supérieurs de l'autre, d'encourager les faibles et de se procurer des victimes, et des richesses.

Pendant ce temps, Cuauhtemoc atteignit l'âge auquel il devait accomplir le vœu de son père, c'est-à-dire son propre don à la déesse de la science et de la sévérité. L'entrée du fils d'Ahuitzotl au Calmecac ne serait pas un événement pour la cité comme du temps où ce seigneur vivait et régnait.

Quelques domestiques, peut-être quelque parent allié et son précepteur, accompagnèrent le jeune homme le long de la route de Tlaltelolco jusqu'à la maison qui protégeait l'esprit de Quetzalcoatl, la demeure de la pénitence et des larmes, mais aussi celle de l'immortalité.

En entrant là-bas, il reçut un bain de peinture. On mit autour de son cou un collier de petites boules rondes en bois que l'on enterrerait ensuite dans un lieu secret pour attacher à jamais son âme au Calmecac.

Le long apprentissage commença alors. De bon matin, il se baignait, puis, il balayait les vastes pièces, il allait chercher du bois et des épines d'agave dans la campagne. Les après-midi, au coucher du soleil, il allait avec ses camarades, tous fils de nobles, sur les routes, de l'îlot à la terre ferme, tenant dans ses mains une conque marine pour jouer en chemin, un encensoir pour brûler le copal et une torche. Il marchait dans la campagne jusqu'à ce que la nuit fût maîtresse du monde. La nuit venue, il plantait les épines d'agave dans une boule de foin, puis, il se disposait au retour fatigant, tandis qu'apparaissaient et disparaissaient dans l'ombre les torches flamboyantes et que les étranges lamentations d'amertume qui étaient celles des conques, accompagnées de voix d'enfants, troublaient le silence nocturne. Rentré au Calmecac, au moment où la lune était à la moitié de sa course, il psalmodiait de vagues prières, pendant que s'élevaient des cellules lointaines les pleurs de ceux qui s'étaient retardés et que l'on punissait en les fouettant avec des orties ou en meurtrissant leur chair avec des épines d'agave.

Puis, venait l'enseignement des bonnes manières, de la courtoisie exquise qui caractérisa le peuple aztèque, la lecture des livres sacrés, l'explication des symboles divins et terribles, les rites compliqués des fêtes en l'honneur de chaque dieu. On lui enseignait la valeur des insignes et antiques traditions de sa tribu, les chants héroïques, le mystère des étoiles, leurs variations et leurs disparitions. On lui apprenait encore le moyen de connaître l'avenir en suivant le chemin ailé des songes, à interpréter les signes afin de distinguer les signes néfastes des signes bienveillants, à mesurer le temps. Enfin, on lui apprenait à donner un coup de poignard précis dans la poitrine des prisonniers, puis à introduire une main barbare dans la plaie afin d'arracher le cœur.

Il fallait qu'il possédât parfaitement les connaissances que le peuple ignorait ; le principe invisible d'après lequel se joignaient et se fondaient les idées du feu, de la chaleur et de la vie dépendant du soleil. L'immortalité de l'énergie et de la matière qui existent en même temps. Il apprendrait encore qu'en tout homme résidait le principe vivifiant de la divinité qui se trouvait dans la liqueur rouge, jaillissant des poitrines ouvertes, des langues et des fronts traversés d'épines d'agave.

Il construisait son monde intérieur autour du mythe de Huehueteotl, le vieux père de tous les dieux, avec Ometecuhtli, le dieu vivant, la divinité dans laquelle se réunissent les notions de plusieurs divinités qui symbolisent l'eau, le feu, toute la terre. Il savait qu'en ce monde, il n'existait pas de matière inerte et inanimée ; puisque tous les éléments de la nature sont touchés par la divinité, c'est que vit dans ces éléments l'âme immortelle d'un dieu, cette âme qui renaît sans cesse.

Tous les dieux, en particulier Ometecuhtli et Omecihuatl, son épouse jumelle et inséparable, habitent l'un des cieux ou l'un des mondes fantastiques que créent l'esprit de la tribu aztèque ; le plus élevé et le plus inaccessible. Quant à lui, Cuauhtemoc, fils d'Ahuitzotl, il vivait dans un monde intermédiaire sous lequel s'agitait celui des morts. Le plus élevé de ces mondes, à son tour, était divisé en trois cieux : un pour les tempêtes, un autre pour teindre les heures du jour du bleu pâle et serein de la vallée d'Anahuac, un autre ciel encore pour l'ombre profonde de la nuit où dansent les comètes, les étoiles, le soleil et la lune. Il avait su des prêtres du Calmecac que l'Univers est peuplé de forces et d'êtres extraordinaires, surnaturels, revêtus de la forme des dieux. Quand il étudia l'astronomie, science où sa tribu excella, à l'exemple des Mayas, il comprit qu'elle tournait toute autour des symboles, mais qu'elle était dotée aussi d'une vitalité et d'un mouvement que seuls les élus pourraient apprécier. Sa tâche consisterait donc à trouver dans la magie, dans le rite, une mesure pour harmoniser ces forces et pour éviter le cataclysme qui pourrait survenir si le délicieux équilibre et l'ordre sur lesquels le monde aztèque était construit étaient ébranlés. Il ne pouvait obtenir ce pouvoir que par la vie d'austérité établie par le Calmecac, en s'imprégnant des mystères de sa religion.

Cuauhtemoc apprit aussi l'art de la guerre pendant son séjour au Calmecac et qu'elle était liée indissolublement à l'acte religieux. Il prit part aux batailles ordonnées par Moctezuma Xocoyotzin, comme un néophyte, enrôlé dans le groupe de ceux qui recherchent dans la lutte non pas le triomphe, ni la domination qui permet d'exiger le tribut, ni le riche butin, mais bien des hommes pour le sacrifice. Il fit aussi ses premières armes et ses premiers prisonniers. Il reçut en prix une couverture. Il obtint ensuite de plus hautes distinctions, comme celle de porter des décorations appréciées. Il endurcit son corps en même temps qu'il apaisait son esprit. Il développait son intrépidité, il apprenait à jeûner, il se montrait sobre, adroit et il méprisait la mort.

Ce ne furent certainement pas son sang, ni son lignage qui lui donnèrent ce courage étonnant qu'il montra plus tard, froid et serein, lorsque vint l'heure de la souffrance. Mais ce fut bien le Calmecac, les heures de douleur et les larmes versées de bon gré pendant ses années d'orphelin, années d'une monotonie silencieuse qui formèrent ce type de héros auquel il donna son âme.

Dans les expéditions guerrières de Moctezuma, Cuauhtemoc s'exerça au commandement comme le digne rejeton d'un père guerrier fougueux et d'un grand-père intrépide. Il n'est pas étonnant qu'à la sortie du Calmecac, presque un enfant, à peine un jeune homme, il reçut la seigneurie de Tlaltelolco qui lui revenait par héritage maternel. Il n'est pas étonnant non plus qu'à la mort de Moctezuma et à l'intronisation de Cuitlahuac, ces mérites et d'autres encore le menèrent à des charges comme celle de tlacatecatl ou général en chef de l'armée aztèque, et à celle de hueiteopixque ou grand prêtre.

Le Calmecac avait donné à l'empire son meilleur sujet.

La fougue guerrière de Moctezuma se refroidit ensuite. Il se livra à la mollesse. Il s'adonnait à la religion, il dirigeait la tuerie des prisonniers en l'honneur de ses dieux et il s'isolait totalement dans les grands jours de méditation. Il s'entoura d'augures et de devins. Il était immensément riche ; ses recouvreurs parcouraient continuellement tout l'empire, prélevant pour lui les fruits arrachés de la terre grâce à un dur labeur. Bientôt, d'étranges présages commencèrent à apparaître : semblable à une mèche de feu, une énorme lumière étincelante monta jusqu'au sein des cieux, la nuit, elle grandissait jusqu'à ce que le soleil l'effaçât. Cette lumière naquit avec fracas, tout trembla et la terre vibra. Les Indiens collèrent leur bouche contre la poussière et ils se désespérèrent.

Ensuite, survint le funeste incendie du temple de Huitzilopochtli. Un jour, d'elle-même, sans que la main de l'homme approchât une flamme, la maison du dieu flamba. Il semblait que les hautes colonnes s'écroulaient, léchées par les langues d'un feu rouge. Devant ce scandale, les prêtres s'écrièrent :

« Mexicains, accourez vite avec vos cruches pleines d'eau pour éteindre le feu ! »

Plus tard, une bruine tomba et, tout à coup, le ciel éclata. De son ventre, la foudre s'échappa et tomba sur le temple où vivait le dieu du feu. Tout brûla, bien que la pluie tombât inutilement.

Plusieurs années plus tard, lorsque le soleil brillait encore, une comète descendit. C'était une triple comète. Elle vint de l'occident et se dirigea vers l'orient accompagnée d'une fine pluie d'étincelles. Dans le lointain, ses queues grossirent.

Un jour, l'eau bouillit sans que le vent soufflât et, en bouillant, elle faisait du bruit. Les vagues, en s'élevant, arrivèrent jusqu'aux soubassements des temples et des maisons, et l'eau entra. Les maisons tombèrent sous la poussée des flots.

Bien souvent, une femme criait pendant la nuit. Elle criait, en pleurs, d'une voix effrayée :

« Mes fils ! où vous emmènerai-je ? Mes chers fils, nous sommes ruinés ! »

Mais l'on ne voyait nulle part le corps de cette femme.

Un autre jour, les Aztèques prirent un grand oiseau dans leurs filets de chasse et ils l'apportèrent à Moctezuma. Cet oiseau avait un miroir sur le front ; or, bien que le soleil fût couché, au-dessus de la tête de l'oiseau il y avait une clarté que le miroir semblait refléter. En s'approchant de cette lumière, ils virent venir de l'horizon des hommes qui paraissaient étrangement armés pour la guerre. Lorsque les devins arrivèrent pour interpréter l'apparition, l'oiseau avait disparu.

Enfin, apparurent des hommes monstrueux qui avaient deux têtes.

On les amena à la maison des prédictions, mais ils disparurent comme un nuage enlevé par le vent.

Une sœur de Moctezuma mourut, elle ressuscita et elle prédit une guerre avec la victoire des envahisseurs. En apportant une pierre énorme qui devait être sculptée pour les sacrifices, le pont de l'une des routes s'écroula et le roc écrasa le grand prêtre.

À la mort de Netzahualpilli, à la suite de dissensions entre les héritiers, une révolte éclata dans la seigneurie alliée de Texcoco. Le siècle aztèque s'accomplit, vint la fête du feu nouveau et le monde aborigène resta en suspens jusqu'à ce que les flammes récentes descendissent de la colline divine et que l'univers retrouvât l'équilibre.

Tout ceci remplit d'effroi le seigneur de Tenochtitlan. Or, un matin, la mesure fut comble : venant de la côte, de la lointaine et aride Chalchiuhcuecan, les courriers royaux apportèrent la nouvelle fantastique. La tribu en perdit le souffle, les mots se figèrent sur les lèvres, le mouvement dans l'espace, la destinée de l'empire suivit une autre orientation vers la mort et le miracle : Quetzalcoatl était revenu.

Alors commença l'agonie de la race.

CHAPITRE II

QUETZALCOATL REVIENT

« Il s'en est allé mon seigneur aux glorieuses plumes fines !
Seules, restent là-bas les maisons de turquoises,
les maisons des serpents que tu laissas debout
là-bas à Tolan, où nous allâmes clamer :
Nacxitl Topiltzin, ton nom ne périra jamais
mais tes vassaux pleureront pour lui ! »

(Chant en l'honneur de la fuite de Quetzalcoatl.)

À l'arrivée des Aztèques, rien dans Tollan, ville déserte et silencieuse, ne pourrait rappeler son ancienne splendeur. Où sont les palais de jade et d'argent ainsi que les superbes idoles ? Où est aussi sa réputation de richesse et d'éternité ? Ils étaient tombés, les énormes tigres de pierre qui portèrent l'étendard du dieu ainsi que les piliers sculptés et les blanches faïences.

La ville de Tollan, résidence de Quetzalcoatl, est présentée comme très riche, entourée de terres si fertiles que les tiges de maïs cessaient d'être fragiles en face du vent, mais elles grossissaient tellement en s'élevant vers le ciel qu'elles donnaient des épis tels qu'un seul homme était incapable de les porter. Sous le signe de l'abondance et du bonheur, Quetzalcoatl enseignait à son peuple le travail des métaux et, lorsque c'était utile, lui-même balayait le chemin des dieux, grâce à la pluie qu'il déversait des nuages bienfaisants sur les vastes plaines de l'espace.

La tradition toltèque représente Quetzalcoatl comme un homme de race blanche, corpulent, au front haut, aux grands yeux rêveurs, avec des cheveux noirs et longs et une barbe de patriarche. Il portait une mitre ornée d'un panache de plumes de quetzal, son visage était peint en noir et il était revêtu d'une chemise en guise de surplis. Il portait des anneaux aux oreilles, ornés de turquoises et un collier d'or enrichi de petites conques marines. Il avait sur le dos, en signe distinctif, un plumage représentant des flammes. Ses pantalons étaient en peau de tigre et il avait aux pieds des sandales teintes en noir. Il tenait dans la main gauche un bouclier dont la peinture étrange représentait cinq angles que l'on nommait « la rose des vents » ; dans la main droite, il brandissait avec énergie un sceptre en forme de bâton.

Sa sagesse jointe aux plumes de quetzal se réduisit à un symbole dans l'esprit primitif, poétique et mystique de son peuple : toute sa corpulence, les emblèmes, le charme grâce auquel il savait fendre la terre, puis y déposer la semence et la faire fructifier, sa divine voix venue du haut du ciel où étaient ses parents, tout se trouva réuni dans le corps froid et élastique du serpent que l'on décora d'une profusion bigarrée de teintes, vert, rouge et jaune, prises chez l'oiseau délicat, joyau de la forêt, joie de la vue. Quetzalcoatl assista à la révolution de l'Univers dans ses trois destructions successives. Seigneur de l'air, il souffla sur le monde et le réduisit en poussière sous sa sandale dans une lutte avec son frère Tezcatlipoca. Il prit part au conciliabule des dieux de Teotihuacan d'où sortit ce monde actuel des tribus d'Anahuac. De ses mains magiques, il retira les ossements des générations passées, il les arrosa de son sang et il refit l'homme.

L'abondance, la joie et la richesse suivaient ses pas.

⁂

Quetzalcoatl fonda à Tollan le paradis indigène avant la venue des Aztèques : un royaume idéal et utopique. Mais, tout à coup, résonnèrent dans la campagne les pas, dépourvus de rythme, d'un boiteux : Tezcatlipoca, le vengeur, l'envieux, le déshérité, le maléfique, qui se présentait pour poursuivre la bataille séculaire. Tezcatlipoca et Quetzalcoatl ne semblent pas nés du même ventre prolifique d'Omecihuatl qui par le second donna le bien aux hommes et avec le premier, leur donna le mal.

Le boiteux au miroir fumant sur la tête, allié à Hueman aux

grandes mains toutes-puissantes, donna à boire à Quetzalcoatl une étrange liqueur qui avait le pouvoir de lui conférer l'immortalité. Ils lui dirent que c'était la volonté des dieux supérieurs qu'il allât à Tlapallan, terre inconnue où il aurait un immense royaume. La liqueur l'incita à la marche, mais avant de partir de Tollan, il brûla ses merveilleux palais et il enterra ses richesses dans le ventre des sierras et dans le lit des fleuves.

Son peuple le suivit dans la pérégrination en jouant une musique mélancolique, mêlée de larmes. Il marchait somnolent et détaché de la terre. À Cuauhtitlan, il lança des pierres contre un arbre, elles restèrent suspendues aux branches, comme des fruits compacts. À Tlalnepantla, sa main s'appuya sur une roche en laissant une trace sculptée dans la pierre. Mais à Cholula, les humbles Indiens lui donnèrent un asile et l'accueillirent en lui offrant le commandement. Là-bas, commença le sacrifice qui consiste à faire saigner les oreilles et la langue « non pour servir le diable, mais en pénitence du vice d'entendre et de parler ». Là-bas, aussi, il revint à son activité constructive : il bannit la cruauté des relations humaines, il dicta des lois magnanimes et, pour mesurer le temps, il institua le calendrier.

Il résida pendant vingt ans à Cholula, puis, suivi de quatre jeunes gens nobles, il entreprit la marche vers Tlapallan, la terre inconnue. Il arriva ainsi à la mer. Maître de l'air, il était maître de l'éternité. La mer toujours renouvelée, toujours jeune et éternelle comme lui, Quetzalcoatl, fut peut-être son meilleur symbole, son destin et son but. Sur le sable gris, il fit un radeau, tissé de serpents, puis il se livra aux flots. Mais, avant de disparaître, il menaça les usurpateurs de Tollan : il reviendrait un jour, la barbe au vent, un gros bâton à la main, les plumes de sa devise étincelant comme des flammes afin de reconquérir son trône.

Alors, gare aux méchants !

⁂

Ce mythe et celui de la destruction de l'Univers tous les cinquante-deux ans troublaient constamment la vie indigène.

L'un était une menace d'anéantissement total ; l'autre, le bouleversement de l'ordre politique et social établi et une conception nouvelle de la vie de la tribu. Le culte que les peuples de l'Anahuac rendirent à Quetzalcoatl avait pour but de s'attirer les bonnes grâces du dieu en vue de l'heure à laquelle les anneaux emplumés du serpent se dérouleraient à nouveau sur la terre aztèque.

De plus, ce mythe a une profonde signification ethnique. Ce n'est pas seulement la contradiction morale ou la connaissance des principes de l'éternité et de la mort, du savoir et de l'ignorance. C'est la lutte d'un peuple pauvre en face d'un peuple puissant ; des misérables en face des riches. Tezcatlipoca guide les dépossédés ; Quetzalcoatl guide ceux qui détiennent la science et le pouvoir. Le triomphe de Tezcatlipoca devait être stérile en partie car les vainqueurs tombèrent aux mains d'un autre frère belliqueux, celui qui ne pardonna jamais, c'est-à-dire Huitzilopochtli. Et c'est ainsi que la fuite du dieu civilisateur — Quetzalcoatl — engloutit dans la mort implacable les peuples d'Anahuac.

***

Un « macegual », un esclave, apporta jusqu'au palais de Moctezuma la nouvelle déconcertante. Sur mer, en vue de Chalchiuhcuecan, avançaient trois grandes tours, étendard au vent. On ne voyait pas d'hommes, elles devaient porter, sans doute, des hommes de poudre et de fumée.

« Seigneur et Roi, dit cet esclave, pardonne mon audace. J'arrivai sur le rivage de l'océan quand je vis s'avancer au milieu de la mer une sorte de sierra ou de grande colline qui se déplaçait d'un point à un autre. Je n'ai jamais rien vu de semblable. En qualité de gardien des côtes, je suis sur le qui-vive. »

Le monde aztèque fut, alors, en proie à la fièvre. Quels dieux nouveaux arrivaient donc par les routes de la « mer du ciel » ? Quel destin attendait le peuple de Huitzilopochtli ? La science des augures fut inutile, ni l'observation des nuages, ni l'interprétation des songes, du vent, de l'eau, ni le sang des cailles égorgées ne pouvaient révéler l'avenir. Les cieux innombrables de l'Univers indigène tremblèrent pendant que les idoles restaient solennelles et hermétiques. Dans Tenochtitlan où la nouvelle courut de bouche en bouche malgré la défense, on réunit le peuple craintif. Moctezuma ordonna que son majordome Petlalcacatl allât à Chalchiuhcuecan pour vérifier l'étrange présence.

Le majordome gravit la rude sierra de la vallée d'Anahuac, il passa les rocs sauvages du Citlaltepetl, il foula les rouges terres du tropique et, enfin, il arriva sur les côtes de l'océan. Grimpé sur un arbre à l'écorce et aux branches nombreuses, il vit, avec effroi, des hommes barbus, robustes, portant des vêtements rouges, verts, tout crasseux, la tête couverte de morceaux de tissus ou d'objets incommodes qui descendaient des vaisseaux pour pêcher avec un hameçon et des filets.

Juan de Grijalva aborda dans un petit îlot en face d'Ulua, il eut tout de suite sa première impression du monde qu'il affrontait : sur un autel battu par les tempêtes, aux pieds de Tezcatlipoca, deux jeunes gens gisaient la poitrine ouverte, leur cœur et leur sang donnés en offrande. Quatre prêtres, revêtus de couvertures sombres, firent à l'Espagnol une auréole de fumée de copal.

Ensuite, quelques Indiens vinrent sur la plage, ils apportèrent de maigres parcelles d'or. Grijalva hissa les voiles et repartit vers l'horizon. Petlalcacatl, le majordome, revint à Tenochtitlan apportant la nouvelle de la disparition des visiteurs. À nouveau, l'océan était libre dans son immensité verte. Le monde indigène retrouva son rythme mystérieux et son isolement. À la menace succédèrent les soupirs.

Mais l'année suivante, les vaisseaux apparurent à nouveau. Tentlitl, cacique d'un village voisin de Chalchiuhcuecan, averti par Moctezuma, envoya le noble Cuitlalpitoc apporter aux nouveaux venus le salut aimable du seigneur. Les ambassadeurs indiens voguèrent sur deux canots vers le plus grand des navires, attirés par son drapeau. Sur le pont, Cuitlalpitoc remarqua, à son grand étonnement, la silhouette d'une femme de sa race. Malintzin — doña Marina — que l'on offrit comme une serve à Hernan Cortès dans le butin de Tabasco. Elle leur souhaita la bienvenue en ces mots :

— Venez ici. D'où êtes-vous ?

Cuitlalpitoc se rendit maître de sa voix et de son geste :

— De Tenochtitlan la grande.

— Pourquoi venez-vous ici ? demanda doña Marina.

— Madame et fille de notre race, nous venons voir seulement cet homme qui est avec vous.

La femme disparut rapidement au travers d'une écoutille. Restés sur le premier pont, entourés d'hommes rudes et curieux, Cuitlalpitoc et ses compagnons montrèrent un visage dur et impénétrable.

La femme revint :

— Comment s'appelle votre seigneur ?

— Il s'appelle Moctezuma, Madame.

— Vous a-t-il dit dans quel but il vous envoyait ?

— Il veut savoir où va votre seigneur.

À nouveau, doña Marina fit glisser son corps brun dans l'écoutille. L'odeur du navire arrivait jusqu'à Cuitlalpitoc : une odeur rude qu'il n'avait jamais sentie. D'étranges choses s'entassaient en désordre. Le glissement d'un câble leur fit tourner le regard. Bientôt la voix de la femme s'éleva :

— Ce dieu qui vient avec moi, votre seigneur, dit qu'il va rendre visite au roi Moctezuma.

— C'est à peine s'il arrive et déjà il veut lui parler, répondit Cuitlalpitoc d'une voix d'abord hautaine qui s'adoucit comme le vent s'affaiblit pour continuer par d'humbles paroles.

— Dis-lui encore, ajouta-t-il, que nous lui apportons cette marque de confiance : Ma chaise et mon trône sont à lui, je ne les occupe que momentanément. Je lui offre ces petits cadeaux. »

Elle sortit quelques pièces d'or d'un coffre, puis elle défit dix balles de linge, de coton et de plume.

Hernan Cortès arriva, alors. Derrière lui, comme les ombres de son corps et de sa voix se placèrent Jeronimo de Aguilar et doña Marina. Une barbe rouge annonça Pedro de Alvarado. Cortès ordonna que l'on donnât du vin à l'ambassade et quelques colliers de verre.

L'après-midi surprit les Aztèques ivres d'étonnement et d'alcool.

***

Quelques jours plus tard, une fois le royal Castillan installé sur la terre ferme, Tentlitl, le cacique du village, arriva. Dans sa caravane, il emmena des peintres adroits qui dessinèrent « sur le vif le visage, les traits et le corps de Cortès, de tous les capitaines, des navires, des voiles, des chevaux, doña Marina, et même deux lévriers, ainsi que tout l'équipage ».

Cortès fit à Tentlitl une pompeuse démonstration de son pouvoir surnaturel. Il fit remplir les bombardes et préparer les montures. Quand la marée se retira en découvrant le sable humide, au signal d'une détonation les cavaliers coururent sur la plage. Le hennissement des chevaux à proximité des pouliches, les détonations de l'artillerie, les pierres projetées du ventre de la bombarde et qui résonnaient dans les montagnes, les cris des cavaliers remplirent d'effroi la cohorte indigène.

Tentlitl se rendit à Tenochtitlan. Moctezuma écouta de ses lèvres troublées le portrait des envahisseurs, le récit de leur force magique, leur pouvoir sur le tonnerre et sur les animaux. Ils portent une armure de fer, disait-il, ils se vêtent de fer, ils couvrent leur tête de fer, leur épée est de fer et encore leur arc, leur bouclier, leur lance. Ils sont montés sur des cerfs, de telle sorte qu'ils atteignent le toit d'une maison, affirmait-il encore. Leurs corps sont entièrement recouverts. Seuls, leurs visages sont visibles, ils sont entièrement blancs, leur figure est blanche comme la chaux, leurs cheveux et leur barbe blonds ou noirs. Leur nourriture est princière, abondante, blanche elle aussi, elle a une saveur douce, douce comme le miel des abeilles. Leurs chiens sont énormes, aux oreilles tombantes, ils laissent pendre leur langue, ils ont des yeux de feu, de flamme, ils sont sauvages, toujours haletants, tachetés comme le jaguar.

La peur entra dans le cœur de Moctezuma, il pensa s'évanouir. Il prononça cette phrase fataliste :

« Je comprends que c'est là Quetzalcoatl, le dieu que nous attendons. Les anciens de Tollan affirment que ce dieu leur a dit qu'il régnerait à nouveau sur Tollan et sur le monde. Ce trône, cette chaise et cette royauté lui appartiennent, ce n'est qu'un prêt pour moi. »

Il se disposa à accueillir ce dieu qui voulait retrouver son empire. Dans ce but, Tlilancalqui, guerrier vaillant et courtisan habile, prit la tête d'un long cortège de nobles et d'esclaves par les chemins difficiles qui mènent à l'immense rivage de la mer. Les esclaves marchaient sous le poids des fardeaux, les nobles et lui-même étincelaient, couverts d'insignes et d'or, grand était leur prestige et grande leur crainte.

En arrivant au camp royal, l'ambassadeur baisa la terre, il répandit l'encens de copal autour de Cortès, puis, sur des nattes propres, il ouvrit le coffre miraculeux. Il fit apparaître aux yeux des Espagnols un disque d'or grand comme un soleil « qui pourrait être de la dimension d'une roue de charrette, orné de nombreux motifs peints, véritable œuvre d'art qui pouvait valoir, d'après son poids, à peu près dix mille pesos. Puis, apparut une autre roue, plus grande, en argent, représentant la lune, d'un grand éclat. Puis, un casque rempli d'or, vingt canards en or, des pièces d'or représentant des chiens, des tigres, des lions, des singes, dix colliers d'or, des pendentifs, douze flèches d'or avec leur arc, deux bâtons de justice, en or aussi ». Et encore des panaches de riches plumes et d'or, des éventails en or. De l'or, de l'or, couleur de feu.

Autour de ces trésors, les Espagnols formaient un groupe serré. Devant chaque objet que l'Indien montrait de ses mains délicates, les exclamations éclataient comme les bombardes auparavant. Sur sa chaise pliante, Cortès serrait les poings, il aurait voulu mettre fin à ce scandale par son seul regard, mais en lui-même, il admirait profondément.

Tlilancalqui reçut en échange une coupe en cristal de Florence, ciselée, dorée, ornée de sujets représentant la chasse. Il reçut aussi trois chemises de Hollande. Et, pourvu d'un trésor aussi léger, il reprit le chemin du retour.

Cuitlalpitoc resta au camp royal.

***

Moctezuma écouta son ambassadeur. Son destin tombait sur lui, inexorable. Il le comprit clairement :

« Écoutez, mon fils, lui dit-il, je vous recommande surtout les plus pauvres de mes enfants : considérez que lorsque je serai mort des mains de ceux qui viennent maintenant, les Mexicains, rendus méchants et cruels par cet affront, voudront les tuer à leur tour, cachez, alors, et protégez les malheureux dans votre domaine. »

Pendant ce temps, dans le camp espagnol, l'or ciselé jeté à profusion fomentait la haine et la révolte. La faim aidant, les médisances éclatèrent. Le nom de Diego Vélazquez passait de bouche en bouche et, dangereusement, recrutait des partisans.

Cortès dut arrêter les meneurs. En même temps, Pedro de Alvarado faisait une rapide incursion à la recherche de victuailles et c'est ainsi que les envahisseurs entreprirent leur marche vers Tenochtitlan.

À Cempoala, ils établirent un campement provisoire. Ils s'y trouvaient encore lorsqu'on apprit l'arrivée d'un navire qui faisait des signaux et qui disparaissait : Francisco de Garay réclamait cette terre merveilleuse. Mais Cortès sut manœuvrer habilement dans une embuscade, il fit prisonniers plusieurs membres de l'équipage, le navire repartit.

Cortès reconnut la région, il monta jusqu'à divers villages installés sur des coteaux arides. Pendant la route, grâce à Jeronimo de Aguilar et à doña Marina, il commença à écouter ces divers peuples et ces hommes qui venaient vers lui, obséquieux et timides. Tous étaient esclaves des Aztèques et dans leur cœur le ferment de la haine et de la rancune était tout-puissant. Cortès comprit que, joint à la poudre et à l'épée, ce nouvel élément lui rendait possible la conquête et la domination de ce nouveau monde inconnu. Aux plaintes, il répondait toujours qu'il mettrait fin à la confiscation des biens, à l'oppression et à la mort. « En considérant la discorde et la désunion des uns et des autres — écrivait-il à Charles-Quint — j'ai éprouvé une certaine satisfaction parce qu'il me sembla que cela m'aiderait dans ma tâche et qu'il y aurait moyen de les soumettre facilement. »

Après qu'il eût peuplé la Villa Rica de la Vera Cruz, laissant derrière lui une arrière-garde, Cortès envoya des émissaires porter de riches cadeaux au César espagnol. Puis, il poursuivit son voyage après qu'il eût détruit totalement ses navires afin d'empêcher à l'avenir tout contact entre ses gens et le gouvernement de Cuba.

Suivant le conseil du cacique de Cempoala, leur itinéraire vers Tenochtitlan emprunta les terres tlaxcaltèques soulevées contre Moctezuma. Il laissa de côté le projet d'un autre mandataire qui lui indiquait la route de Cholula, ancienne patrie de Quetzalcoatl, car on lui dit : « Seigneur, ne passe pas par Cholula, ils sont traîtres et il y a toujours, là-bas, des réserves militaires de Moctezuma. »

Mais par Tlaxcala aussi, la marche fut difficile. Tout d'abord, on emprisonna deux messagers en les menaçant de les manger. Ensuite, une bataille eut lieu à Tzompantzinco, tous les carrefours étaient un danger. Cortès n'eut la paix qu'avec la défaite des Tlaxcaltèques. Xicotencatl et Maxixcatzin vinrent vers lui. Ce fut le plus vieux des caciques de Tlaxcala qui donna à Cortès ce surnom de Malinche qui devait être un souvenir mémorable parmi les peuples d'Anahuac. Le pacte d'amitié cachait une haine et une vengeance réciproques.

— Malinche, Malinche, dit le vieux Xicotencatl, bien des fois nous t'avons prié de nous pardonner, car nous sortons d'une guerre. Nous avons livré bataille contre toi, ce fut pour nous défendre de Moctezuma le méchant et de sa grande puissance, car nous avions cru que tu étais de sa bande. Si nous avions su, alors, ce que nous savons maintenant, je ne te laisserais pas arriver seul ; non seulement j'irais au-devant de toi, mais je ferais nettoyer les chemins et même j'irais jusqu'à la mer où se trouvaient tes grands canots.

Cette plainte contre Moctezuma devait devenir pathétique. À Tlaxcala, après une réception magnifique, Xicotencatl, aveugle, les bras étendus et tremblants, offrit quelques petits cadeaux à Cortès et s'écria :

« Malinche, nous croyons que tu ne recevras pas de bon gré ce que nous t'offrons qui est fort peu de chose. Nous t'avons bien fait dire que nous sommes pauvres, que nous n'avons pas d'or ni aucune richesse. Nous sommes pauvres parce que ces Mexicains traîtres et méchants et Moctezuma qui est leur seigneur nous ont pris tout ce que nous possédions. »

Par Xicotencatl, Cortès obtint des renseignements sur la situation politique de Tenochtitlan, ses forces, sa construction stratégique, son isolement, sa richesse. Il n'oublia pas non plus le rapport que lui fit Maxixcatzin :

« Moctezuma a des garnisons dans toutes les provinces. Toutes lui procurent l'or, l'argent, les plumes et les pierres précieuses, les couvertures et le coton, des Indiens et des Indiennes pour les sacrifices et d'autres pour son service. Il est si grand seigneur qu'il obtient tout ce qu'il désire. Dans ses maisons se trouvent ses trésors, pierres précieuses, turquoises et tout ce qu'il a volé. »

Cortès conclut avec les Tlaxcaltèques un pacte de paix et d'alliance. Aux Tlaxcaltèques se joignirent d'autres peuples que l'homme blanc avait libérés. Tous seront fiers, par la suite, d'être les alliés de Cortès.

Là-bas même, à Tlaxcala, Cortès reçut une ambassade envoyée par Moctezuma. On lui apportait, avec de nouveaux cadeaux, une offre de soumission envers la royauté espagnole et la proposition suivante : chaque année, le seigneur aztèque s'engageait à donner des tributs en or, en argent, pierres précieuses, des esclaves, des tissus de coton, mais en échange, il demandait que les Espagnols n'aillent pas à Tenochtitlan car, disait-il, c'était un lieu stérile, privé de ravitaillement et il regretterait beaucoup que Cortès n'ait pas le nécessaire. » Ces ambassadeurs restèrent dans l'entourage de don Hernan, ils assistèrent ainsi aux dernières négociations, assez laborieuses, avec les Tlaxcaltèques. « Ces négociations ne les réjouirent pas, parce qu'elles tendaient à bien des buts et préparaient des embûches. »

En effet, Moctezuma s'était décidé à empêcher l'arrivée des envahisseurs à la capitale de son empire. Il fit venir des sorciers et des magiciens de la terre chaude, de ceux qui mangeaient les entrailles des hommes. On fit d'inutiles sacrifices et des prières que les divinités ignorèrent, car de Tlaxcala, Cortès, ferme et tenace, donna le signal du départ, en passant par Cholula, afin de défier les traîtres. Il s'y était décidé en entendant parler des grandes richesses de Moctezuma et de sa riche capitale.

Une armée de cinq mille Tlaxcaltèques suivait Hernan Cortès.

⁂

Derrière la sierra, la plaine s'étendait, sans obstacle, grise et opulente. Tout à coup, apparaissaient les agaves, comme des mains énormes et immobiles. Au milieu de ces terres ensemencées, s'élevaient les murs de Cholula, la ville aux nombreuses tours, à la population dense. Cholula qui ressemblait à Valladolid dans la vieille Castille. Les Espagnols avaient préparé leur âme aux embuscades et aux tromperies, on leur avait dit que les chemins naturels avaient été barrés et que l'on avait ouvert d'autres chemins dans lesquels on dissimulait des fossés dont le fond était formé de madriers pointus afin d'empaler les chevaux qui tomberaient. On leur avait dit encore que, dans les vallées et les replis du pays, vingt mille guerriers aztèques attendaient le signal opportun pour tomber avec leurs armes féroces sur les envahisseurs.

Les émissaires cholultèques rejoignirent Cortès lorsqu'il était presque aux environs de la ville sacrée, afin de lui souhaiter la bienvenue, comme dit Bernal Diaz del Castillo, dans sa prose concise.

Ils apportaient des brasiers au copal fumant, ils faisaient preuve d'une courtoisie maniérée dans leur parole respectueuse et leur geste seigneurial. Ils s'excusèrent de leur absence à Tlaxcala en alléguant leur violente lutte avec les récents alliés de Cortès. Celui-ci, d'une voix douce, leur fit une causerie morale : il fallait, disait-il, s'éloigner du diable, ne pas sacrifier des êtres humains, oublier les idoles séculaires et accepter, enfin, la prééminence de l'empereur Charles-Quint. Les Cholultèques se déclarèrent humbles serfs de celui qui régnait au delà de la mer immense. Quant au reste, ils répondirent catégoriquement « que les Espagnols n'étaient même pas entrés dans leurs terres et que déjà ils leur demandaient d'abandonner leurs dieux, qu'ils ne pouvaient y consentir ».

Tout en parlant, ils avancèrent. L'entrée dans Cholula fut solennelle. Les Indiens remplissaient les rues et les terrasses. Au milieu d'un silence impressionnant et hostile, les cavaliers et les infants défilèrent, les esclaves traînant les pièces d'artillerie.

*
**

Il y avait quelque chose dans l'air de Cholula : quelque chose d'étrange et de déprimant. Plus que la réalité, ce fut le mensonge qui créa cette atmosphère de méfiance propice aux assassinats en masse qui suivirent. Les habitants sortaient de nuit pour cacher leurs femmes et leurs enfants dans la montagne. D'autres riaient d'une certaine façon, complice et ironique à la fois. La nourriture vint à manquer dans le grand temple, lieu choisi par Cortès pour servir de caserne. C'est alors, dit-on, que l'on connut l'intrigue. Ce fut doña Marina, arrachée à sa race, le personnage central du drame. Grâce à son habileté, elle obtint la confession de quelques prêtres craintifs et d'une vieille femme qui voulait d'elle pour belle-fille. Les Espagnols, dirent-ils, seraient « encapillados », c'est-à-dire assiégés à l'heure opportune, sur eux tomberaient les guerriers de Moctezuma et de Cholula. Vingt Espagnols seraient sacrifiés sur-le-champ ; les autres seraient emmenés à Tenochtitlan où Huizilopochtli les attendait. Mais Cortès prit les devants sur des projets si douteux et non confirmés : il réunit dans la cour du grand temple les notables de l'aristocratie de Cholula, prêtres et nobles dignitaires, marchands et gens du peuple. Après un préambule de quelques mots et un coup de fusil, les soldats « leur donnèrent la main d'une façon telle qu'on s'en souviendra toujours parce qu'ils tuèrent beaucoup d'entre eux, les promesses faites à leurs fausses idoles ne les favorisèrent point ».

Il y eut jusqu'à trois mille morts, six mille, affirme Lopez de Gomara, car les Tlaxcaltèques, ennemis irréductibles des habitants de Cholula, campés près de la ville, entrèrent furieux dans le combat, ils volèrent, ils firent des prisonniers, « et cette fois ils s'enrichissent d'or, de couvertures, de coton, de sel et d'esclaves ».

À la tuerie succéda l'incendie et à l'incendie qui dura deux jours succéda la paix. Les fuyards revinrent en proie à la terreur. Moctezuma, d'après Bernarl Diaz del Castillo, « éprouva une grande douleur et une grande colère, puis il sacrifia certains Indiens à son idole Huitzilopochtli, le dieu de la guerre, afin qu'il lui dise à quoi aboutirait la venue de Cortès à Tenochtitlan, s'il le laissait entrer dans cette ville. Il se consacra à ses dévotions et à ses sacrifices pendant deux jours ».

***

Mais la réaction officielle fut différente. Des ambassadeurs de Moctezuma qui arrivèrent après le massacre avec d'autres cadeaux en or parlèrent ainsi :

« Malinche, notre seigneur, le grand Moctezuma t'envoie ce présent, il te prie de le recevoir avec la grande affection qu'il te porte ainsi qu'à tous les tiens. Il regrette beaucoup l'ennui que te causèrent les habitants de Cholula. Il aurait voulu que tu les punisses davantage, car ils sont méchants et menteurs. Il les rend responsables du mal qu'ils voulaient faire. Viens dans notre ville lorsque tu voudras, bien qu'il ne puisse te nourrir convenablement. »

Mais des nouvelles circulaient qui causaient de l'inquiétude : si le passage était libre jusqu'à Tenochtitlan, dans l'îlot où jadis l'aigle dévora le serpent, cet oiseau symbolique se disposait maintenant à enfoncer ses serres dans le lion espagnol.

Cependant Cortès accéléra la marche. Par un beau matin, ils virent, de la hauteur, apparaître la vallée d'Anahuac. Cortès sentit, alors, le même enchantement que les Aztèques avaient connu plusieurs siècles auparavant. Dans le lointain d'un bleu léger, le lac brillait ; on distinguait nettement les contours des hautes montagnes servant de frontière et l'ombre des nuages qui se déplaçaient contre l'eau argentée. Une profusion de verts agrémentait l'horizon. On sentait que tout était accueillant et sensuel.

À peine Cortès avait-il franchi les sierras qu'il reçut la visite d'un frère de Moctezuma, nommé Cuitlahuac, qui lui renouvela la prière de ne pas se rendre à Tenochtitlan. À Chalco, il fut rejoint par une autre ambassade composée de douze grands seigneurs, présidée par Cacama, seigneur de Texcoco. Ce seigneur avait disposé une embuscade pour battre les envahisseurs. Le Chichimèque voyageait dans une chaise à porteurs, des serfs nettoyaient le chemin où il devait passer. Il devait excuser le Tlacatecuhtli qui ne pouvait pas aller au-devant de Cortès. Il devait aussi le prier « de ne pas arriver jusqu'à Tenochtitlan, car il devrait faire un grand effort, il manquerait du nécessaire et lui, le chef, serait honteux de ne pas pouvoir le recevoir comme il le souhaiterait ».

Cortès déploya toujours ses dons de pacificateur. Il embrassa Cacama, mais il donna l'ordre d'avancer. À Ixtapalapa, le frère de Moctezuma, seigneur de ce pays, ainsi que le seigneur de Coyoacan, lui rendirent hommage. Le jour suivant, il partit pour la grande ville construite sur l'eau. La longue route toute blanche s'ouvrait devant lui. Au bout, était sa propre gloire. Et aussi celle de Cuauhtemoc.

***

Cuauhtemoc voyait sa patrie trembler de peur. Il était de la vieille race distinguée qui était celle de Moctezuma. Fils de roi, nommé déjà à des postes honorifiques et de responsabilité, il regardait, avec l'ardente virilité de sa jeunesse et de sa conscience, le va-et-vient inutile, l'indécision féminine du chef de sa tribu. Il écoutait les fantastiques descriptions des espions. Le visage impassible, il apprit le massacre de Cholula.

Il officia dans le temple de Tlaltelolco pour empêcher la venue de Cortès. Puis, il attendit, face à son destin, l'heure de son propre sacrifice.

Sa tribu, son sang, son passé, sa gloire, son nom, ses dieux puissants et éternels allaient se mesurer avec ces hommes sans passé, sans nom, qui étaient assoiffés de pouvoir. Et, dans la lutte, bien souvent la balance inclinerait de son côté.

*
**

Pendant ce temps, les gens du peuple, les larmes aux yeux, disaient en soupirant :

« N'en parlons plus ! Que voulez-vous faire ? Nous mourrons, bientôt ils nous vaincront, bientôt nous verrons la mort. »

Les gens se réunissaient ; il y eut des discussions au milieu desquelles s'élevaient les pleurs des enfants. Les mères s'accostaient en pleurant, elles disaient en caressant la tête de leurs enfants : « Quel malheur, mes enfants ! Comment pourrez-vous supporter ce qui nous arrive, ce qui se prépare ? »

CHAPITRE III

LE SEIGNEUR CRAINTIF ET CRUEL

« Dans une maison de pierres précieuses, dans une maison de riches plumes tu règnes, ô Moctezuma : tu as acquis une renommée qui reste abandonnée ici. »

(Grandeur de Tenochtitlan.)

Un épais brouillard flottait sur le lac par ce matin du huit novembre, tandis que le ciel apparaissait tout gris. Très tôt, ce jour-là, le bruit des rames et les voix joyeuses des Indiens percèrent le brouillard. Les Indiens se dirigeaient, à bord de leurs rapides canots, vers Ixtapalapa ; ils voulaient assister, sur le bord de la route, au miracle de l'arrivée de ces blancs étrangers envoyés par Quetzalcoatl, de l'autre côté de la mer immense.

En même temps, Tenochtitlan souffrait d'une invasion des peuples voisins. En d'importantes pérégrinations, arrivaient les chefs de Tlacopan, d'Atzcapotzalco, de Texcoco et Coyoacan, suivis de serviteurs et de curieux anxieux. Des rues pleines de monde s'élevait un lourd murmure qui allait croissant. Ce jour extraordinaire était un jour de marché, les marchands firent des affaires magnifiques. Ils vendirent des fleurs, du copal, des plumes, des ornements, des corbeilles, des tapis, tandis qu'ils prenaient, en échange, des graines de cacao ou des roseaux remplis d'or en poudre.

La noblesse arriva de bonne heure au palais de Moctezuma, car le chef des hommes l'avait convoquée pour recevoir le capitaine

Malinche. Les nobles passaient revêtus de leurs plus riches parures et de leurs belles couvertures, le visage empreint de cet air divin d'aristocrate qui les distinguait parmi la masse des humbles.

Lorsque le soleil apparut dans les nuages et fit briller les eaux de rayons d'or, la cérémonie commença : un groupe de nobles, présidé par le cihuacoatl, composa la première ambassade qui devait aller à la rencontre des étrangers. Les chefs et les dignitaires traversèrent la place du grand temple, ils laissèrent derrière eux les maisons et les jardins et ils s'engagèrent sur la route d'Ixtapalapa, large comme deux lances. Ils devaient aller un peu plus loin que le fort de Xoloc, jusqu'à l'endroit où une petite route blanche se dirigeait vers Coyoacan. Ils avaient des ordres pour attendre Malinche et ses seigneurs de fumée et de foudre. Ils devaient leur rendre hommage en s'inclinant devant eux jusqu'à toucher terre de leurs mains, puis, prendre dans leurs doigts cette terre, génératrice de la grandeur aztèque, afin de la baiser. Enfin, ils portaient des fleurs pour offrir aux étrangers.

Le passage du cortège souleva des cris de joie dans la foule. Là-bas, passaient les chefs les plus en renom, ceux-là qui, dans la bataille, étaient semblables aux aigles et aux tigres, parés de plumes et d'or, éblouissants sous le soleil matinal.

Sur les terrasses des maisons, aux coins des rues, au bout des canaux, la foule apparaissait de plus en plus dense, elle s'agitait et riait. Tout à coup, un canot survint à toute vitesse, il glissait sur l'eau avec agilité. L'équipage apportait des nouvelles : les étrangers arrivaient. En tête venait le capitaine Malinche monté sur un grand cerf : c'était son fameux alezan marron foncé. Derrière lui, venaient quatre chefs montés sur des cerfs, eux aussi. Ils regardaient de tous côtés à la fois, ils examinaient les eaux, les canots, les maisons. Puis, suivaient à pied les princes Cacama et Cuitlahuac, seigneurs de Texcoco et d'Ixtapalapa. Et les chiens suivaient eux aussi, le nez à terre, cherchant les traces, haletant bien fort.

Seul, au milieu du défilé, l'un de ces étrangers portait un drapeau. Il l'agitait en décrivant des cercles, il semblait un fier guerrier. Derrière venaient ceux qui se vêtent de fer, avec leurs blanches épées qui brillent et étincellent, avec leurs boucliers sur l'épaule, leurs boucliers de bois et de cuir. Puis, encore d'autres étrangers sur leurs cerfs. Ces derniers ne sont pas vêtus de fer mais de coton ; ils portent des lances aux pointes de fer. Leurs grands cerfs ont des clochettes qui sonnent, ils crient rarement, de leur bouche s'écoule l'écume blanche et épaisse, là où ils mettent leur pied puissant, la poussière vole et les pierres éclatent. Derrière encore, viennent les arbalétriers, munis de leur carquois rempli de flèches de fer, puis les fusiliers sur leurs sarbacanes où la foudre éclate et d'où sort la fumée. En dernier, viennent les indigènes qui sont déjà alliés des étrangers, les habitants de Tlaxcala et de Huejotzinco qui vivent au delà des montagnes. Ces indigènes poussent des cris de guerre, ils remuent leurs têtes avec frénésie et ils se livrent à des danses de guerre. Ils manœuvrent les bombardes et les canons qu'ils tirent sur des roues de bois.

Tout n'est que cris et chants. Les chefs blancs entourent leur chef qui ressemble à un Tlacatecatl, l'homme qui sait commander les guerriers. Ils l'accompagnent, ils le suivent, ils veillent sur lui. Les étrangers — les teules — sont blancs comme la chaux, leurs cheveux sont couleur de cendre. Ils sont droits comme des roseaux et ils regardent les Indiens fixement. Les Indiens ne supportent pas le dur regard des étrangers.

Et les habitants de Tenochtitlan s'attristent.

***

Ce même jour, un peu plus tard, Moctezuma partit vers la route d'Ixtapalapa. Il s'en va sur sa chaise à porteurs toute dorée, ses esclaves balaient les rues et y jettent des nattes moelleuses afin que ceux qui composent le cortège ne touchent pas la poussière de leurs pieds nus. Les princes de son lignage et les prêtres du temple de Huitzilopochtli l'accompagnent. Les humbles baissent les yeux et s'inclinent jusqu'à toucher la terre de leur bouche. Les porteurs marchent à un rythme lent. Le seigneur s'en va vers l'accomplissement de son destin et de la prophétie. Ses domestiques emportent de grandes tasses et des calebasses ornées de peintures ; ils se chargent de belles fleurs de magnolias, de fleurs jaunes de tabac, de guirlandes de petites fleurs blanches, très parfumées.

Ils emportent des nattes dorées et de l'eau parfumée. Ils laissent un troublant sillage de sensualité à travers la foule.

Avant qu'il ne s'engage sur la route, son frère Cuitlahuac et le seigneur de Texcoco vont au-devant de Moctezuma. Ils ont sollicité la permission de Malinche pour prendre les devants et, maintenant, ils sollicitent celle du chef des hommes pour échanger leurs vêtements contre d'autres plus riches. C'est ainsi qu'après une courte marche, au milieu d'un nuage de poussière, dans un silence angoissant, surgissent Hernan Cortès et ses soldats, sur un fond de vertes frondaisons et des murailles du fort de Xoloc.

Le sombre alezan de Cortès et la chaise à porteurs de Moctezuma s'arrêtent face à face, en même temps. Don Hernan met pied à terre, tandis que le Tlacatecuhli pose ses sandales d'or sur des pétales de fleurs. Cuitlahuac et Cacama prennent dans leurs mains celles de Moctezuma et, telle une ronde d'enfants, ils avancent vers Cortès, sous un riche dais de plumes, aux ciselures d'or et d'argent. Les Indiens, tous les Indiens baissent les yeux afin de ne pas blesser de leur regard misérable leur seigneur vénéré. Celui-ci se mit debout, fermement, devant Cortès. C'était lui le chef cruel, fils et petit-fils de rois, dieu lui-même, incarnation du passé, symbole du présent.

C'étaient eux, les Indiens, seigneurs d'un monde dans lequel ils arrivèrent comme esclaves, qui recevaient, maintenant, les seigneurs d'un monde inconnu où règne Quetzalcoatl.

Don Hernan s'avança vers Moctezuma, suivi de doña Marina et de Jeronimo de Aguilar. L'aventurier et le chef des hommes se contemplèrent. Le conquérant avait devant lui un homme assez grand, bien proportionné, bien qu'il fût un peu maigre. Son teint était mat ; il avait une barbe noire, clairsemée, des yeux expressifs qui savaient être doux ou graves, selon le cas. Ses gestes étaient solennels, d'un aristocrate, mais cordiaux, cependant. Son langage était discret et élégant. Il était net et sobre.

Moctezuma regardait un homme d'un teint cendré qui avait une large poitrine, la barbe et les yeux clairs, de longs cheveux. Cet homme possédait une grande force musculaire et une adresse remarquable dans les armes. C'était un grand mangeur, mais sobre pour la boisson. Il parlait d'une voix qui savait persuader, mais il était dur dans la lutte.

Ce n'était pas seulement deux hommes qui, à ce moment-là, se dévisageaient, à l'ombre de Tenochtitlan, pour mieux se scruter et pour pénétrer leurs desseins réciproques et opposés. C'étaient deux mondes distincts qui se trouvaient face à face. D'un côté, celui qui incarne magnifiquement l'élan guerrier dans son héroïsme, Hernan Cortès ; de l'autre côté, celui qui se donnait, tout entier, à l'élan guerrier d'un caractère sacré : Moctezuma.

Rude, fort, volontaire, décidé, tel était le premier. D'une finesse exquise, mais hésitant, tel était le second. Cortès apparaissait, selon le portrait classique que l'on a fait de lui, préoccupé exclusivement d'entreprendre une œuvre importante, difficile, grave, terrible et dangereuse. Moctezuma était l'héritier et le maître d'un empire créé par ses ancêtres qui, à leur tour, avaient entrepris une œuvre encore plus importante, difficile, grave, terrible et dangereuse. L'un pouvait perdre la vie ou gagner cet empire ; l'autre pouvait perdre l'empire sans sauver sa vie.

Tout à coup, deux consciences différentes, livrées à la fatalité, se dressaient l'une devant l'autre, irréconciliables. Cortès comprit que la manifestation de cet état de conscience, représenté par Moctezuma, opposé à sa propre conscience, signifiait sa mort et celle de ses compagnons. À son tour, Moctezuma pressentait que l'acceptation des idées de Cortès par une partie de sa tribu entraînerait la mort de son peuple.

Par conséquent, ce choc ne pouvait que détruire l'une de ces consciences contradictoires.

Tous deux ressentaient également la sensation du danger. Mais, à ce danger — la mort — Cortès opposait « son courage généreux pour gagner l'honneur et la gloire, sans tomber dans l'infamie, ce qui lui permettait de supporter le péril des batailles et de ne pas sentir les blessures ; même en souffrant, il préférait mourir plutôt que de renoncer à son grade et à sa dignité ».

À l'avance, Moctezuma se résignait à la catastrophe, il ne lui opposait aucune solution digne de son lignage, il était la proie de sa propre faiblesse et il acceptait la reddition.

Cortès était fidèle à l'idéal du héros de la Renaissance, sans crainte exagérée, sans audace exagérée non plus. Mais il était pénétré des vertus fameuses des capitaines de son monde. Moctezuma était un héros à la manière indigène, ce qui signifiait qu'il était un dieu.

L'Espagnol savait rendre bonne sa cause en prenant l'avantage. En tout, il se montrait tenace et prudent. Il était disposé à vaincre en s'aventurant le moins possible, car il considérait que ses ennemis étaient nombreux et forts. Moctezuma avilissait sa cause qui était la meilleure, ainsi il la perdait d'avance.

Cortès savait qu'avec cette rencontre commençait la plus sanglante guerre qu'il ait jamais connue. Mais il prenait hardiment la résolution de ne pas la terminer en cas d'échec « car ce n'est pas honorable d'abandonner la bataille après l'avoir commencée ». Il savait aussi — Machiavel l'avait dit dans son traité — que toute guerre est légitime par le seul fait qu'elle est nécessaire. Il sentait la nécessité de la guerre et il estimait de plus qu' « elle aide à maintenir sur le trône ceux qui sont nés princes et qu'elle élève fréquemment au rang de prince certains hommes de modeste condition ».

Moctezuma considérait la guerre comme une impérieuse activité mystique et magique, afin de consolider son propre Univers et le destin de son peuple. Mais une guerre sacrée ne peut être dirigée contre un dieu, or, cet homme blanc était un dieu inattendu qui revenait ! C'est ainsi qu'il retardait la bataille dans l'attente d'une intervention plus puissante que celle de son bras ou de sa voix : il espérait l'intervention des idoles impénétrables.

Pour racheter l'action de Cortès, on rechercha de nobles causes à son aventure, notamment certaines considérations philosophiques, très subtiles, destinées à expliquer cette guerre comme une action juste, fondée sur la supériorité culturelle de l'Occident sur nos pays édéniques — cette guerre qui aura pour cadre l'Anahuac, pour héros Cuauhtemoc et pour victime un peuple aux qualités admirables. Telle encore l'inobservance de la loi naturelle de la part des Indiens, c'est-à-dire l'obligation d'éloigner les païens des pratiques criminelles et inhumaines de leur idolâtrie et de leur impiété, afin de les ramener aux pratiques louables et morales de la véritable religion. Il fallait enseigner aux Indiens à renoncer à de tels méfaits, comme le sacrifice d'innocents, pour leur apprendre, au contraire, la prédication religieuse et le droit inviolable d'occupation et la suprématie que l'Espagne ne permettrait jamais que lui dispute aucun autre pays conquérant. Et la soif de l'or est encore l'une des causes de l'aventure de Cortès.

Pour expliquer l'attitude de Moctezuma, il n'y avait aucune raison de morale occidentale. Un peuple vivait et mourait, prêt à se briser et à acheter de sa mort un destin éternel. Leurs dieux étaient aussi vaillants que ceux de Cortès, ils exigeaient la guerre et la mort, ils symbolisaient les croyances morales propres au peuple qu'ils dominaient. C'était la force aztèque, le génie de la tribu qui élevèrent un empire étonnant, une tradition merveilleuse, une culture étrange et variée, obscure et brillante à la fois.

Deux mondes opposés : l'un objectif, individualiste et direct qui était le puissant monde médiéval de l'Espagne des croisades. L'autre, celui de l'imagination tourmentée, subjectif, dans lequel l'individu disparaît sous le poids de la tribu. Deux mondes opposés qui bientôt vivraient, l'un à côté de l'autre, en se fécondant, et formeraient le mystérieux profil d'une nation qui surgirait parmi les ruines vivantes de l'élément autochtone mêlées au sang espagnol.

⁂

Ce fut Cortès qui rendit hommage le premier. Moctezuma inclina la tête légèrement. Cortès voulut rompre la glace, il étendit les bras pour prendre contre sa poitrine, recouverte d'une armure brillante, ce joyau humain, proche de lui. Mais les mains énergiques de Cuitlahuac et de Cacama arrêtèrent son geste. Qui était-il pour toucher leur roi ? Coulait-elle dans leurs veines, la liqueur divine de la race sacrée ? Tout comme le chef des hommes, avait-il une tradition ? Ces bras étendus vers leur seigneur n'étaient-ils pas le signal du danger ?

Cortès dit alors :

— Est-ce toi, par hasard ? Est-ce bien toi, Moctezuma ?

— Oui, c'est moi, répondit le seigneur.

Doña Marina, après avoir traduit ces mots, s'approcha de Moctezuma la main tendue, suivant l'usage occidental. Mais celui-ci ne daigna même pas regarder cette insignifiante femme plébéienne, petit grain de poussière sous sa sandale d'or. Elle ne lui pardonna jamais ce dédain. Don Hernan prit, alors, un collier de fausses perles, parfumées au musc, qu'il passa au cou de Moctezuma. Le seigneur aztèque mit au cou de Cortès une guirlande de fleurs et un collier de conques précieuses et de crevettes d'or. Par le truchement d'Aguilar et de doña Marina, l'Espagnol dit « que son cœur était joyeux d'avoir vu un si grand prince et qu'il considérait comme un grand honneur la venue de ce prince pour l'accueillir ».

Moctezuma fit une brève réponse, il prononça à peine quelques mots de courtoisie. Il ordonna que les seigneurs de Coyoacan et de Tlacopan restassent avec Cortès pour l'accompagner pendant le reste de la marche, pendant que lui, toujours au bras de Cuitlahuac et de Cacama, revenait vers Tenochtitlan.

Derrière lui retournèrent, d'après le commentaire de Bernal Diaz, « toutes ces grandes compagnies de caciques et de dignitaires qui étaient venus l'accompagner. Nous les regardions repartir avec leur seigneur : ils marchaient, tous, les yeux baissés, contre le mur, sans oser le regarder. C'est avec un grand respect qu'ils l'accompagnaient. C'est ainsi que nous pûmes entrer dans les rues de Mexico sans aucun obstacle ».

***

Derrière Moctezuma, Cortès entra dans Tenochtitlan par la grand'route. Ses compagnons indigènes le guidèrent jusqu'au palais d'Axayacatl. Dans la cour de ce palais, les Espagnols déchargèrent leurs fusils. Les Indiens entendirent le tonnerre, ils regardèrent l'éclair et ils virent la fumée qui épaississait, la fumée qui transforme le jour en nuit, la fumée qui se dépose sur la terre, couvrant tout jusqu'à ce que cela sente le soufre et que la conscience s'éveille. Les Indiens tremblèrent.

Quelques instants plus tard, vint le tlacatecuhtli. Il prit le capitaine Malinche par la main, le fit passer par un large patio et l'installa sur une estrade qui avait été dressée dans la grande salle du palais. Puis, par l'intermédiaire d'Aguilar et de doña Marina, il les supplia de l'attendre là. Il revint plus tard, lorsque les soldats, les Tlaxcaltèques et les chevaux furent installés, il était accompagné de nombreux serviteurs qui déposèrent aux pieds du capitaine espagnol plusieurs bijoux d'or et d'argent, des plumes et « jusqu'à cinq ou six mille pièces de cotonnades, fort belles, tissées de plusieurs façons ». Il donna aux chefs de l'armée de Cortès plusieurs petits cadeaux. Moctezuma fit, alors, un discours qui le desservit.

Il dit qu'il avait déjà vu, en s'émerveillant, les chevaux, ces cerfs grands et puissants, puis les bombardes, ces grandes sarbacanes qui lançaient, avec fureur, la fumée, le feu et la foudre de leurs entrailles. Il voyait bien que les Espagnols étaient des hommes faits de cette même matière que tous ceux de son peuple, blancs et sacrés. Il savait qu'autrefois, ses ancêtres eurent un dieu et roi qui dut partir, mais qui prédit son retour implacable. Eux, les Aztèques, étaient des étrangers sur la terre d'Anahuac ; ils reconnaissaient le grand pouvoir de ce dieu qui revenait.

Ils obéiraient à ses ordres, ils seraient des serviteurs soumis et des amis : ils donneraient le tribut qu'il leur imposerait.

Mais, de grâce, que Cortès n'accorde pas sa confiance aux Tlaxcaltèques et aux Totonèques, qu'il ne croit pas les faux renseignements qu'ils lui donnent. Ces peuples sont indiscutablement vassaux de Tenochtitlan, or, quelques hommes sont en rébellion depuis l'arrivée des Espagnols, il leur est facile de semer l'intrigue et la haine.

Tout à coup, Moctezuma se leva. D'un geste prompt, tel un magicien qui révélerait son secret, il leva ses vêtements. De ses mains fines, il toucha ses propres muscles, tout son corps et il s'écria :

« Malinche, on t'a dit que je possède des maisons aux murs d'or, que les nattes de mon salon sont en or et que je me fais passer pour un dieu. Les maisons, tu les vois, elles sont de pierre, de chaux et de terre. Quant à moi, regarde, Malinche, comme je suis en chair et en os, comme toi, comme tout le monde, je suis mortel et on peut me toucher ! Regarde comme on t'a trompé ! J'ai de l'or, bien sûr, hérité de mes aïeux, mais tout ce que je possède t'appartient. Reste ici, repose-toi, tu seras hébergé. »

De la sorte, Moctezuma abdiquait sa divinité et son pouvoir. En montrant sa nudité, en se déclarant mortel et semblable à son peuple, il se dépouillait de sa dignité, la plus haute et la plus puissante : cette dignité qui aurait pu le sauver et qui se retournera contre lui, à l'heure décisive. C'est ainsi qu'il montra à Cortès le chemin du triomphe.

***

La première nuit passée à Tenochtitlan fut douce et sereine. Une fois les soldats de garde à leur poste de guet, les Espagnols s'adonnèrent au repos sensuel auquel invitent les hauts plateaux mexicains. Ils oublièrent les périls passés. Comme à Tlaxcala, les capitaines et les soldats reçurent en don des filles de caciques et de nobles, ce furent elles qui réjouirent les heures nocturnes de la troupe.

À l'extérieur du palais d'Axayacatl, les curieux étaient en haleine. Cependant, cette même nuit, à Tlaltelolco, un homme méditait sur cette poignée d'aventuriers venus d'au delà des mers. Cet homme se tenait près de Moctezuma lors de sa rencontre avec don Hernan, sur la route d'Ixtapalapa. À son tour, sûrement — puisque tous les nobles seigneurs de Tenochtitlan l'avaient fait — il s'avancerait vers Cortès, il prononcerait les mots de respect protocolaire, ils baiserait la terre puis, reviendrait à Mexico, ignorant et inconnu. Quand le cortège défilerait, il observerait les étrangers de son regard vif et pénétrant. En lui, la non-acceptation — qui soulevait déjà les poitrines de Cacama et de Cuitlahuac — accumulait des nuages en vue de la tempête.

Il n'était pas dominé, comme Moctezuma, par cet esprit déjà un peu sceptique et craintif qui fit renoncer le monarque indigène à ses obligations guerrières et qui l'incita à éviter l'extermination de ses ennemis, ce que les plus vaillants de la cour avaient proposé.

Au contraire, élevé dans la bataille, toujours en contact avec la mort, il sentait jaillir en lui-même la conviction que tout ce qui était arrivé était une abominable tromperie à l'adresse des puissances qui, enfermées dans leur temple, assistaient, impassibles, à cette destruction. Quelque chose devait arriver : Huitzilopochtli, muet depuis des siècles, donnerait l'ordre du combat. Il était donc opportun de préparer les flèches, d'aiguiser le couteau, de convoquer les chefs des milices et de leur donner la consigne. Les ennemis étaient là-bas, à un pas. La guerre était imminente. La tradition exigeait que l'on combattît jusqu'à ce que la mort détruise les uns ou que la vie condamne les autres.

Cet homme était Cuauhtemoc.

⁂

La richesse de Tenochtitlan se révéla à Cortès le jour où il visita la ville, protégé par la cavalerie. Sur la grande place de Tlaltelolco, il fut tout étonné de la multitude des gens et des marchandises, de l'ordre et de la réserve dont les Indiens faisaient preuve en tout. Là-bas, on trouvait l'or, l'argent, les plumes, les couvertures, les esclaves, le coton filé, le cacao, les sandales, les fourrures des animaux féroces, ainsi que des loutres, des cerfs. On trouvait aussi les graines récoltées sur les terres grasses : les haricots, le maïs. On trouvait, encore, des poules, des dindons, des lièvres, des lapins. Des fruits au parfum et au suc capiteux. De la vaisselle, du miel. Des bois parfumés, du sel, des herbes propres aux guérisons, des roseaux, pleins de baume et de tabac, que le seigneur Moctezuma allumait ; il aspirait cette fumée bleue, doublement parfumée, après le repas. Et encore des haches de cuivre, des couteaux de silex et d'obsidienne, des tasses et des colliers de jade.

Là-bas, à Tlaltelolco, Cortès dirigea ses pas vers le temple du Calpulli où Moctezuma l'attendait, entouré de nobles et de prêtres. Cuauhtemoc s'y trouverait. Une fois franchi le mur qui entourait la grande place et les patios — cette place était plus grande que celle de Salamanque, disait Bernal —, Cortès se trouva en face de l'énorme pyramide de pierre qui, de la terre, s'élevait vers le soleil. Entouré de sa garde de soldats et de quelques Aztèques silencieux, Cortès passa près du petit temple couronné d'une pierre circulaire où l'on exécutait les sentences et où l'on brûlait le copal. Au premier palier de l'escalier haut et raide, la pierre où l'on dépeçait les victimes dégouttait de sang. Au dernier palier, parmi les pierres rougies et la fumée de copal, vivaient les divinités de la guerre et de la mort.

« Regarde, Malinche, ma grande ville et les autres qui sont sur l'eau et la terre », dit Moctezuma.

On dominait, de la hauteur, le paysage transparent du lac. On distinguait les routes qui, partant de Tenochtitlan, délimitaient et isolaient, en même temps, l'îlot et la terre ferme, puis l'aqueduc qui portait l'eau fraîche et pure de Chapultepec. À l'occident, se profilait Tlacopan, Ixtapalapa au sud, Tepeyac au nord, taches blanches sur le bleu du ciel. De nombreux canots sillonnaient la lagune. Çà et là, sur les eaux tranquilles, se dressaient les temples de divinités différentes, leurs masses rouges contrastaient avec les maisons. Plus loin encore, la tache blanche des volcans et la teinte grise des sierras se détachaient sur le ciel. Tout en bas, c'était la grande place de Tlaltelolco « parmi la foule qui s'y trouvait, les uns achetaient, les autres vendaient, la rumeur de cette foule et le bruit des voix s'entendaient à une lieue ».

Tous les Espagnols éprouvaient le plus grand étonnement.

Moctezuma emmena, ensuite, Cortès à l'intérieur du temple où régnait Huitzilopochtli. Le large visage effrayant, le corps orné d'or et de pierres précieuses, entouré, comme étranglé de serpents, en or eux aussi, impressionnèrent les Espagnols. Cette idole avait autour du cou des masques d'Indiens, des cœurs, en or le plus souvent, parfois en argent.

Dans des braseros, brûlait le copal. Les murs, le sol, la pierre d'où émergeait le dieu, l'or et les émaux, tout était noir à cause du sang coagulé, ancien, et rouge des sacrifices récents.

Dans une autre partie du temple, demeurait Tezcatlipoca au gosier d'ours et aux yeux étincelants, le corps entouré de personnages magiques. À ses pieds, gisaient cinq cœurs tout frais. La vue du sang rendait le spectacle amer.

« Sur cette petite place, il pouvait voir de nombreuses choses diaboliques, des buccins, des trompettes, de grands couteaux, de nombreux cœurs d'Indiens qu'ils avaient brûlés et qui servaient d'encens à leurs idoles, partout du sang coagulé et tout sentait... la boucherie. »

Ils étaient donc là, les dieux tutélaires de la tribu, triomphants du passé obscur, aussi solides dans la pierre que dans la conscience de leur peuple. Leur regard n'était pas tendre, leur main ne savait pas dispenser les dons et les consolations aux bienheureux. Ils se projetaient sur chaque action et sur chaque pensée de l'homme aztèque. Ils expliquaient, par eux-mêmes, le chaos et la divine renaissance du monde, l'âme des choses, l'avenir des siècles. Ils étaient féroces pour la mentalité occidentale, mais leur férocité n'était que le prix de leurs miracles, leur tribut naturel pour diriger efficacement l'Univers compris dans les terres vierges de l'Anahuac. Ils étaient la Nature, sans pitié comme elle. En leur honneur, l'homme savait travailler les plumes, filer le coton, se procurer l'or, étudier la marche du temps, écrire sur des peaux grossières l'histoire d'une race, cette histoire toujours pathétique. Ils étaient en communication constante avec l'homme. Ils lui accordaient la paix et la grâce, mais ils exigeaient la mort pour survivre. Il n'y eut jamais une plus grande harmonie — régie par la mort — entre les dieux et les hommes, en dehors de ce monde sacré dans lequel Cortès pénétra.

En face de ces dieux, d'autres dieux apparaissaient qui, par magie, changèrent le sacrifice en symbole, le sang en vin, la chair en pain azyme. Ces dieux exigeaient de l'homme qu'il se donnât, sans condition, à la pureté ; ils le menacèrent de châtiments après la mort, ce que les Aztèques ne connurent jamais.

Tout en douceur, Cortès demanda à Moctezuma, par l'intermédiaire d'Aguilar et de doña Marina, de lui laisser mettre en haut de la tour la statue de la Mère du Christ. « Vous verrez, alors, ajouta-t-il, la peur qu'auront ces idoles qui vous trompent. »

Moctezuma répondit presque violemment :

« Malinche, si j'eusse cru que tu pouvais me déshonorer à ce point, je ne t'aurais pas montré mes dieux. Nous croyons en eux, ils nous donnent la santé, de l'eau, de bonnes terres, des orages et toutes les victoires que nous souhaitons. Nous devons les adorer et leur sacrifier des victimes. Je te prie de ne pas dire un mot de plus qui soit un outrage. »

Cortès descendit les marches du temple. Moctezuma resta en haut, vainqueur de son unique escarmouche. Derrière lui, les idoles exigèrent encore plus de sang.

***

Mais les Espagnols avaient montré, eux aussi, leur humaine condition mortelle lorsque les armes primitives des indigènes les attaquèrent. Dans une sortie des Espagnols en dehors de la Villa Rica de la Vera Cruz, en direction de Nautla, Cuauhpopoca, seigneur de ces terres, tomba, avec ses guerriers, au milieu du corps expéditionnaire. Il tua six soldats portant bouclier et épée, il tua aussi les Indiens totonèques qui les guidaient et il blessa si gravement Juan de Escalante, leur capitaine, qu'il fut près de mourir, lui aussi. La nouvelle découragea Cortès : il n'était plus possible de maintenir le mensonge de leur immortalité ni de leur divinité.

Cette condition humaine était exaspérée, d'autre part, par les trésors fabuleux que les Espagnols découvrirent dans le palais de Axayacatl, en enfonçant une porte mal dissimulée. L'or, l'argent, les pierres précieuses qu'ils possédaient déjà augmentaient avec tous les pillages que les soldats commettaient dans les palais royaux de Tenochtitlan. Mais par l'or, l'amitié douteuse, l'insistance des nobles aztèques à leur rendre visite et hommage, la méfiance s'introduisit dans les armées de Cortès. Elle se fit jour encore grâce à cette paix, incompréhensible pour des gens qui venaient à la guerre, à l'inquiétude due à la grande distance qui les séparait de leurs renforts et de leurs alliés, grâce à l'intrigue constante des Tlaxcaltèques qui, journellement, découvraient des symptômes de malaise dans la ville, et, enfin, le facteur décisif fut le manque de ravitaillement qui était déjà défectueux. Nul ne dormait, ils étaient constamment armés et sur le qui-vive. Cette menace perpétuelle les fit éclater. Les amis et les favoris de don

Hernan lui prédirent la trahison là où il y avait seulement, pour le moment, désaccord et peine ; ils virent le péril là où il n'y avait qu'un simple danger naturel. Ils alléguèrent les variations du cœur humain, les nombreux guerriers que l'on pouvait appeler aux armes, à l'improviste. Ils lui suggérèrent afin qu'il ne se laissât pas prendre par la douceur de l'or, sans surveiller la mort d'un œil, un audacieux coup de main pour s'emparer de Moctezuma.

« Ne croyez pas, répondit-il, que je dors, ni que je n'ai pas les mêmes soucis que vous. Mais quel pouvoir avons-nous donc pour faire preuve d'une telle audace et pour nous emparer d'un si grand seigneur, dans son propre palais lorsqu'il a ses gardes du corps et ses guerriers ? De quelle façon pourrait-on s'y prendre pour l'emprisonner sans qu'il appelât ses guerriers pour nous combattre ? »

Malgré ces scrupules — qui avaient pour but de mettre en valeur le risque de l'entreprise plutôt que de louer la force de Moctezuma —, Cortès se décida à essayer de capturer le tlacatecuhtli ou de mourir tous dans l'aventure. La veille du jour choisi, ils firent des prières et des rogations ; la troupe entendit la messe, puis l'on prépara le projet. Entre le palais d'Axayacatl et celui de Moctezuma, Cortès plaça des soldats qui gardèrent les carrefours et les entrées des rues. Puis, suivi de Pedro de Alvarado, Gonzalve de Sandoval, Juan Velazquez de Léon, Francisco de Lugo, Alonse d'Avila, Bernal Diaz del Castillo, Jeronimo de Aguilar et de doña Marina, il partit vers l'accomplissement de son projet.

Son entrevue avec Moctezuma débuta par les mots aimables qu'il prodiguait aux Indiens, qu'il savait mêler de mots durs, à l'occasion. Les capitaines espagnols rendirent les hommages d'usage, puis, entre les compliments et les termes affectueux, le capitaine Cortès jeta son acte d'accusation :

« Seigneur, je suis très étonné, alors que vous êtes si vaillant, si grand prince, et que vous vous considérez comme notre ami, que vous donniez l'ordre, cependant, à vos capitaines de la côte de prendre les armes contre mes Espagnols, d'avoir l'audace de voler les peuples qui sont sous la garde et la protection de notre roi et seigneur, de leur demander encore des Indiens et des Indiennes pour les sacrifices, enfin, de tuer un Espagnol, mon frère, et un cheval. »

Plus il parlait, plus il se rendait compte de la grande faiblesse de

Moctezuma. Il comprit qu'il obtiendrait de lui tout ce qu'il voudrait.

« Comme je vous considérais en ami, ajouta-t-il, j'exigeais de mes capitaines qu'ils vous servissent et vous vinssent en aide, dans toute la mesure possible. Votre grâce n'a pas agi de même. À Cholula, vos capitaines, ainsi que de nombreux guerriers, tenaient de vous l'ordre de nous tuer. J'ai tout caché parce que je vous aime beaucoup. Maintenant, vos vassaux et vos capitaines passent la mesure ; ils tiennent des conciliabules secrets au sujet de notre mort. Je ne veux pas déclarer la guerre, ni détruire cette ville. Il convient donc, pour faire tout oublier, que, sans dire un mot et sans bruit, vous nous suiviez dans notre demeure. Là, vous serez servi et considéré comme si vous étiez dans votre propre maison. Par contre, si vous criez, si vous jetez l'alarme, vous serez tué par mes capitaines que je n'ai pas emmenés dans un autre but. »

Moctezuma s'effraya du ton des paroles de Cortès. Il répondit confusément, la voix brisée, qu'il n'avait jamais donné l'ordre de prendre les armes contre les Espagnols. Il retira l'un de ses bracelets « qui portait le sceau et le symbole de Huitzilopochtli ; il agissait ainsi lorsqu'il prenait une grave décision » et il ordonna que le seigneur Cuauhpopoca vînt à Tenochtitlan. La peur s'empara de lui, il refusa de sortir de son palais « car il n'était pas une personne à qui l'on puisse demander pareille chose », dit-il. Alors commença une discussion ridicule. Celui qui, d'un seul mot, pouvait faire tuer Cortès avait une telle peur qu'il s'agrippait à sa chaise comme à un talisman magique. L'Espagnol pariait qu'il se lèverait, lui, résistait en vain.

La voix de tonnerre de Velazquez de Léon interrompit la scène :

« Que fait votre grâce, capitaine, de tant de mots ? Ou nous le faisons prisonnier, ou nous le passons par l'épée. Dites-lui, à nouveau, que s'il crie ou s'il fait du bruit, nous le tuerons. Il vaut mieux que nous assurions nos vies, une bonne fois. »

Cette voix, cette voix rude et forte qui remplissait les salles, alluma un regard angoissé dans les yeux de Moctezuma, tournés vers doña Marina. Mais, celle-ci se vengea du dédain qu'elle avait subi sur la route d'Ixtapalapa, quand elle s'approcha, la main tendue, en vain, vers ce dieu qui n'était même pas un homme :

« Seigneur, je vous conseille de les suivre, bien vite, à leur demeure, car, ici, vous serez tué. »

Moctezuma implora encore :

« Malinche, puisque tu veux qu'il en soit ainsi, j'ai un fils et deux filles. Prends-les en otages, mais ne me fais pas cet affront. Que diront mes dignitaires s'ils voient que tu me fais prisonnier ? »

À la dernière minute, il consentit, sa volonté brisée.

Les gestes violents de Pedro de Alvarado et de Velazquez de Léon, leurs épées dégainées brillant d'un éclat homicide, angoissèrent le chef des hommes.

Et, sur sa chaise à porteurs, en pleurant, il passa dans les rues de Tenochtitlan pour rejoindre sa prison, celle du seigneur cruel.

***

L'emprisonnement de Moctezuma stupéfia la ville. D'après l'Indien Sahagun, les chefs, terrifiés par la peur, se montraient doux comme l'argile. Personne ne s'aventurait dans les rues « comme s'il y avait un jaguar en liberté ou comme si c'était nuit noire ». Cacama partit pour Texcoco ; Cuitlahuac partit précipitamment pour Ixtapalapa ; le seigneur de Tlacopan se retira dans son domaine. Seul, Cuauhtemoc, à Tlaltelolco, puisa son courage dans la rancune, comme tous les princes qui avaient fui la capitale.

Une vague de haine sourde et de rumeurs incertaines remplissait le palais d'Axayacatl. Les sujets se refusaient à obéir au tlacatecuhtli.

Puis, un jour, vint la destruction des dieux. Le capitaine Malinche monta tout en haut du grand temple, au moyen d'une barre de fer, il donna sur les pierres vénérées des coups sacrilèges qui résonnèrent dans le cœur de la tribu. Le riche masque de pierreries, le masque d'or pur aux précieux émaux fut volé. Les idoles descendirent de leurs autels qui furent éternels. Les Indiens les portèrent dans leurs mains tremblantes. Tezcatlipoca et Huitzilopochtli sortirent de leurs sanctuaires ; les prêtres pleuraient, impuissants, la foule et les chefs accouraient sur la place pour renouveler leurs pleurs et leurs lamentations. On lava les murs éclaboussés de sang, on les blanchit à la chaux, puis, là où régnaient, autrefois, les divinités naturelles, on éleva des autels à la mère du Christ et à Saint Christophe. Ensuite, il courut le bruit que Huitzilopochtli et Tezcatlipoca avaient parlé de partir avec le peuple et les chefs vers des horizons lointains, recommençant la pérégrination éternelle vers les terres que les blancs étrangers ne connurent point. Mais Moctezuma, à l'instigation de Cortès, fit savoir qu'il n'était pas en prison, comme l'on croyait, qu'il obéissait simplement à un commandement de Huitzilopochtli — le dieu sans pareil — qui ordonnait à la tribu de ne pas marquer les chemins de la trace de ses pas. Au commandement divin, les heures de crise se transformèrent en une attente lourde d'angoisse.

⁂

Un autre jour, on amena de Nautla, sous surveillance, Cuauhpopoca blessé. Avec lui venaient son fils et quinze de ses nobles. Tenochtitlan, sereine en apparence, les regarda arriver les mains et les pieds chargés de chaînes. Ils savaient qu'ils allaient vers la mort ; devant cette mort, ils levaient dignement la tête pendant que le sang coulait de leurs blessures.

Cortès improvisa un tribunal. Mis au supplice, Cuauhpopoca confessa qu'il avait agi sur les ordres de Moctezuma ; alors, la justice théâtrale s'éleva jusqu'au chef des hommes. Les geôliers firent descendre de son trône le fils d'Axayacatl, ils lui mirent les fers malgré les pleurs des serviteurs et des chefs, malgré les hurlements et l'effroi du seigneur. La sentence contre Cuauhpopoca fut le bûcher.

On improvisa le bûcher, face au temple de Huitzilopochtli, avec des flèches, des arcs, des boucliers et des plumes, des haches, des épées de bois pourvues de tranchant en silex, des lances que les Espagnols retirèrent des temples et des palais : il fallait bien soustraire des armes aux Indiens.

Pendant que brûlaient Cuauhpopoca et son fils, les seigneurs aztèques en larmes tenaient dans leurs mains les fers qui serraient les pieds de Moctezuma. Ils mettaient entre ces fers et la chair de leur seigneur des couvertures légères et moelleuses pour le préserver.

À peine le bûcher éteint, Cortès lui-même enleva ses chaînes à Moctezuma en le traitant de frère. Il lui promit d'augmenter sa puissance en lui donnant un empire plus vaste et la liberté. Par cette promesse, don Hernan trompa brutalement le tlacatecuhtli. Pendant qu'il lui faisait cette offre, par la bouche de Aguilar, il suggérait à son prisonnier de ne pas accepter sa libération car les soldats s'y opposaient. En le voyant partir, ceux-ci pouvaient fort bien le tuer. Ainsi la peur retenait Moctezuma dans sa prison. Et c'est encore la peur qui élabora un tissu d'ignominie. Après la conquête, les Indiens racontèrent « que Moctezuma, alors entouré d'Espagnols qui le serrent de près, en groupes compacts, va avec eux à la maison du trésor qui se nomme Tcocalco. Ils en sortent tout ce qu'ils trouvent : les bijoux, les ornements de plumes, les insignes de leur rang, les boucliers de plumes, les disques dorés que l'on met sur la poitrine, les colliers, les joyaux des idoles, les anneaux dorés pour le nez, ceux des jambes, les courroies dorées qui serraient les poignets, les diadèmes en or. Ensuite, ils retirent l'or qui se trouvait sur les boucliers et sur les insignes, puis ils mirent le feu à tous ces objets précieux. Tout brûla... Ils allèrent, alors, dans la maison qui renfermait le trésor de Moctezuma, là où l'on gardait les biens personnels du seigneur. On les vit, alors, bouffis d'orgueil, qui marchaient comme des fous ou comme des animaux, en se mordant presque les uns les autres, dans leur joie délirante.

« Après qu'ils eurent pénétré dans la maison du trésor, ils allèrent partout, ils s'emparèrent de tout, comme s'ils étaient les maîtres... Ils prirent tout, ils s'approprièrent tout, tout leur appartint. »

De plus, quelques expéditions partirent en reconnaissance de mines d'argent et de sables contenant des parcelles d'or. Des groupes de soldats ramenèrent, à la suite d'incursions dans les seigneuries voisines, des trésors dont ils n'avaient jamais rêvé. Ces richesses provoquèrent des disputes à cause de la malhonnêteté de Cortès qui voulait s'emparer de tout, pour en donner à ses favoris, après qu'il eut prélevé le tribut dû au roi, et le butin des soldats. L'on fondit l'or en barres ou en lingots, ensuite on le changea en vaisselle et en chaînes. Certains jouaient de l'or au jeu de cartes qu'ils avaient fabriquées avec le cuir des tambours.

Mais, avec l'or, arrivaient des nouvelles fraîches de l'état d'esprit du peuple. Cacama était en rébellion ouverte. Il s'opposa au voyage des blancs étrangers. D'après lui, ils n'auraient jamais dû arriver jusqu'à Tenochtitlan. Dignement, il maintint sa protestation. À toutes les exhortations que lui adressait Moctezuma, d'après les ordres de Cortès, il répondait de son trône d'Acolhuacan, que le tlacatecuhtli, son oncle, « était une poule mouillée, que les Espagnols s'en allassent dans leurs pays et que l'on verrait plus tard quel était le service qu'il avait l'obligation de leur rendre ». Il avait convoqué ses chefs militaires. De nombreux Texcocanos allaient par les chemins, dans un bruit de guerre, exaltant le courage de la foule.

Cortès décida de destituer Cacama et d'élever à la divinité de seigneur de Texcoco, Cuicuitzcatzin, frère du rebelle, prisonnier à Tenochtitlan avec Moctezuma. La corruption et la trahison, l'astuce et l'ambition furent plus puissantes que le vaillant cœur chichimèque. C'est ainsi que Cacama, pris dans une embuscade, arriva à Tenochtitlan chargé de chaînes, sur une pirogue à la haute voile peinte de plusieurs couleurs, puis, sur une plate-forme. La même chaîne qui lia ses pieds fut offerte, sur-le-champ, à Cuitlahuac, seigneur d'Ixtapalapa et au seigneur de Tlacopan. Cuauhtemoc était le seul qui se déplaçait librement dans la grande ville toute tremblante.

Cependant, tout danger semblait écarté. De sa prison, Moctezuma rendait la justice, il le faisait sous le regard de Cortès, entouré d'espions : doña Marina quelquefois, d'autres fois Orteguilla, un page éveillé qui connaissait déjà la langue aztèque. Il avait fait venir des femmes et des bouffons. Des personnes de sa famille et de sa cour vinrent à la prison. Ainsi apparut Tecuichpo, sa fille, qui portait le nom symbolique de « Flocon de Coton ». Il sortait dans la rue accompagné de gardiens espagnols, un jour, c'était Velazquez de Léon, un autre jour, c'était Cristobal de Olid. Il chassa, même, dans la montagne et il se promena sur le lac à bord de l'un des vaisseaux que don Hernan avait fait armer à l'avance. Il jouait de l'argent, puis il distribuait ses gains parmi ses geôliers. Tous les jours, il avait un présent dans ses mains, une grâce sur les lèvres.

Les Indiens s'approchaient du palais, tout craintifs, pour apporter le ravitaillement, puis ils fuyaient bien vite. De terres lointaines prises par surprise, arrivèrent des ambassadeurs et des curieux. Tout ce monde, à la veille d'un cataclysme, se maintenait par miracle, vivait d'une vie fausse et incertaine.

Cette apparence de paix et de sécurité engagea don Hernan, homme de procédure et de complications, à inventer une cérémonie fantastique : le serment d'obéissance à Charles-Quint. À cet effet, Moctezuma convoqua tous les chefs et les nobles de son empire. Nombreux furent ceux qui ne vinrent pas. Momentanément, on retira de leurs fers Cacama, Cuitlahuac, les seigneurs de Coyoacan et d'Atzcapotzalco. Dans la grande salle du palais d'Axayacatl le seigneur cruel, seul avec les chefs de sa tribu, leur expliqua ce qu'était cette soumission.

C'était, leur dit-il, un commandement de la divinité. Les voix de Huitzilopochtli et de Tezcatlipoca s'effaçaient devant la décision de Quetzalcoatl. Mais l'avenir était incertain. Les dieux ordonneraient plus tard ce qui conviendrait. Il ne fallait pas causer d'ennuis au capitaine Malinche en lui refusant les droits de vasselage et les tributs. En silence, les larmes coulaient sur les visages sombres des guerriers impuissants.

Le jour suivant, on répéta la cérémonie en présence de Cortès. La séance se termina par les gribouillages du secrétaire-greffier, Pedro Hernandez, sur le dur parchemin et les soupirs des Indiens voyant leur tradition morte et se sentant sourds à leurs dieux.

Mais la rébellion n'était pas morte. Ces larmes, qui marquaient les chairs de leur feu, le criaient à tous les vents. Tlaltelolco était déjà le centre d'une puissante résistance. Ce lieu fut le premier et le dernier réduit de la lutte entre les Aztèques et les Espagnols, ce qui prouve l'attachement du fils d'Ahuitzotl à son clan, son influence puissante sur les escadrons de guerriers qui supportèrent, avec héroïsme, le siège de Tenochtitlan, et le lent travail, quotidien, dévoué, infatigable et intelligent du seigneur du calpulli.

De plus, la caste sacerdotale, qui perdait la primauté et la juridiction par l'emprisonnement de Moctezuma, jeta ses forces en faveur de la cause aztèque.

C'étaient la faim, la haine et la vengeance, les passions qui formaient le sous-sol spirituel de la capitale aztèque, les jours qui précédèrent le massacre du grand temple, lorsque Pedro de Alvarado lutta, avec succès, contre Huitzilopochtli.

Cuauhtemoc allait entrer dans l'Histoire.

CHAPITRE IV

ALVARADO DOMINE HUICHILOBOS

Du haut de l'estrade que la dévotion indigène éleva au centre de la place du grand temple, la voix du grand prêtre dit sur un ton emphatique :

— Je suis Huitzilopochtli, le guerrier, et personne ne m'égale ! Ce n'est pas en vain que j'ai revêtu la robe aux plumes jaunes, car c'est pour moi que le soleil est apparu !

La multitude acclame les vers antiques et mystérieux, en improvisant une danse sourde et spontanée. Les jeunes filles avaient les bras et les cuisses ornés de plumes rouges et, pendus à leur cou, de longs rosaires de maïs grillé, blancs et parfumés. Les prêtres, barbouillés de noir, la tête couronnée de blanches plumes de héron, avaient enduit de miel leurs visages sévères. Une forêt de palmes vertes se dressaient et se terminaient en fleurs de noires et brillantes plumes. Les guerriers et les nobles, sous les rayons du soleil, scintillaient de tout l'or de leurs insignes et de leurs bracelets. Les vieillards et les jeunes gens enlaçaient leurs doigts à ceux des femmes, sautaient en cadence au rythme rauque des tambours et aux modulations des flûtes. Et là-bas, sur le tréteau où le grand prêtre psalmodiait les sages et vieilles phrases rituelles, Huitzilopochtli, que les étrangers avaient profané en lui volant le masque et les insignes et en le jetant hors du temple, était présent à la fête.

Les fines et habiles mains des sculpteurs du pays sculptèrent à nouveau le dieu dans une pâte de graines dorées, sur un socle de branchages, en lui donnant la forme d'un homme. En guise de cheveux, ils collèrent sur sa tête de tendres plumes ; ils peignirent son visage de raies transversales noires et lui placèrent le couvre-oreille en forme de serpent, la *bezote* [1] sur le nez. Sur la fausse chevelure se dressaient les splendeurs du colibri. Le manteau de fleurs d'ortie tomba sur un autre manteau orné de crânes, d'ossements, de tibias croisés, de cœurs et d'oreilles détachées. On lui donna le drapeau sanglant qui portait à sa pointe un couteau de pierre et le bouclier de roseaux avec quatre houppes arrachées aux ailes des aigles.

La voix têtue, monotone et puissante poursuivit :

— Je suis Huitzilopochtli et nul ne m'égale ! Ce n'est pas en vain que je me suis paré des plumes du quetzal, des vertes pierres précieuses, de tous mes atours, mon vêtement aux plumes jaunes ! C'est moi qui ai fait jaillir le soleil ! C'est pour moi que le jour est né.

Des groupes d'Indiens plus nombreux arrivèrent et ils se joignirent directement à la foule qui sautait en cadence, dans une mélopée sévère, dans l'abandon magique et solennel à la divinité !

Telle est la fête du mois appelé Toxcatl, quand la tribu honore ses divinités sanglantes et immortelles. Pour recevoir son hommage, Huitzilopoçhtli et Tezcatlipoca unissent leurs destins et leurs pouvoirs. Mais seulement, par ordre des dieux blancs logés dans les demeures du vieil Axayacatl, le jeune homme choisi et élevé comme un dieu ne pouvait recevoir la douce mort divine ; les danseurs, non plus, ne pouvaient porter des armes. Ce sang qui dégoutte des tréteaux n'est que le sang des blanches cailles. Il fut donc inutile de vêtir luxueusement le jeune homme, de le soigner pendant tout un an, de le charger des insignes de son rang sacré, de lui ceindre des colliers de riches pierreries, de lui apprendre à jouer des conques et des flûtes, de l'unir à des vierges, de lui donner les plumes les plus riches et les plus éclatantes, les manteaux les plus délicats, de lui attacher aux pieds des grelots d'or. L'ordre des blancs, donné par la voix de Tonatiuh — Pedro de Alvarado, car le capitaine Malinche était parti en hâte pour recevoir d'autres blancs comme lui, arrivés sur de nombreux bateaux et en arroi guerrier, à Chalchinhuecan —

1. Ornement de métal qu'on s'incrustait dans le nez ou les lèvres.

fut rapide et concis : les Indiens pouvaient célébrer leur fête mais ne point sacrifier de vies humaines. Dès lors, la fête était gâtée, incomplète, qu'ils tentèrent d'animer en exaltant la ferveur, en haussant le ton, en inventant de nouveaux cantiques, en prolongeant l'éclat des flûtes et la rumeur des tambours.

La voix du prêtre disait :

— L'homme du pays des nuées a eu un présage qui lui est néfaste ! Il a coupé un pied à l'homme du pays du froid ! Il est appelé « celui qui vainc les nations » ! Il brûle la muraille de ceux qui sont combattus, il peint son visage avec la blanche argile et se coiffe de plumes, et cela veut dire qu'il donne la guerre, qu'il gratifie le peuple de la guerre, qu'il fait naître le combat !

Le spectacle, vu des hauteurs du grand temple, surprenait par l'ordonnance de l'ensemble, le rythme savant des jambes au moment même où du ventre des tambours, part le rugissement ou bien, des lèvres des flûtes, le chant qui rappelle celui d'un serpent en rut. Formant de grandes chaînes, hommes et femmes possédés d'une fièvre mystique canalisée par la danse prient et chantent sans qu'une telle promiscuité et une telle folie enflamment le désir, car Huitzilopochtli et Tezcatlipoca sont là, contenant les ardeurs de la chair, féroces, froids et vigilants. La parole sacrée volait dans les airs :

— Le dieu Tlaxotla s'est rendu redoutable ! Le dieu Tlaxotla soulevait la poussière ! Quand la guerre est allumée et se déchaîne, il ne craint personne, si la poussière est soulevée, si tout est ennuagé de poussière !

Les pieds des danseurs, heure après heure, frappent le sol et soulèvent, comme l'encens indien enflammé, de copieux nuages de fumée. C'est là la poudre du combat, celle que les guerriers foulent sur le champ de bataille, celle que les morts tirent de leurs ossements, celle que les pierres produisent sous le choc d'une autre pierre, celle que le vent fait tourbillonner dans les soirs de tempête. Et dans cette poussière, impalpable mais sombre, s'ouvrent passage la rauque lamentation du tambour ou le sifflement des flûtes invitant à la folle danse sacrée.

L'antique poésie en l'honneur de Huitzilopochtli est terminée. Mais alors la voix du grand prêtre en dit une autre plus séculaire, celle qu'on ne prononçait qu'aux moments les plus secrets du rite, celle qui sert pour invoquer le dieu et le ramener à la vie et à l'action.

— Notre Seigneur très pieux, protecteur et défenseur ! Invisible seigneur par le pouvoir duquel nous sommes régis et gouvernés, sous l'empire duquel nous vivons ! Seigneur des batailles ! Le dieu de la terre ouvre la bouche dans son appétit du sang de ceux qui mourront dans cette guerre-ci !

La danse s'arrête. On a parlé, au présent, de cette heure-ci. Le peuple tourne la tête vers le palais d'Axayacatl. La bataille sera-t-elle contre les blancs ? Si les gens veulent la paix, pourquoi lance-t-on l'appel magique pour la victoire dans la bataille ? La guerre ! On suspendra de blanches têtes aux hautes colonnes du tzompantli.

La voix continuait :

— Les dieux épient déjà pour voir quels sont ceux qui doivent vaincre et quels sont ceux qui doivent être vaincus ; ceux qui doivent tuer et ceux qui doivent mourir dont le sang doit être bu et dont la chair doit être mangée !

La danse, une fois reprise, arrive avec ces mots à son point culminant. Les prêtres descendent de l'estrade et les groupes d'adultes s'ouvrent pour laisser passage aux enfants. Ceux-ci arrivent en files interminables et, un par un, silencieux, s'approchent de la dextre de ceux qui régissent les maisons des dieux. On met leur ventre à découvert et avec un petit couteau de silex affilé, on leur fait une marque sur la peau, au-dessous du nombril et sur les bras. Telle est la marque de la divinité, la marque des dieux chez les hommes futurs. La danse et les cantiques recommencent. Ils servent à présent à réclamer d'autres bienfaits : la bonne pluie, l'abondante récolte, la santé des corps, les enfants des femmes, la prolongation de la lignée des guerriers. La Nature immortelle est donc la reine de la fête. La tribu reste en contact avec le miracle de son Univers. Les conques et les trompettes rugissent ; des os fendus jaillit la note aiguë et l'on voit reluire davantage les joyaux d'or, d'argent et d'opale, les plumes de quetzal et de quechol, de hérons et d'aigles. Du sol foulé par la danse monte le bruit sec des bracelets d'or entrechoqués. Le vent semble passer sur les palmes vertes et les panaches tant ils s'inclinent et se dressent, se couchent et s'érigent, apparaissent et s'estompent pour renaître dans tout l'éclat de leurs couleurs. La danse continue tandis que les prêtres réalisent les actes de la liturgie et chantent leurs hymnes, les vers que la bouche de l'homme ne peut répéter. Mais la multitude chante ses propres chansons. Le chant surgit comme les vagues de la mer, par à-coups et la foule ondule, couleuvre de plumes et d'or, dans la limite de son propre enchantement.

Le bruit de la fête dépasse les limites de la place, divague par les rues, remplit le ciel et pénètre dans le palais de Axayacatl. Pedro de Alvarado lutte avec lui-même. Les Tlaxcatèques sont venus lui dire que les Mexicains font des préparatifs de guerre. Il sait aussi que Cortès, défiant les déités de pierre qui pour lui représentent le démon, a mis une image de la mère du Christ, une autre de saint Christophe et une croix dans le temple même où régna jadis Huitzilopochtli. Il sent donc revivre en sa chair, dures et pathétiques, les idoles face à son propre dieu. Il considère que cette fête sauvage, sonore et diabolique doit blesser la douceur de Marie et insulter au Calvaire. Les lèvres murmurantes des espions sont venues lui souffler à l'oreille que là-bas dans la fête, tout prêts pour le sacrifice, trois jeunes gens, trois enfants encore, sourient et attendent avec joie l'heure de la mort.

Il respire l'air de la guerre et du paganisme. Le tonnerre des tambours, la lamentation des conques marines, le cri aigu des flûtes se fondent dans sa poitrine avec l'angoisse religieuse qui le domine. Il ordonne alors de capturer les victimes, il les tourmente et les immole de sa main, cherchant ainsi le secret le plus vif et le plus secret de la fête. Les enfants choisis ne sont donc pas tombés en l'honneur de Tezcatlipoca et de Huitzilopochtli. Et ce sang comble la mesure et remplit le cœur de Pedro de Alvarado, l'Espagnol des Croisades, celui de la lutte contre l'Islam, celui qui — à l'imitation en quelque sorte de l'Aztèque — risque sa vie pour sa foi, cherche la mort pour une croyance.

Il est certainement un soldat au service d'un pouvoir qui surgit d'un état moderne en train de dissiper les ombres du Moyen Age ; mais il vient aussi comme un homme du peuple sur lequel le Moyen Age a construit des idées encore indestructibles dans l'actualité d'aujourd'hui, avec des sentiments séculaires et distincts. Le transfert de règles et d'institutions qui étaient déjà anachroniques dans l'Espagne de Charles-Quint — la « encomienda », les partages et les capitaineries — prouve aux pays découverts et conquis que l'esprit féodal, profondément enraciné, se projette sur l'entreprise de Cortès, sur cette minute tragique pendant laquelle Alvarado se décida à tuer.

De là vient sans doute l'ordre urgent de formation de combat que l'on donne dans le palais de Axayacatl. En un moment, la troupe fut prête, les armes reluisantes dégainées, le plan fait et le sort de cette poignée de croisés qui partaient au rachat de leur Dieu, de leur foi et de l'or, était jeté sur Tenochtitlan.

La fête continue sur la place du Grand Temple. Mais soudain des groupes de soldats espagnols, sans en avoir l'air, s'emparent des issues : la porte de l'Aigle, le petit palais, la pointe du tunnel qui débouche sur le mur des serpents et « après avoir tout obturé — dirent plus tard les Indiens — ils ne permirent plus à personne de sortir. Ils fermèrent aussi les endroits où le peuple dansait en masse. »

Puis, d'autres soldats envahissent la place. Ils sont déjà porteurs de l'ordre de mort. Ils vont à pied et brandissent leurs écus de cuir, leurs écus de fer, leurs épées blanches. Ils entourent les danseurs, se mêlent aux danseurs comme attirés par la flûte et le tambour. Les danseurs sautent avec plus d'ardeur pour que les hommes blancs se rendent bien compte de la grande fête. Au milieu d'un roulement syncopé de tambour, un cri rompt le rythme des vers sur les lèvres des prêtres, arrête les cantiques dans la gorge du peuple, la danse et la musique. À ce cri, les épées et les lances des Espagnols s'abattent sur les Indiens.

On voit voler les mains coupées des musiciens. On tue les chefs avec leurs propres lances et épées. On coupe la tête à d'autres, on les met en morceaux. Plus loin, on blesse les hommes qu'on laisse avec les chairs ouvertes ; on les frappe aux mollets, aux cuisses, au ventre. Et les blessés marchent ou courent en traînant leurs entrailles. Et si l'un d'eux tente de courir trop longtemps, on s'acharne sur lui. Qui veut se sauver ne pourra plus aller nulle part, car les soldats qui sont aux portes les frapperont ou les tueront.

Quelques-uns réussissent à s'échapper en sautant le mur des serpents. D'autres se réfugient dans les maisons des prêtres ; d'autres enfin se couchent entre les morts, mais si on les voit relever la tête, on les tue aussi.

Le sang des chefs coule sur la place. Le patio est comme une plaine rouge et glissante qu'empuantit l'odeur du sang et des entrailles. Foulant aux pieds ce sang et les cadavres, déchirant ces entrailles des blessés et des morts, les Espagnols cherchent l'or de leurs joyaux et brisent les insignes, arrachent les bracelets et les pectoraux, les panaches et les cercles d'or des chevilles. Ils fouillent les maisons des prêtres pour en retirer l'or ainsi que ceux qui y sont cachés. Ils piquent de leurs lances et épées les coins obscurs. Ils recherchent et tuent... Et les gens pleurent et crient. On clame dans les rues de Tenochtitlan excitée par le carnage :

« Oh ! chefs ! Oh ! Mexicains ! Tous doivent accourir ! Mettez les insignes de votre rang, prenez le bouclier et la flèche ! Les chefs sont morts, on les a tués, on les a exterminés ! Oh ! chefs ! »

Puis, les lamentations de douleur et de haine. Les tambours résonnent, appelant aux armes, les conques répètent leurs appels. Les chefs encore vivants vont résolument à la bataille. Ils portent leurs écus et leurs flèches, leurs insignes de plumes, leurs vêtements de tigres ou d'aigles. Parmi eux, pleins de courage et de défi, il y a Cuauhtemoc, fils d'Ahuitzotl.

À la tête de ses milices tlaltelolcas, de ses escadrons bien rangés, il court dans les rues de Tenochtitlan jusqu'au Grand Temple pour diriger les premières escarmouches, ramasser les blessés, se lamenter aussi de la mort des élus.

Une fois Moctezuma, Cacama et Cuitlahuac prisonniers, une fois repoussés les traîtres qui prenaient place sur les sièges des chefs, la tribu était sans force. C'est sur Cuauhtemoc que retombe, à cause de son rang militaire et sacré, le soin d'accomplir la tâche immédiate, jusqu'à ce que le conseil de la tribu dicte sa sentence.

Il pense, peut-être, que malgré la défense, on a accompli le sacrifice en l'honneur des dieux ; car le sang a toujours coulé en hommage à Huitzilopochtli et Tezcatlipoca, répandu par Tonatiuh le capitaine des féroces barbes rouges qui se nomme don Pedro de Alvarado.

Mais ce sang n'est pas celui de l'adolescent élu, c'en est un autre plus cher et plus intouchable : celui de son peuple. Cependant, le sacrifice n'est pas né de la spontanéité et du rite : cette mort ne va pas donner une vie nouvelle, léthargique et éternelle aux dieux. Elle va les exciter davantage et provoquer une nouvelle soif de sang.

Tuerie et rapine accomplies, les Espagnols s'en retournèrent au palais d'Axayacatl avec leurs trophées. Derrière eux, les guerriers de Tenochtitlan leur lançaient déjà des flèches à la pointe dentée, celles qui ont une large lame d'obsidienne, le javelot à tuer des oiseaux armé de trois griffes. « Les flèches couvraient les Espagnols comme une nuée jaune. » Ils répondaient avec leurs arbalètes au tir précis, avec leurs bombardes qui, sans viser directement la foule, met les groupes en pièces.

Les clameurs des combattants, s'excitant mutuellement, se confondaient avec les pleurs des enfants, des frères et des parents des morts. Les Aztèques se trouvaient, comme avant les événements, le dos courbé sous la souffrance et l'abattement. Ils cherchaient parmi les monceaux de cadavres leurs fils, leurs frères, leurs pères. Les familles transportaient ces corps ensanglantés devant des cortèges gonflés de sanglots et de plaintes. Ils les conduisaient jusqu'à leurs demeures pour les laver, les peindre, les revêtir de leurs luxueux manteaux et de leurs insignes, leur chanter les rudes chansons pleines d'émotion et les rapporter de nouveau dans la cour du Grand Temple pour les brûler.

La fumée de la chair, la fumée du copal, l'odeur du sang, les cris des guerriers et la douleur de la tribu entourèrent les Espagnols. Mais alors, poussé par Pedro de Alvarado, sur les terrasses du palais de Axayacatl, Moctezuma apparut pour parler à son peuple. Sa parole était encore celle d'un dieu. À son geste, la tribu fit silence et sur le ton solennel propre à son rang, il donna l'ordre de paix.

Les flèches pointées s'abaissèrent vers la terre, les boucliers tombèrent des bras. Les gens abandonnèrent les rues et il y eut des clapotements de rames sur la lagune quand les canots se retirèrent. L'air, rempli de poussière, s'éclaircit peu à peu et prit une teinte d'or au coucher du soleil.

Pendant le cours des nuits, des lamentations traversaient l'obscurité et la distance. On pouvait distinguer des bûchers sillonnés d'ombres agiles.

La paix régnait ; c'était certain. Cependant on pouvait prévoir le tumulte de nouveaux combats en songeant aux fleuves de sang déversés dans le lac et à l'empire de la douleur étendu sur la grande ville, siège de l'ardente tribu.

CHAPITRE V

LA NUIT TÉNÉBREUSE

« Avec nos flèches et avec nos boucliers nous élevons et nous maintenons la ville. »

(Les Grands Rois.)

Le capitaine Malinche arrive ! Ils sont déjà de retour, les étrangers vainqueurs ! À Cempoala, Malinche a vaincu un autre capitaine, de race blanche lui aussi. Il le mit aux fers et réunit en outre de nombreux hommes, des masses d'hommes qui ne marchent pas vers Tenochtitlan dans un but pacifique. Les habitants de Tlaxcala, ceux de Cempoala vont à la guerre avec leurs insignes de plumes, leurs boucliers, leurs épées d'obsidienne, leurs lances de bois, leurs danses et leurs chants guerriers. Ils arrivent pour lutter contre Tenochtitlan en soulevant un tourbillon de poussière, leur visage est couvert de poussière, ils marchent couverts de cette poussière qui annonce la bataille, poussière aimée de Huitzilopochtli.

Ils crient :

« Accourez, ô habitants de Tlaxcala et de Cempoala ! »

D'autres Espagnols arrivent encore : mille trois cents soldats étrangers qui viennent d'arriver, d'autres à cheval, d'autres qui tiennent les arbalètes et ceux qui donnent la mort au moyen de la foudre.

Il est de retour, Malinche le vainqueur !

La nouvelle court dans les rues de la ville, arrive au palais d'Axayacatl ; tandis que le peuple, sur les conseils de ses chefs, décide de se cacher comme s'il était nuit noire. Sans se laisser voir, sans parler à haute voix, à l'écoute contre les portes et contre les murs ; les Espagnols et les nobles aztèques prisonniers attendent anxieux.

Les chefs indigènes se réunirent, ils parlèrent savamment. Si les Espagnols les eussent écoutés, ils auraient appris que la guerre allait éclater, amenant la destruction et la mort.

Mais, dans sa prison, Moctezuma voulait la paix. Il envoya donc des émissaires au capitaine Malinche qui devaient se plaindre d'Alvarado. À son tour, Alvarado envoya d'urgence des cavaliers demander de l'aide. C'est ainsi que lorsque les ambassadeurs du tlacatecuhtli parlèrent avec le capitaine Malinche, ils virent que la colère était dans ses yeux, tout injectés de sang, son attitude était hautaine — sa victoire sur Narvaëz l'avait enorgueilli — et son langage était injurieux :

« Ce chien de Moctezuma ! », avait-il dit.

Les ambassadeurs indigènes revinrent tristement. Les Tlaxcaltèques leur crièrent de manger les Mexicains, de couper leurs têtes et d'offrir leurs cœurs aux idoles ennemies.

Les chefs surent tout, ces chefs que présidaient moralement Cacama et Cuitlahuac, ceux qui n'approuvèrent pas l'entrée du capitaine Malinche à Tenochtitlan et qui proposèrent la guerre, en vain. Parmi ces chefs, Cuauhtemoc avait sûrement sa place et fit part de son dessein de rébellion.

Mais la poussière, le nuage de poussière arriva aux portes de Tenochtitlan. Le capitaine Malinche pénétra, à nouveau, dans les rues, maintenant désertes, silencieuses et hostiles. Sa contrariété ne fit qu'augmenter. En effet, il avait dit aux soldats de Narvaëz que les Aztèques le traitaient comme un dieu. De telle sorte qu'au moment où Moctezuma alla au-devant de lui, dans le patio du palais d'Axayacatl, pour lui souhaiter la bienvenue, de son bras robuste, il l'écarta avec colère. Une autre fois, le mot « chien » tomba, ignominieux, sur le chef des hommes. Moctezuma s'exclama : Comment un prisonnier tel que lui pouvait-il obtenir l'obéissance de sa tribu ? Nul n'avait échappé aux fers ou à la mort ! Cacama et Cuitlahuac n'étaient-ils pas prisonniers, comme lui ? Les grands chefs n'avaient-ils pas été immolés par Tonatiuh ? Par l'intermédiaire de qui pouvait-il s'adresser au peuple rebelle ? Comment sa tribu ne saurait-elle pas qu'elle allait être tuée, quand ses gens allaient ravitailler les étrangers ?

Le capitaine Malinche dit à Pedro de Alvarado que le massacre du grand Temple avait été une lourde erreur. Tonatiuh, pour se disculper — le visage long, d'un homme anormal —, plein de véhémence, exalta l'aide que l'apôtre Santiago lui donna à l'heure où les épées, les fusils et les lances tombèrent sur les chefs indigènes. Les récriminations de Moctezuma influencèrent le capitaine Malinche. Au fond, lui aussi souhaitait la paix sans mépriser la guerre. Il fallait tenter la route la plus facile juste en ce moment que les soldats de Narvaëz et les milliers de Tlaxcaltèques et de Cempoaltèques rendaient plus angoissant le problème du ravitaillement. C'est ainsi qu'il rendit la liberté à Cuitlahuac. Celui-ci devrait convoquer les chefs, rétablir l'entente et la tranquillité, puis, apporter l'ordre de la soumission.

Mais à peine le seigneur de Ixtapalapa eut-il franchi la porte de sa prison que la tribu eut un véritable chef. Les autres chefs apprirent de sa bouche les infamies commises contre leur roi, le traitement brutal que l'on faisait subir aux femmes et aux nobles ; les injures que les Espagnols proféraient contre les dieux et le peuple aztèques.

Puisque le chef manquait pour conduire cette guerre inéluctable, puisque son autorité était brisée et son divin prestige méprisé, le Conseil qui représentait tous les clans installa provisoirement Cuitlahuac sur le siège du commandement. Le grand teponaxtle convoqua les chefs, les larmes et le découragement cessèrent.

Cuitlahuac, en homme de valeur, organisa immédiatement le siège du camp espagnol. Les braves Tenochques, les vaillants Tlaltelolques dirigés par leur chef, Cuauhtemoc, prirent leurs dispositifs de combat : on prépara les canots, on éleva des murailles sur les chemins, des barricades dans les rues, on creusa les canaux, on coupa les ponts. Tout se fit en silence, dans la nuit, avec cette habileté et cette légèreté qui étaient les qualités de ces vrais artistes de la guerre qu'étaient les sujets de Huitzilopochtli, le batailleur.

La rébellion était allumée et le feu allait dévorer, sans mesure, Tenochtitlan.

***

La guerre ne tarda pas à s'annoncer. Un soldat espagnol qui venait de Tlacopan, emmenant des Indiennes du capitaine Malinche qui étaient restées sous la garde du seigneur de ce lieu pendant que le capitaine en terminait avec Narvaëz, fut assailli par des bandes de guerriers et il arriva blessé au palais d'Axayacatl. Puis, le soldat Antonio del Rio, qui, monté à cheval, était envoyé à la Villa Rica de la Vera Cruz, fut arrêté à Tlaltelolco et blessé à la tête. Il prit la fuite, puis il apporta au quartier général une grave nouvelle : le tecuhtli, c'est-à-dire le seigneur du pays, fils d'Ahuitzotl, révolté, marchait à la tête de ses guerriers. Alors, on demanda à Diego de Ordaz de prendre quatre cents soldats comprenant surtout des arbalétriers, des fusiliers et des cavaliers, pour aller à sa rencontre.

A peine le capitaine arrivait-il à moitié de la rue que les cris et les flèches se mirent à pleuvoir sur lui. Rien ne pouvait contenir l'avalanche aztèque. Ils attaquaient de pied ferme, en groupes compacts. Ils surgissaient des terrasses, des canaux, des maisons, des carrefours, en fermant toute issue derrière leurs fragiles boucliers, peints à merveille. Ils opposaient une muraille humaine, à l'avance des Espagnols. Ceux-ci, après avoir perdu dix-huit soldats, commencèrent à se retirer dans leur camp. A ce moment-là, « si de nombreux escadrons s'opposèrent à Diego de Ordaz, encore plus nombreux furent ceux qui pénétrèrent dans nos lignes. Ils tirèrent tant de pierres et de flèches qu'ils blessèrent quarante-six des nôtres, dont douze moururent de leurs blessures ».

La folie de la guerre avait recommencé. La lutte reprit. On luttait, on combattait, les javelines et les pierres tombaient comme de la grêle sur les Espagnols. Les Indiens recevaient, en échange, des flèches et des balles. Comme elles sifflaient, comme elles claquaient les flèches des arbalétriers ! Le fusil et les bombardes étaient dirigés vers la foule. Quand la balle éclatait, tout tombait à terre semblable à un drap étendu, inerte, plein de sang.

La tâche n'était pas pour des Hector troyens ou des Roland glorieux. Là-bas, la mort guettait dans la rue, dans les canaux, sur les terrasses. La mort imprévue et barbare ou la prison pour le sacrifice. Les Espagnols passaient la nuit à soigner les blessés ou bien, avec angoisse, ils creusaient des fosses, inlassablement, pour donner une sépulture à leurs morts. La journée se passait à tuer ou à mourir au milieu des cris interminables et dramatiques, dans le hululement sans fin de la tribu déchaînée.

Cortès essaya une sortie, mais il fut repoussé. Une fois détruits les ponts qui reliaient les rues ou les maisons entre elles, les Espagnols devaient entrer dans l'eau, dans la fange jusqu'aux genoux, puis avancer, alors que toute défense était impossible, en se protégeant avec leurs boucliers. Nombreux étaient ceux qui tombaient ; à chaque Espagnol mis hors de combat, les cris devenaient de plus en plus perçants.

— Ah ! disaient les Aztèques, les Espagnols seront sacrifiés, leurs cœurs seront offerts à Huitzilopochtli et leurs corps aux fauves : au tigre, au chacal. Les Tlaxcaltèques, ces traîtres, seront condamnés à la pierre incandescente, puis mangés par les vainqueurs.

Après les insultes, les Aztèques continuaient à lancer des flèches et des pierres ; leurs cris inarticulés, leur clameur guerrière se prolongeaient sans fin.

Alors, on décida du sort de celui qui était une gêne dans le palais d'Axayacatl, de celui qui avait perdu son pouvoir et qui, aux yeux du capitaine Malinche, était encore responsable de la guerre. Les Tlaxcaltèques n'avaient-ils pas dit que Moctezuma était d'accord avec Panfilo de Narvaëz ? Quelqu'un avait, aussi, laissé courir le bruit que le roi lui-même avait conseillé à Cuitlahuac la résistance et l'attaque.

Eh bien, s'il avait su déchaîner la tourmente, il devait tâcher maintenant de l'apaiser. On fit sortir le seigneur de sa prison. On lui mit une sorte de manteau et une couronne, puis, entouré de gardes et de boucliers, on le présenta au peuple. A son apparition les assaillants s'arrêtèrent. Les chefs s'assirent par terre, les lances baissèrent leur pointe, Itzquauhzin, prince de la lignée tlaltelolque, leva la main et dit :

« Mexicains, Tenochques, Tlaltelolques ! Le chef des hommes, Moctezuma, ici présent, vous prie d'écouter sa parole. Nos forces n'égalent pas celles des Espagnols. Abstenez-vous, donc, de la guerre. Que l'on mette à terre les flèches et les boucliers. Les vieillards abandonnés sont réduits à la misère, les adultes et les enfants ne peuvent se protéger. C'est ainsi que le chef des hommes dit que nos forces n'égalent pas celles des Espagnols, par conséquent, renoncez à la lutte.

On a mis le chef des hommes aux fers ! On a mis à ses pieds des chaînes de fer ! »

De la foule, une voix résolue s'éleva :

« Que dit ce coquin de Moctezuma, cette femelle des Espagnols, c'est ainsi qu'on peut l'appeler car il s'est donné à eux comme une femelle qui aurait peur, il nous a empêchés de nous défendre et il nous a mis, tous, dans cette situation ? Nous ne voulons pas lui obéir parce qu'il n'est plus notre roi. Comme à un homme vil, nous devons lui donner ce châtiment. »

Celui qui venait de parler leva le bras et lança une flèche ; les chefs suivirent son exemple. Une pluie de flèches, de cris et de pierres tomba sur Moctezuma.

Le bras et la voix étaient ceux de Cuauhtemoc.

⁂

Les cris et les lamentations des blessés qui descendaient de la terrasse se confondaient dans la cour avec le bruit des marteaux que les menuisiers maniaient fébrilement. Les capitaines examinaient la situation. D'accord avec Cortès, on construisait des machines de guerre que l'on jugeait utiles de faire expérimenter par les chefs ennemis.

Du dehors arrivait l'écho de la tourmente. Les soldats du guet signalèrent un assaut. Un homme, alors, sentit son orgueil croître. Moctezuma, terrifié, se réfugia au milieu de ses nobles. Mais une main perfide, tremblante de colère et de peur l'arracha aux siens pour le sacrifice. Ainsi mourut le chef des hommes. Le récit anonyme connu sous le nom de « Code Ramirez » assure fermement que le tlacatecuhtli fut tué à coups de poignard. Les historiens Acosta et Duran acceptent cette version. Sahagun note froidement : « Les Espagnols tuèrent Moctezuma. » Chimalpain, dans une note à Gomara, dit qu'il fut étranglé. L'on affirme encore que le seigneur aztèque dut mourir sous le fer, cinq heures avant son apparition inutile sur les hautes terrasses du palais d'Axayacatl. Si l'on croyait à cette dernière affirmation fort possible, Cortès aurait tourné les yeux vers l'Histoire : le cadavre du Cid campeador n'avait-il pas servi aux soldats chrétiens pour échapper aux mains des Mores, à Valence ?

Don Hernan savait qu'une fois, déjà, la présence du tlacatecuhtli face à son peuple avait fait renaître le désir de paix dans le cœur des chefs.

Le capitaine Malinche, lui aussi, parla aux guerriers en leur demandant de ne pas combattre contre lui car ils n'avaient aucune raison pour cela. La réponse fut qu'il s'en aille, qu'il leur laisse le sol, sinon les Aztèques mourraient tous, ou bien, ils viendraient à bout des Espagnols. Les Mexicains insistaient « qu'ils n'admettraient la paix offerte qu'à la condition qu'il sortirait hors des frontières, avec sa troupe, en rendant ainsi la liberté à leur patrie...

Ils disaient que la mort leur serait douce pourvu qu'ils puissent libérer de cette servitude les têtes de leurs fils et de leur postérité...

Peu leur importait la mort de mille d'entre eux pourvu que chaque millier des leurs se payât de la mort d'un Espagnol. »

Vaincu, Cortès descendit de la terrasse. Le corps glacé de Moctezuma ne lui servirait plus. Parce que sa voix ne savait pas persuader et parce qu'il avait vu mourir son roi, Itzquauhtzin tomba, lui aussi, sous le poignard. Les Aztèques trouvèrent les deux cadavres à côté de la pierre sculptée comme une tortue, au lieu dit Teoayoc. Dès qu'ils les reconnurent, à nouveau les lamentations jaillirent des bouches de la tribu. Ils pleuraient leur roi qui fut leur dieu dans une époque brillante et triomphale. Ils pleuraient leur lignage flétri.

Cependant, certains insultaient ce roi en le traitant de femelle de Cortès. Ils le lavèrent, le revêtirent de ses insignes, puis ils le brûlèrent. Ils transportèrent le corps de Itzquauhtzin, en canot, jusqu'à Tlaltelolco. Il fut protégé par un imposant cortège d'embarcations occupées par les chefs indigènes, en larmes. Nul n'osa dire du mal de lui, ni le mépriser. Ils lui parlaient d'une voix affectueuse entrecoupée de sanglots :

« Il a souffert notre seigneur, le maître de la maison des dards !

Il a souffert avec Moctezuma ! »

Ils préparèrent le drapeau royal et les bijoux, les ornements de plumes et de papier pour le parer. Puis, ils transportèrent sa dépouille mortelle de Tlaltelolco à Tenochtitlan, jusqu'au bûcher où son corps bronzé brûla à côté du seigneur pusillanime.

Après la mort d'Itzquauhtzin, Cuauhtemoc descendant d'Acamapichtli et de Netzahualcoyotl, fils d'Ahuizotl, resta seul maître de son lignage.

*
**

Le lendemain, les guerriers aztèques virent sortir du palais d'Axayacatl et avancer vers eux quatre étranges machines en forme de tours ; par leurs meurtrières et leurs lucarnes, les arbalètes lançaient leurs flèches et les fusils, leurs balles. A côté des tours, la cavalerie interdisait aux chefs de s'approcher et de combattre à la façon traditionnelle et chevaleresque de la tribu : homme contre homme. Les tours s'avancèrent dans les rues en semant la mort et en faisant tomber les Indiens, en foule. Ceux-ci envahissaient tout et il y avait toujours de nouveaux combattants au cœur bien accroché pour remplacer ceux qui s'en allaient au paradis du soleil. Derrière l'armée que protégeaient les tours, les bombardes complétaient le carnage. Et cependant, en quelques minutes, les tours furent abattues et les Espagnols obligés de se grouper et de combattre plus directement. Entre les cris ardents surgissaient des clameurs stridentes : « Lâches espagnols ! » y répondaient les trompes de guerre, les sifflets et les trompettes, les hurlements et les huées dans un climat fantastique et féroce. Les Espagnols, précédés par Cortès « qui se montra aussi courageux qu'il le fut toujours », s'ouvrirent un passage vers le temple d'Huitzilopochtli où les chefs accoururent. Une partie du mur des serpents s'écroula tandis que d'importants groupes de guerriers se retranchaient dans l'énorme pyramide. Derrière eux, en lâchant posément des salves de leurs fusils et de leurs arbalètes, les soldats montaient les degrés — Flèches et pierres rebondissaient sur les armures — Sur les terre-pleins, de pied ferme, les javelines prêtes à vibrer dans l'air, les chefs résistaient héroïquement. Aux côtés des Espagnols, les Tlaxcaltèques prenaient part à la bataille, se mesurant une fois de plus avec leurs irréconciliables ennemis. Tout était plein de sang. Le temple était comme un volcan dont les flancs laissaient échapper un fleuve brûlant et impétueux. Y arriver fut difficile. Enfin, tout en haut, entre les murs et les épées, on s'empara des chefs. Certains se lancèrent dans le vide et s'écrasèrent sur la place, sous les sabots des chevaux. Tous luttèrent jusqu'à la mort. Plumes et drapeaux, insignes et bijoux, boucliers et flèches impuissantes, rougies dans le combat, churent à terre. La fumée s'éleva parmi le sang des morts. Cortès avait mis le feu à la demeure de Huitzilopochtli et de Tezcatlipoca.

D'autres idoles furent jetées hors du temple. Cortès voulut que, ce jour-là, les Aztèques fussent privés de leurs dieux. Mais les Indiens étaient décidés à acclamer, à présent plus que jamais, comme unique déesse, celle qui était déjà maîtresse de la vie, reine des dépouilles et de la peste, de la faim, de la guerre et de la douleur : la mort.

Si Cortès fit cette démonstration inutile pour impressionner l'ennemi, il se trompa grandement. Le peuple pleurait sans abandonner ses divinités. Le temple de ses idoles n'était pas seulement dans la grande pyramide assiégée, mais aussi dans le cœur même de la tribu. Et elles y régnaient éternelles et invincibles.

Le retour de Cortès, suivi de ses guerriers, fut plus une fuite qu'une retraite. Il laissait sur le vaste champ de bataille des morts et des blessés nombreux. Nombre de ses épées étaient aux mains des Aztèques qui avaient appris à les manier et à égorger les chevaux d'un seul revers. Ces cris terribles et persistants, de risée et d'orgueil, l'assourdissaient. La faim régnait dans son camp où, impassibles et silencieux, les nobles aztèques prisonniers, rompant les murs de leur prison, percevaient le bruit de la guerre et de la haine.

Don Hernan comprit peut-être alors que la résistance allait être inutile. De Tlacopan, Tlaltelolco, Texaco, Xochimilco, Ixtapalapa, de nouveaux renforts arrivaient tous les jours à Cuitlahuac. La guerre désordonnée des premiers jours prenait le caractère d'un siège en règle, d'un assaut tactique. Tandis que, d'un côté, les guerriers attaquaient en attirant le meilleur des forces espagnoles, d'un autre, ils abattaient des murs, incendiaient des maisons, abattaient des retranchements pour s'approcher des Espagnols. Et la mort présidait la rencontre.

L'assassinat de Moctezuma résolut le problème de l'intronisation de Cuitlahuac. Le Conseil de la tribu ratifia son élection. Il fallait cependant garder le deuil pendant quatre-vingts jours avant que le successeur pût prendre place sur l'icpalli, le siège du commandement. Mais Cuitlahuac devait être investi tlacatecatl, c'est-à-dire général en chef de l'armée et, à ce titre, régir l'empire jusqu'à sa consécration. La présence du cihuacoatl, le vice-roi, prisonnier de Cortès, était urgente pour que s'accomplît le strict cérémonial de la fête. C'est alors que les Aztèques engeignèrent don Hernan : des messagers à l'allure pacifique s'approchèrent du palais d'Axayacatl pour proposer le rétablissement de la paix et la fin des hostilités si on leur remettait deux de leurs prêtres mis aux fers. L'état d'âme de Cortès était tel qu'il accepta leur demande.

La cérémonie d'investiture de Cuitlahuac comme chef des guerriers dut être très rapide, en simplifiant les longs discours et les sacrifices, puisque don Hernan lui-même écrivit plus tard à Charles-Quint : « Dès la libération des otages, nous prîmes congé et je rentrais dans le fort pour dîner. A peine avais-je commencé qu'on vint en grande hâte me dire que les Indiens avaient repris les ponts que nous avions conquis et avaient tué des Espagnols. J'en fus très troublé car je pensais qu'il y avait plus à faire que de gagner la sortie. Je montai à cheval le plus vite que je pus et je me lançai dans la rue avec quelques cavaliers. Sans m'arrêter nulle part, je fonçai à nouveau sur les Indiens, leur repris les ponts et les poursuivis jusqu'à la terre ferme. »

Telle était la préoccupation majeure de Cortès qui avait déjà dessein d'abandonner la ville. Dans presque tous ses combats et ses sorties, il cherchait à s'emparer des ponts et des chaussées, à combler les fossés, à mesurer les distances. La chaussée d'Ixtapalapa, trop large et dominée par le fort de Xoloc, n'était pas propice. De même celle de Coyoacan. Celle de Tlatelolco passait pour le foyer de la rébellion. L'unique chemin possible était la chaussée de Tlacopan, courte et accessible depuis le quartier général, et c'est vers elle qu'il dirigea ses efforts et ses espoirs.

Pendant ce temps, l'encerclement se poursuivait. A côté de Cuitlahuac, Cuauhtemoc prenait part à la lutte. Il donnait des preuves d'une activité inusitée. Ces jours-là, il conquit le droit au trône de sa tribu, en dirigeant les attaques, en se montrant aux premières lignes, organisant une défense rapide, prévoyant les fautes de Cortès pour en tirer un parti opportun, le harcelant avec bonheur et le forçant à fuir. Il observait longuement les Espagnols et se rendit compte de leur façon d'agir. Il arriva à les bien connaître. Par contre, eux l'ignorèrent jusqu'au jour où la mort de Cuitlahuac le fit monter sur l'icpalli, le siège du commandement qu'avait occupé son père.

Connaissant le latin, plein d'imagination et d'idées superstitieuses, sachant lire les signes du Zodiaque — science qu'il avait apprise pendant son séjour à Rome —, le soldat Botello était l'augure du camp espagnol. Il avisait ses compagnons de l'influence des astres sur le destin de l'homme, sur le sort réservé à leurs entreprises, sur l'avenir des batailles. Il n'était guère différent des sorciers aborigènes qui regardaient se consumer dans le feu un cœur humain ou qui auscultaient le mystère nocturne pour guider la vie du peuple aztèque.

La tristesse et la crainte régnaient dans le camp. En vain Cortès essayait-il de transmettre son courage à la troupe. Botello avait dit que si, cette nuit même, on n'abandonnait pas Tenochtitlan, la déroute était inévitable et la mort proche et cette prédiction répandit la terreur. Botello lui-même, parlant tout seul, traçait des signes cabalistiques sur un papier en interrogeant l'avenir : Mourrai-je ? Ne mourrai-je pas ?

Il semblait bien qu'il avait raison. Les Indiens avaient relâché leurs attaques tandis qu'ils célébraient l'élection de leur tlacatecatl Cuitlahuac. Dans l'après-midi, le bruit du combat diminua. On écoutait dans le lointain des cris affaiblis par la distance.

Cortès assure que ses soldats « l'importunaient vivement pour qu'il abandonnât la ville ». Il se laissa vaincre par leurs prières. Avec une troupe sans moral, le manque d'eau et de ravitaillement, il n'y avait plus qu'une issue : la fuite. Il avait donc ordonné de construire un pont de bois pour franchir les canaux et les fossés. Il convoqua ses lieutenants Alonso Davila et Gonzalo Mejia, chargés de garder la part royale du butin et fit réunir l'or et les bijoux amassés comme dépouilles de guerre, depuis les cadeaux de Moctezuma jusqu'aux pectoraux et aux bracelets arrachés aux morts. Il y avait là le trésor d'Axayacatl, les brillants et riches insignes du gouvernement de Texcoco, les barres de métal fondu, les couronnes de plumes, les manteaux et les ornements. Pour transporter le tout, Cortès donna aux officiers du trésor royal une jument et cinq chevaux boiteux qui en reçurent la charge. Avidement, les soldats remplissaient leurs bourses, faisaient des paquets, bourraient les arçons.

Il y avait une autre tâche à remplir. Tandis que la troupe se répartissait les trésors, un commando abattit Cacama, seigneur de Texcoco qui, en se défendant, reçut quarante-sept coups de poignard. D'autres soldats chassèrent de leurs chambres les enfants de Moctezuma : la petite Tecuichpo, doña Ana — qui partageait avec une sœur du seigneur de Texcoco, doña Francisca et avec doña Marina, l'interprète, le lit de Cortès — Chimalpopoca, Axayacatl et deux autres encore, l'un idiot, l'autre paralysé, dont on ignore les noms. Les nobles prisonniers furent libérés de leurs fers et prêts à la fuite.

Gonzalo de Sandoval et Diego de Ordaz commanderaient l'avant-garde ; au centre, Cortès avec Cristobal de Olid et l'arrière-garde, Pedro de Alvarado et Velazquez de Leon.

Tout fut disposé pour le départ. La lune claire brillait dans le ciel et sur quelques terrasses des lumières marquaient la veillée des guerriers aztèques. Mais quand la nuit devint obscure, « des tourbillons d'eau et de vent s'élevèrent de telle sorte qu'à neuf ou dix heures, il commença à pleuvoir, à tonner et à grêler si fortement que les cieux paraissaient sur le point d'éclater. »

Au milieu de cette nuit ténébreuse, sous la pluie, Cortès donna l'ordre du départ. Les blessés s'ébranlèrent tout d'abord, les bagages et l'artillerie ; les Indiens tlaxcaltèques, en groupes serrés, formant une muraille, escortaient les trésors. Venaient ensuite les nobles prisonniers avec la famille de Moctezuma. Enfin, fondus dans l'ombre, et glissant au travers, les Espagnols s'acheminèrent sur la chaussée de Tlacopan. Les porteurs du pont étaient arrivés à Tecpantzinco et en avaient placé les madriers sur des culées de mortier. Gonzalo de Sandoval passa, puis Cortès, puis le trésor, puis l'arrière-garde. Ils franchirent aussitôt après les endroits nommés Tzapotla et Atenchicalco. Mais en traversant Mixcoatechialtitlan, la voix d'une femme cria tout à coup dans l'obscurité :

« Mexicains ! Debout ! Il est temps, car nos ennemis veulent sortir de la ville secrètement ! »

A ce cri, qui résonna à travers la nuit, répondit la voix d'un homme tout en haut du temple d'Huitzilopochtli :

« Oh ! les chefs ! oh ! Mexicains ! Nos ennemis s'en vont ! Accourez sur les canots et par tous les chemins ! »

A l'appel de ce cri et au fracas du teponaxtle, tous se soulevèrent, prirent les canots en emportant leur bouclier et leurs flèches. Ils ramaient vigoureusement, puissamment. D'un côté de la large chaussée glissaient les guerriers de Tenochtitlan, commandés par Cuitlahuac, de l'autre, ceux de Texcoco guidés par Cuauhtemoc. Et la bataille recommença. Les Tenochques mouraient, les Tlaltelolques de même, les Tlaxcaltèques et « des nôtres — écrivit Cortès par la plume de Gomara — il en mourait d'autant plus qu'ils étaient chargés de vêtements, d'or et de joyaux ; ne se sauvèrent à peu près que ceux qui emportaient le moins de choses... de sorte que c'est l'or qui les tua et qu'ils moururent riches. »

Beaucoup d'Espagnols retournèrent violemment au quartier général avec leur chargement d'or. Un cavalier portait sur sa selle un coffre plein des trésors qu'il avait pu réunir. « Il le tenait dans ses bras avec plus de ferveur et d'énergie que s'il avait porté le Christ ; et, dans le plus grand danger, alors que les Indiens s'élançaient sur lui, un conquérant le vit pleurer ; il lui conseillait de lâcher le coffre et de prendre son épée pour mieux se défendre. Mais il ne voulut pas le laisser et il le mit sous son bras tandis qu'il dégainait l'épée. Mais il se trouvait tellement embarrassé avec son coffre que les Indiens le tuèrent et que sa convoitise, peut-on dire, fut la cause de sa perte. »

Il est avéré que d'autres soldats ne connurent pas l'ordre de retraiter. Juan Cano, qui se maria plus tard avec Tecuichpo, raconta que « deux cents hommes demeurèrent dans le fort, qu'ils s'y défendirent quelques jours et que la faim les força à se rendre aux Indiens. »

Pendant ce temps, le combat faisait rage. Les chefs surgirent de l'obscurité et de la pluie, notamment Cuauhtemoc. Le pont transportable imaginé par Cortès se brisa dans la mêlée sous le poids des combattants, et comme la panique poussait déjà toute la troupe, ceux qui couraient affolés dans le noir, trompés par les cris, se jetèrent dans l'eau. Beaucoup tombèrent, Espagnols, Tlaxcaltèques, cavaliers. Le canal en fut entièrement comblé. Sur les corps des blessés et des noyés, l'arrière-garde passa, poursuivie et décimée. Personne ne savait à qui il donnait la mort et les armes espagnoles se tournèrent parfois contre les Tlaxcaltèques. Deux mille d'entre eux périrent dans la nuit ténébreuse.

Stridentes, angoissées, des voix imploraient Dieu et juraient avec d'horribles blasphèmes. Gonzalo de Sandoval appelait Cortès :

— Écoutez, sire capitaine. Il y a là des soldats qui disent que nous fuyons et que nous laissons périr sur les ponts et sur les chaussées tous ceux qui restent en arrière !

La réponse de Cortès fut effrayante : ceux qui étaient sauvés avaient conquis leur vie par miracle. Quelques Espagnols « demeurèrent sur le carreau écrasés de frayeur, sans aucune blessure, évanouis ; et comme nous fuyions tous, il n'y avait personne qui aidât son compagnon, fût-il son propre père ou son frère. »

Près de Tlacopan, Pedro de Alvarada rejoignit les restes de l'armée. Sept soldats blessés l'accompagnaient. Il foulait aux pieds les cadavres d'Espagnols et de Tlaxcaltèques ; il avait perdu son écu, sa lance et sa monture. Il était souillé de boue et de sang. Une lance brisée, brandie par une main rougie, s'agitait dans l'air. Cortès demanda où étaient les autres, et le capitaine à la grosse voix de basse, Juan Velazquez de Leon. Il était mort. Près de lui perdit également la vie Botello, astrologue peu chanceux, six cents soldats espagnols manquaient dans la colonne. Mourut aussi Chimalpopoca, fils de Moctezuma. Doña Marina et doña Luisa, fille de Xicotencatl et concubine d'Alvarado, furent sauvées. Tecuichpo avait été libérée par les Aztèques. Les disparitions furent nombreuses. De Tenochtitlan et d'Atzcapotzalco arrivaient sans cesse des guerriers exaltés et courageux.

Et dans la nuit, sous la pluie, les Espagnols éclatèrent en sanglots.

CHAPITRE VI

L'AIGLE PREND SON VOL

« La terre tremble : la nation mexicaine entonne son chant : dès qu'ils l'entendent, Aigles et Tigres se mettent à danser. »

(Chanson de Danse.)

Dans la nuit sinistre les conquistadores ne purent même pas sécher leurs larmes. De directions obscures et inconnues arrivait la clameur guerrière, et flèches et javelines volaient. Là-bas, à Popotlan, les chefs rencontrèrent à nouveau les Espagnols et les combattirent. À ce fracas, les Tecpanèques de Tlacopan et d'Atzcapotzalco se soulevèrent aussi mais avant qu'ils ne vinssent grossir les gens de Tenochtitlan, le capitaine Malinche poursuivit sa fuite hâtive. De telle sorte qu'à la prime aube, lorsque par-dessus les hautes montagnes de la vallée la clarté commença à poindre, les Espagnols sortirent de Tlacopan et de Xoxocotla, traversèrent les basses eaux du Tepzolatl, grimpèrent la côte d'Acueco et s'arrêtèrent enfin à Otoncalpulco. Là ils se réconfortèrent et reposèrent un peu, encore tout près des chefs de la cité, tête et cœur de l'empire.

Pendant ce temps, les hommes de Tenochtitlan vinrent, dès l'aurore, sur le lieu du désastre. À bord de leurs légers canots, les guerriers commencèrent à retirer les morts du canal. Entre les roseaux et les oseraies on jeta les Tlaxcaltèques et les Cempoaltèques. On jetait aussi les femmes des tribus ennemies, toutes nues, jaunies, les cuisses peintes en jaune ; on mit les Espagnols à part en longues files. Et bientôt ils engendrèrent les bourgeons blancs de la roselaie, du maguey, du maïs, les blanches fleurs nées de leurs chairs en cendre.

On les dénuda tous en leur enlevant insignes et panaches, armes à feu et épées, bijoux et vêtements, capes et chapeaux. C'était là le butin de guerre. Si quelqu'un trouvait quelque dépouille, il la ramassait immédiatement et la chargeait sur son dos. On sortit du canal canons et casques, hallebardes et arbalètes. On captura de l'or en lingots, des disques d'or — la vaisselle du capitaine Malinche —, en poudre et des colliers de perles et de pierres précieuses. Et tous cherchaient dans la fange rougie, avec les mains et avec les pieds.

Les groupes d'arrivants étaient si nombreux que Tenochtitlan paraissait un désert. Ceux qui ne trouvaient rien, regardaient les étrangers blancs, la bouche ouverte, sur le sol, sans vêtements, les mains crispées dans l'horreur de la mort. Ils regardaient les chevaux inanimés et le monceau de cadavres des Tlaxcaltèques et des Cempoaltèques. Et ce n'est qu'après qu'ils retournaient à la cité.

D'autres poussaient des cris en appelant leurs morts, les chefs et les guerriers péris dans la nuit précédente. Ils pleuraient, ils criaient leur douleur entre la multitude. Et s'ils les rencontraient enfin, ils les emportaient à bord de leurs canots à Tenochtitlan, à Tlaltelolco en évoquant leur valeur, au milieu des larmes.

À Tenochtitlan se poursuivait une urgente opération de guerre. Une poignée de blancs, durant la nuit ténébreuse, n'était pas sortie de ses réduits ; une autre y retourna quand se déclencha l'attaque des chefs, dès que la voix d'un guerrier appela aux armes du haut du temple de Huitzilopochtli et que le teponaxtle, le grand tambour de bois, convoqua le conseil. Ils restaient enfermés, tirant de leurs fusils et de leurs arbalètes sur tous ceux qui s'approchaient du palais d'Axayacatl en attitude belliqueuse ou dansant leurs danses de guerre et poussant des cris de défi.

Ces blancs tombèrent l'un après l'autre. Privés de leur capitaine Malinche, affamés, assoiffés, ils attendaient un secours qui n'arriva jamais. Les Aztèques les tuaient à coup sûr. Les flèches et les javelines étaient légion pour si peu de cibles. À peine un blanc avançait-il la tête pour épier qu'il était tué, sanglant sous le soleil d'Anahuac.

Parmi les assiégeants, à son poste d'honneur, Cuauhtemoc

dirigeait sans doute les assauts avec Cuitlahuac. La nuit antérieure, il avait aussi participé au combat. Les clameurs de ses escadrons, dans la nuit noire, sous la pluie, qui disaient :

— Tlaltelolco ! Tlaltelolco !

comme une menace et l'attaque de ses canots sur le flanc droit de la colonne en fuite, prouvent sa participation à ces minutes glorieuses pour sa tribu.

Les jets et les tirs s'affaiblissaient enfin. Les carquois des arbalétriers étaient vides. Il ne leur restait plus que l'or dérobé au tas que les officiers royaux n'avaient pu emporter, et quelques instants à vivre. La faim et la soif firent le reste. Les blancs se rendirent. Une vocifération immense monta dans les airs pour annoncer à Tenochtitlan que tout était consommé. Les blancs mourraient dans le temple de Huitzilopochtli qu'ils avaient sacrilègement incendié, sous le coup sec du couteau de pierre.

***

On décida alors que les néophytes, les jeunes inexperts à l'art de la guerre essaieraient sur les blancs fugitifs leurs premières armes. Ils s'habillèrent de blanc, avec des capes sans ornements, blanches et nues et ils partirent en bataillons nombreux par la chaussée de Tlacopan, sous le commandement du cihuacoalt Matlatzincatzin, frère de Cuitlahuac, dont le riche étendard, comme un filet tendu au vent, proclamait la lignée.

Ces guerriers novices trouvèrent les habitants de Calacoayan assassinés par les épées et les lances des blancs ; la vieille ville de Xoloc incendiée, elle qui était l'asile des pauvres otomis cachés maintenant derrière les magueys, les pierres et dans les grottes. Au delà de Xoloc, à Aztaquemecan, les guerriers aztèques et tlaltelolques aperçurent les Espagnols. De loin, ils leur lancèrent leur cri de guerre et cette clameur résonna de nouveau sur les champs dévastés. Leurs alliés de Tlalnepantla, Cuauhtitlan, Tollan, Tenayocan et Otompan se joignirent à eux. Ils lancèrent des espions dans la montagne pour connaître les mouvements des groupes blancs. Et à l'heure où le capitaine Malinche commença sa marche vers Tlaxcala, les guetteurs donnèrent de la voix, de la cime des monts, pour alerter les guerriers novices :

— Oh ! Mexicains ! Nos ennemis s'ébranlent ! Préparons-nous ! Mettons-nous en chemin tous ensemble ! Que personne ne reste en arrière !

Les guerriers se mirent à courir, tout agités, d'un côté et de l'autre, en répétant leurs danses de guerre, leurs cris de guerre, en brandissant leurs massues et ils atteignirent les Espagnols devant la plaine de Temalacatitlan. C'est là qu'eut lieu la rencontre. Mais les jeunes guerriers ne savaient pas combattre et les blancs étaient reposés et avaient mangé des épis crus de maïs, des épis bouillis et rôtis, de molles galettes blanches, des « tamales » et la chair de leurs chevaux morts. Ils laissèrent s'approcher les Mexicains. Ils se laissèrent envelopper par les Aztèques et les Tlaltelolques qui se gênaient mutuellement, n'ayant pas la place de combattre et d'éviter les coups des épées de fer et des lances terminées par de dures pointes métalliques. Les blancs traversèrent et défirent les rangs des Mexicains qui moururent par centaines, ébahis de voir comment les Espagnols se jetaient sur eux avant qu'ils pussent fuir. Ils ne pouvaient plus se défendre. Tous ces jeunes gens avaient couru sans arrêt depuis Tenochtitlan ; ils n'avaient pas mangé. Le cihuacoatl tomba sous l'élan des Espagnols qui brandirent en hurlant de joie son étendard. Peu purent échapper, seuls les plus éloignés du combat purent s'enfuir dans la montagne. Et les blancs, le combat fini, reprirent leur route, suivis de leurs bagages, et se perdirent à l'horizon dans un nuage de poussière.

Les Aztèques crurent qu'ils ne retourneraient jamais, que jamais leurs pas hardis ne reviendraient se poser à Tenochtitlan.

On employa les jours de deuil ordonnés pour la mort de Moctezuma à effacer de la ville assiégée les traces de la guerre. On nettoya le temple de Huitzilopochtli, on lava le sang, on rejeta de nouveau dans la lagune la boue accumulée dans les rues, on répara les ponts, on nettoya les canaux. Sur les autels, les idoles reparurent avec leurs plumes de quetzal et leurs masques de turquoises. Au moment de la fête de Xocotluetzi, les chefs et la foule se livrèrent pour vingt jours à la divinité. Les autres fêtes — une à chaque vingt signes du calendrier — pâlirent auprès de l'intronisation de Cuitlahuac sur l'icpalli de sa race. C'est là que s'assit le héros de la Nuit triste, investi de tous ses pouvoirs et de ses symboles sacrés.

Ses premiers actes furent la désignation de Cuauhtemoc comme tlacatecatl, c'est-à-dire général en chef des armées aztèques, texcocanes, tecpanèques et tlatelolques et comme hueiteopizque ou grand prêtre. Il fit de Coanacch, frère de Cacama, le seigneur de Texcoco et de Tetlepanquetzin, le seigneur de Tlacopan. Il célébra ensuite ses noces avec l'impubère Tecuichpo, fille de son frère Moctezuma. Il avait à reconquérir et à défendre son empire presque défait et encore menacé par les étrangers qui s'étaient retirés dans l'hospitalière Tlaxcala. Mais le destin de cet illustre chef allait se voir interrompu par l'épidémie de teozahuatl, le « bouton divin », la petite vérole, apportée par un nègre, soldat ou mousse de l'expédition de Narvaëz.

Subitement, les gens commencèrent à se sentir malades. Ceux qui étaient atteints de teozahuatl voyaient leurs corps couverts de plaques et ne pouvaient se remuer, ni dormir la tête basse, ni se coucher sur le dos. Ils mouraient de maladie et de faim. Beaucoup en restaient aveugles ou avec des pustules sur le visage. Et personne ne voulait s'occuper d'eux à cause de leurs corps couverts de plaies.

C'est de ce mal que mourut Cuitlahuac. Toute la chaleur du feu éclata dans sa chair ; puis vinrent les croûtes, l'éruption sur la peau. Ensuite, les pustules et la cécité. C'est ainsi que mourut le seigneur, le vaillant fils d'Axayacatl, laissant dans l'obscurité et l'abandon sa tribu et son siège de commandement vide.

⁂

Où sont les chefs de la race élue, les princes de la lignée d'Acamapichtli ? Les enfants d'Axayacatl ont péri, ceux de Tizoc sont morts aussi. Cacama, le valeureux roi de Texcoco, Totoquihuatzin, seigneur de Tlacopan, furent également appelés par les dieux et déchargés du soin de leurs royaumes. Ils suivirent le sombre chemin de leurs aïeux, les vieux rois chichimèques et tecpanèques. Leur race n'aura peut-être d'autres prolongements que trois fils de Moctezuma : l'un paralytique, l'autre fou, que le capitaine Malinche a emmené, la nuit tragique, et Axayacatl, le jeune, bien que libéré par les Aztèques, montre de l'attachement aux Espagnols et mourra pour eux. Chimalpopoca a péri, traversé par une flèche, au cours de la nuit ténébreuse. Il reste Tecuichpo, veuve à présent de Cuitlahuac ; il reste Cuauhtemoc, fils de

Ahuitzotl, chef de l'armée, grand prêtre, tecuhtli du calpulli de Tlaltelolco.

Il possède par là entre les mains le pouvoir le plus fort comme seigneur des guerriers et maître des maisons des boucliers et des dieux. En l'absence du tlacatecuhtli, c'est lui qui commande.

Les gens bavardent, les gens disent que le tlacatecatl est habile aux choses de la guerre, vaillant, hardi, plein de fougue, qu'il déteste la blanche liqueur du maguey, qu'il est sage et savant malgré ses jeunes années. Quand il parle, sa parole est comme une fleur sur ses lèvres. Il est simple et modeste tout en imposant le respect. Il garde le vêtement fameux de tecolote et d'aigle que son père porta dans la guerre et dont l'apparition dans la bataille faisait fuir les ennemis. Aussi n'est-il pas étonnant que lorsque le Conseil de la tribu se réunit sous la présidence de Coanacoch et de Tetlepanquetzin, Cuauhtemoc fût élu pour succéder à Cuitlahuac.

Ceux du Conseil firent son éloge. Ils évoquèrent sa plume fleurie, son attitude dans les jours difficiles qu'on venait de vivre à Tenochtitlan et son élection fut unanime. Puis, ils partirent pour Tlaltelolco annoncer la nouvelle. Devant Cuauhtemoc, leurs capes nouées sur l'épaule en signe d'humilité, les sandales ôtées en signe de soumission, le plus important et le plus sage prêtre du temps de Quetzalcoatl prononça un discours à peu près en ces termes :

« Ô notre seigneur, très humain, très pieux et digne d'être estimé plus que les pierres précieuses et que les plumes du colibri, du quetzal et du quechol ! Ils ont regagné leurs demeures, les seigneurs, tes ancêtres dont tu es l'image. Par ordre des dieux, dont nous ne savons jamais les desseins, ils déposèrent le fardeau du pouvoir dont ils étaient chargés. Le dernier qui nous a laissés orphelins est le fort et vaillant Cuitlahuac, qui régit ce peuple pendant peu de jours. Son règne nous paraît un rêve tellement il lui échappa vite des mains, car il fut appelé par les dieux pour rejoindre ses aïeux défunts. Et maintenant, ce peuple est en péril. Notre flambeau est éteint, la clarté qui nous guidait a disparu, le peuple est dans les ténèbres. »

« Mais nous avons une grande et joyeuse consolation car nos dieux nous ont donné un autre guide, un rayon de soleil et c'est toi, Cuauhtemoc. Tu auras — ceci est écrit en lettres de sang — le siège et l'estrade et la dignité royale, pour la cité et pour le peuple car tu es sorti de la souche que tes ancêtres ont plantée jadis. C'est toi qui dois supporter la charge qu'ils portèrent, toi qui dois offrir tes forces pour ce devoir.

« Par bonheur, tu ne peineras pas longtemps sous son poids ; la mort t'en délivrera et ton élection te semblera un songe. Que ferais-tu si, sous ton règne, l'empire se défaisait, si ton éclat se changeait en ténèbres ? Que ferais-tu si, avant l'heure, la mort fondait sur toi ?

Debout, dans un grave silence, en regardant l'orateur dans les yeux, Cuauhtemoc écouta ces mots d'angoisse et de respect. Un autre prêtre ajouta ces pensées mélancoliques :

« Ô seigneur, que ton peuple et tes hommes s'abritent à ton ombre, car tu es un arbre comme le pochotl ou l'ahuehuetl dont la ramure est grande et peut abriter bien des gens ! »

Alors, Cuauhtemoc dut répondre que les dieux prétendaient se moquer de sa valeur ; les dieux auraient dû se rendre compte de son inaptitude, et le remplacer par un autre, les dieux miséricordieux qui le sortaient de l'obscurité pour lui donner le titre immérité de chef des hommes.

« Que leur volonté soit faite cependant. Que leurs ordres soient obéis ! Qu'ont-ils vu en moi ? Ils ont agi comme ceux qui cherchent une femme habile à filer et à tisser. Je ne me connais pas, je ne m'entends pas moi-même et je ne sais pas parler doctement... »

Tout nu, exposé aux yeux de la foule sans insignes ni vêtements, Cuauhtemoc s'en vint, conduit par les chefs et les prêtres, suivi par le Conseil de la tribu, de son palais de Tlaltelolco au temple de Huitzilopochtli, au milieu de la multitude rassemblée sur les places et dans les rues pour regarder son nouveau seigneur. Et une fois devant le rude monument de pierre, commença à se dérouler le simple mais délicat cérémonial de l'investiture.

Sur le corps de cet homme en qui se rejoignaient le sang de Netzahualcoyotl, le fruste Chichimèque, et d'Acamapichtli, le fondateur de la puissance aztèque, ils mirent un manteau vert orné d'ossements ; un voile, vert aussi, attaché sur le front pour cacher ses yeux ; à la main gauche, une bourse remplie de copal et dans la droite, l'encensoir royal ; ils le chaussèrent de sandales sombres aux reluisantes semelles dorées. Ainsi vêtu et toujours conduit par les seigneurs de Texcoco et de Tlacopan, il gravit les degrés du temple jusqu'à arriver face à la pierre sur laquelle

Tezcatlipoca avait été recréé. Tandis que de l'encensoir sortait l'odorante fumée du copal, il prononça la tendre oraison rituelle :

« Ô notre seigneur, notre protecteur, invisible et impalpable ! Je sais bien que tu me connais et que je suis un pauvre homme, de basse origine, élevé dans la fange, de petite raison et de jugement vil, plein de défauts puisque je ne sais me connaître ni connaître les autres. Tu m'as fait une grande faveur en me plaçant sur le trône. Qui suis-je, ô seigneur ! et quelle est ma valeur pour que tu me mettes au rang de ceux que tu aimes, que tu connais, que tu tiens pour amis dignes de toute gloire, nés et élevés pour la dignité royale, ceux que tu as créés habiles et sages et dont les pères furent nobles et généreux !

« Ce choix — poursuivit le fils d'Ahuitzotl — a dû se faire parce que les seigneurs de jadis qui eurent la charge du royaume l'ont demandée avec des larmes. Ce serait une grande folie de croire que mes mérites m'ont valu le gouvernement effroyable du royaume, si lourd à porter. Qu'ai-je en moi pour diriger l'empire ? Comment le faire alors que je suis aveugle et sourd ? Je ne méritais que la brisure des membres, la cécité des yeux, les haillons et un manteau déchiré. Mais si j'ai été choisi par moquerie et pour pousser à rire, que la volonté du Tout-Puissant soit accomplie. L'élection a été si rapide que j'ignorais moi-même le meilleur parti à prendre. Ne permets pas, ô Tezcatlipoca, que je mène le peuple par des chemins de chasse puérile. Ne t'éloigne pas de moi. Visite ma pauvre maison pour que je ne me trompe pas et pour que mes vassaux ne me critiquent point.

« Je suis à présent ta bouche et ton visage et tes oreilles et tes dents et tes ongles, si pauvre et si malheureux que je sois. »

Il voulait dire qu'il était à présent l'image du dieu, le représentant de sa noble et puissante personne et que les mots qu'il dirait au peuple seraient dictés désormais par la divinité. Aussi termina-t-il sa prière en demandant que l'esprit de l'idole animât ses actes et ses paroles, en lui infusant sagesse et jugement, éternité et valeur.

Tandis qu'il parlait, son corps s'inclinait vers la terre, son manteau vert noué sur la poitrine pour que sa nudité fût contemplée par Tezcatlipoca. Les autres, prêtres, chefs, vieillards du Conseil, vêtus de noir, silencieux, assis à croupetons, baisaient la terre.

Et une fois la cérémonie terminée, dans le silence dramatique d'un peuple en danger de mort qui cherchait sa force au contact des dieux et dans l'élévation de son chef, il s'en fut au temple appelé Tlacochalco, la maison de la méditation, pour y rester cloîtré, pendant quatre jours en ne pensant qu'aux choses de son gouvernement et au bonheur de sa tribu, au temple de Huitzilopochtli pour égorger des perdrix et brûler du copal sur les braises du feu immortel.

Quatre jours après sa retraite, il sortit pour s'installer dans la maison royale et écouter les augures interprétant les signes qui présidèrent à son élection. Une fois le destin étudié et le futur prédit, se présentèrent les ambassadeurs des peuples amis, les chefs des tribus soumises pour recevoir de leurs mains de splendides cadeaux : plumes, joyaux, vases de fleurs, calumets. Et ambassadeurs et prêtres, seigneurs et chefs se réunirent une dernière fois pour le repas officiel qui se terminait toujours par des bals et des chants, des musiques et des vers, jusque bien avant dans la nuit.

— Écoutez avec attention, vous tous qui êtes présents, vous qui êtes appelés ici par nos dieux, vous qui régissez et dirigez les peuples que j'ai sous ma loi !

La voix nette de Cuauhtemoc résonna sur la place. Le maître allait prononcer son discours de présentation au peuple qui était là, remplissant le dallage de l'énorme patio des serpents, grimpé aux murs, entassé anxieusement sur les terrasses, assis sur les perrons des autres temples, attentif aux paroles fleuries du seigneur.

— Vous qui avez quelque charge ou quelque pouvoir, dit Cuauhtemoc, vous devez être comme le père et la mère de vos gens ; vous, qui êtes vaillants et courageux comme des aigles et comme des tigres, qui connaissez l'art de la guerre ; vous aussi femmes nobles, dames vertueuses !

Oh ! misérable que je suis ! homme malchanceux ! Que de fois j'ai offensé nos dieux et en même temps les notables du royaume qui le dirigèrent et qui sont mes ancêtres, flambeau et miroir, exemple et doctrine et qui tenaient à la main une grande torche enflammée pour nous éclairer tous. Les dieux ne leur ont pas donné une science enfantine, un cœur d'enfant ni un esprit puérilement changeant. Ils les firent puissants et courageux pour châtier les méchants et défendre le royaume contre leurs ennemis.

C'est à ceux-là que je succède et à qui mes faiblesses font affront.

Il ajouta quelques conseils à ces mots. Que le peuple ne boive pas jusqu'à l'ivresse car on parvient ainsi à la folie et l'on manque au devoir. Le vol naît de l'ivresse ainsi que les violences et les querelles, la mort et le malheur. Au lieu de liqueur, ce que l'homme doit rechercher, c'est l'endroit de la guerre, le chant fleuri de la lutte où la poussière s'élève et se disperse, cette poudre aimée de Huitzilopochtli, pour donner de l'honneur à la nation. Que le poltron s'en aille labourer la terre et cultiver le maïs ; que les riches protègent les pauvres ; que les tenants de la justice appliquent la loi traditionnelle et restent sourds à la passion. Les dirigeants du royaume mourront bien un jour car le chef des hommes n'est pas éternel comme les rochers et les arbres, et il pourrait bien arriver qu'un homme modeste fût sorti de son obscurité dans laquelle il coupait du bois ou labourait, pour occuper l'icpalli, le siège de commandement.

Et le peuple baissa la tête sous les conseils de son seigneur.

***

La mort de Matlatzincatzin, frère de Cuitlahuac et l'accession de Cuauhtemoc à la dignité royale avaient rendu vacants deux postes, celui de vice-roi et celui de général en chef. Cuauhtemoc les couvrit en donnant une leçon d'habile politique puisqu'il nomma vice-roi le prince Tlacutzin, de sang tlaltelolca, et le prince Temilotzin, de la noblesse tenochca, chef de l'armée. Ces deux peuples, réunis par la langue et les intérêts communs, resteraient indissolublement associés par une responsabilité mutuelle dans le maniement des affaires de l'empire. L'un, le cihuacoatl, distribuerait la justice ; l'autre dirigerait l'activité vitale de la tribu : la guerre. Cuauhtemoc imprimerait à celle-ci son sceau personnel en faisant face à Hernan Cortès « dans une bataille de demi-dieux ».

Cuauhtemoc, ainsi que Cuitlahuac, eut en outre le soin de consolider sa position sur le trône, en s'alliant à la famille de Moctezuma que les Espagnols, imbus des idées occidentales sur la succession royale, considéraient comme la seule à avoir des droits à l'occuper. Aussi décida-t-il d'épouser Tecuichpo, veuve de Cuitlahuac. La cérémonie devait être simplifiée, comme le mariage antérieur, non seulement du fait de la guerre mais à cause du deuil de la fille de Moctezuma et parce que le nouveau roi était accaparé par les problèmes fondamentaux de son gouvernement. Peut-être se contenterait-on de nouer les manteaux des conjoints pour que la jeune fille demeurât au palais. Personne n'aurait pu deviner en elle la femme d'une intense vie sexuelle — cinq maris — ni la fondatrice d'une famille qui devait figurer parmi la noblesse hispanique.

Ces problèmes, auxquels Cuauhtemoc se consacra d'une âme résolue pour les résoudre, étaient la décomposition de l'empire et sa reconquête. Il avait une conception, angoissée mais involontairement moderne, de ce que l'État devait être. Déjà, depuis le règne bref de Cuitlahuac, peut-être sur les conseils de Cuauhtemoc lui-même, on appliqua une politique d'attraction, d'unité des diverses tribus pour les défendre et défendre l'empire contre les attaques des envahisseurs. « Bien avant le siège (de Tenochtitlan par Cortès), son activité multipliait les préparatifs de défense. Il envoyait aux peuples qui se disaient ses vassaux des messages pour réclamer des troupes, les dispensant de payer les tributs ou en diminuant la quantité. Ce fut sans doute le seul des rois de Mexico qui eut l'idée de constituer une nationalité. »

D'autre part, il adoucit, en l'humanisant, la tradition de la tribu. Ni despote ni sanguinaire, il n'allait pas non plus consumer les forces humaines de son empire en sacrifices. Il avait besoin de gens pour organiser la résistance ; il avait besoin de la paix interne pour s'occuper de l'invasion imminente. Mais son effort ne trouva pas d'écho. Les peuples aborigènes se considéraient comme étrangers les uns aux autres, et souvent comme victimes. Le ferment de la haine et l'ignominieuse organisation de l'empire placèrent celui-ci au bord de la catastrophe que la conquête accéléra. Ceux qui avaient toujours été esclaves, ceux qui avaient contribué avec leurs fils et leurs époux à la résurrection des dieux aztèques, ceux qui écoutaient aux lèvres des Espagnols des mots de libération s'évadèrent du poing aztèque qui se fermait. La plupart, comme les Tarasques, sacrifièrent les ambassadeurs de Cuauhtemoc ; d'autres s'en moquèrent et avisèrent Cortès. Bien peu répondirent à cet appel. En plein siège de Tenochtitlan, avec la conscience de leur triomphe, les Aztèques jetaient des victuailles aux Indiens qui venaient grossir les troupes de Cortès, en leur criant impérieusement :

— Mangez, affamés !

Ou bien, tandis que les palais s'écroulaient ainsi que les temples sous l'artillerie espagnole, ces autres mots de condamnation :

— Jetez à terre, détruisez. Il vous faudra bien reconstruire !

Jamais ils ne crurent à leur défaite. Les dieux étaient avec eux.

⁂

À Tenochtitlan arrivaient des nouvelles des blancs. Ils étaient sortis de Tlaxcala pour raser les villages voisins. D'autres transportaient de Cempoala de grands madriers travaillés. Sur la plage de la grande mer lointaine, arrivaient de nouvelles tours voyageuses et débarquaient sur la grève encore plus de soldats et de chevaux. Les espions, les guetteurs apportaient des renseignements : les Espagnols ne se cachaient pas pour menacer de leur retour à Tenochtitlan et pour se venger.

Cuauhtemoc réunit toutes sortes d'armes : des dards, des flèches, des boucliers, des lances, des frondes et des écus. Il arma de nombreux chefs avec les épées conquises aux Espagnols pendant la nuit ténébreuse. Lui-même portait une même arme blanche. Il fit évacuer la cité par toute la population inutile à la défense : vieillards, femmes avec leurs nombreux enfants, malades et blessés. Il fit élargir les fossés, il éleva de nouvelles murailles, il accumula des munitions et du bois ; il prépara des pièges comme ceux qu'avaient placés Moctezuma près de Cholula, en y plaçant au fond des pieux pour tuer les chevaux ; il cloua dans le lac, aux endroits vulnérables à l'attaque, des défenses de troncs durs et résistants ; il arma des canots. Et enfin, comme tous ses ancêtres, il se disposa à prendre la tête de ses troupes.

Cette guerre fut celle de son couronnement et de sa chute.

CHAPITRE VII

PREMIÈRES BATAILLES

« Oh ! les fleurs ingrates, les fleurs du cœur se sont troquées en campagne de guerre près de la bataille où naissent pour les princes la gloire et la renommée ! »

(Chant des Aigles et des Tigres.)

Agitant dans l'air leurs panaches de plumes et leurs brillants écus, les Tlaxcaltèques dansent leurs danses de guerre ; ils poussent de sauvages cris de combat et chantent, dans un immense chœur, ces vers qui respirent la haine :

« Aidez nos seigneurs, soldats bardés de fer, qui assiègent la ville, qui assiègent la nation mexicaine ! Là, dressez-vous tous ! »

Les Huexotzincas les accompagnent, avec leur tumulte effréné et leurs cymbales sonores qui chantent eux aussi des marches guerrières :

Enfin s'écroule la muraille des Aigles,
Enfin s'écroule la muraille des Tigres de Tecuilhuitl,
Car arrivèrent enfin ici ces conquérants qui lancent du feu.
Atoch l'a dit : que le bal commence, ô Tlaxcaltèques et Huexot-
[zincas !

À la tête de ses guerriers acolhuas, texcocanes pleins de traîtrise, s'en vient le prince Ixtlilxochitl, petit-fils de Netzahualcoyotl. Eux aussi chantent leurs péans :

Frappe ton tambour, éclate de rire, ô Ixtlilxochitl !
Mets-toi à danser pour Cuauhquiahuac, celui de Mexico,
Fais qu'en tournant brille ton bouclier aux plumes roses,
Ici, à Temalacatitlan. Là, dressez-vous tous !

Et tous soulèvent de denses nuages de poussière sur les chemins qui, depuis Texcoco, contournent la vallée d'Anahuac ou se dirigent sur Tenochtitlan. La guerre a recommencé. Les blancs, après un repos prolongé à Tlaxcala, après l'expédition à Tepeaca et la prise de Texcoco abandonnée par Coanacoch, marchent sur les possessions de Cuauhtemoc, en soulevant la poussière aimée par Huitzilipochtli.

Vers lui accourent les chefs lorsque les chants des Tlaxcaltèques, les tambours des Huexotzincas et les fifres des Espagnols éveillent leur esprit guerrier.

Le capitaine Malinche s'en fut d'abord au sud de Tenochtitlan, vers Ixtapalapa, la seigneurie de Cuitlahuac, qui en mourant laissa l'icpalli de la dignité et le commandement au fils d'Ahuitzotl. Il vint à la cité sans être annoncé tout à coup et les gens, avisés, s'enfermèrent dans leurs maisons lacustres, se cachèrent dans les fourrés, opposèrent leurs boucliers inutiles à l'avance des chevaux. Malheur à la cité ! Bientôt les flammes passèrent leurs langues sur les murs des maisons ; les murs s'abattirent et une couche de fumée sombre s'étendit sur les guerriers. Mais les chefs brisèrent les digues, la chaussée qui allait à Tenochtitlan et laissèrent passer l'eau, la lancèrent sur les blancs quand les ombres de la nuit et la fumée aveuglèrent leurs yeux. Dans une rumeur croissante, entraînant pierres et arbres, l'eau roula vers les Espagnols et les Tlaxcaltèques. Ceux-ci criaient dans l'obscurité :

— Oh ! les soldats bardés de fer, fuyez car l'eau nous atteint et nous entoure !

Et l'eau leur grimpant aux jambes et aux poitrines, perdant leurs chaussures dans la boue épaisse, les blancs purent échapper à la mort.

Alors le capitaine Malinche envoya ses soldats à Chalco, au-dessous d'Ixtapalapa où les chefs de Tenochtitlan commandaient. Sur les rives du lac, les blancs et les Tlaxcaltèques s'en allaient en soulevant des nuages de poussière. Les seigneurs de

Tenochtitlan le surent. On leur apporta la nouvelle en disant que, gonflés d'orgueil et dressés comme des coqs, laissant flotter au vent leurs drapeaux d'étoffe, les ennemis s'avançaient sur leurs terres. Ce fut alors que le chef des hommes, le jeune seigneur, ordonna de sortir les canots. Les cavaliers des escadrons Aigles et Tigres, les prêtres, les chefs mirent leurs insignes et empoignèrent leurs boucliers. Ils ramèrent en silence, protégés par les lueurs moribondes du soir. Ils regardèrent sur le sol les traces des chevaux, ils comptèrent les traces que laissaient les pieds nus des Tlaxcaltèques.

Et ils cheminèrent le long de ces traces, très vite, ils coururent derrière les blancs en dansant, en s'excitant, en les insultant, à la recherche du combat. Ils les virent enfin à portée des flèches et des javelots. On entendit des cris et le combat commença entre les champs et les magueys dont les pointes blessaient aussi les chairs sans défense. Deux fois les chefs résistèrent vaillamment à l'élan des chevaux et au tonnerre des fusils. Mais à la fin, inondés de sang et de larmes, ils se jetèrent dans les canots et se retirèrent. Les blancs s'avancèrent jusqu'à la cité de Chalco guidés par les princes Omecatzin, Itzcahuetzin et Quetzalcoatzin, princes de la ville, tandis que les chefs regagnaient Tenochtitlan.

Le chef des hommes ordonna au chef de l'armée de soumettre les villes d'Huexotla et de Coatlinchan qui autrefois envoyaient à Tenochtitlan du maïs et des peaux fines comme tribut et qui maintenant, par peur, se livraient aux blancs. Aussi les guerriers s'y avancèrent, toujours sur leurs canots, au milieu des chants. Ils s'emparèrent des épis déjà préparés pour le capitaine Malinche ; ils firent des prisonniers et coupèrent le passage aux espions. Mais Malinche vint sur eux avec des armes puissantes, des chiens et douze combattants à cheval. Alors, les chefs, après quelque résistance, reprirent leurs canots avec les dépouilles des ennemis, lançant des insultes aux Tlaxcaltèques et des moqueries aux Espagnols.

C'est ainsi qu'ils retournèrent à Tenochtitlan.

Ils défendirent aussi vigoureusement la belle cité de Xaltocan, au nord de l'îlot. Quand le capitaine Malinche se présenta sur les rives du lac, la chaussée était déjà coupée et les guerriers lancèrent, de leurs canots, une nuée de flèches et de pierres sur les blancs. De ceux-ci aucun ne put s'avancer davantage dans l'eau. Et les chefs leur criaient :

— Venez donc combattre, poltrons !

Ils se moquaient d'eux quand les flèches des arbalètes se clouaient sur les planches que les chefs avaient mis comme défenses le long des bords fragiles de leurs canots. Les blancs agitaient leurs drapeaux d'étoffe et poussaient leurs chevaux dans la boue. Mais tout à coup quelqu'un fit connaître à Malinche un passage très sûr au milieu des eaux et alors les blancs entrèrent dans le lac pour passer le gué. Les chefs s'approchèrent pour les en empêcher. Les flèches tombaient, les pierres et les javelines ; elles tuèrent quelques blancs et de nombreux Tlaxcaltèques. Les autres poursuivirent leur route, bien abrités de leurs boucliers. Tous les chefs se mirent à ramer vers Xaltocan :

— Que tout le monde sorte ! Fuyez ! criaient-ils.

On amena les habitants sur les canots. Les femmes et les enfants pleuraient. Hélas, Xaltocan la belle ! Tout fut mis à sac et incendié. Les chefs se débandèrent en terre ferme et cherchaient la route de Tenochtitlan.

***

De Xaltocan les blancs montèrent à Atzcapotzalco que la population avait abandonné et descendirent à Tlacopan, vers l'occident. Cet endroit était défendu par son seigneur Tetlepanquetzin et par des guerriers mexicains et tlaltelolques. La guerre recommença donc et le fracas de la bataille. Mais quand vint la nuit, les chefs se retirèrent et le capitaine Malinche prit la ville. De sorte qu'au jour suivant, quand, au lever de l'aube, les Mexicains voulurent reprendre le combat, Tlacopan était détruite et saccagée. Les Tlaxcaltèques étalaient les riches couvertures peintes, les bijoux et les plumes des Tecpanèques, réfugiés à présent à Tenochtitlan. Et les chefs sentaient le sang leur monter aux visages. Perdus dans les rangs, ils criaient aux Tlaxcaltèques :

— Canailles ! garces des blancs ! sans leur aide, vous ne seriez jamais arrivés où vous êtes ! Mais, vous et eux, nous vous mangerons assaisonnés au *chile* quand vous serez nos esclaves !

Les réponses des insultés se perdaient dans les clameurs folles et le fracas des conques. Mais soudain, après un défi en règle, deux guerriers, l'un aztèque, l'autre de Tlaxcala, entamaient un tournoi personnel. La bataille se suspendait. Les blancs eux-mêmes s'approchaient pour regarder. On faisait un large cercle au centre duquel les combattants commençaient une rencontre qui ne se terminait que par la mort d'un adversaire. Aux coups de massue garnie de silex répondait le saut agile protégé par l'écu et l'attaque immédiate pour ne pas donner le temps à l'ennemi de répéter son coup. Les plumes des insignes, les airones peints traçaient dans l'air des éclairs verts et rouges ; les étendards des chefs oscillaient aussi. Baignés dans le sang et le soleil, au milieu d'un silence spectaculaire qui enflammait davantage les esprits, les gladiateurs montraient leur habileté et défendaient leur vie, jusqu'à ce qu'à la suite d'une maladresse, d'une chute, d'un saut malencontreux, l'arme de l'adversaire blesse et tue. Aussitôt s'élevaient des cris et le combat redevenait général, dur et frénétique. Les Aztèques, profitant de ces trêves, lançaient des injures aux blancs :

— Avancez, vaillants ! Combattez ; vous serez un jour les maîtres de Tenochtitlan !

— Venez-vous vous empiffrer ! Le festin est prêt pour vous !

— Il n'y a plus de Moctezuma pour faire ce que vous voulez !

Les rires et les longs cris soulignaient les exclamations blessantes.

⁂

Le capitaine Malinche demeura six jours à Tlacopan. Le troisième jour, les blancs s'avancèrent sur la chaussée tandis que les chefs s'enfuyaient. Tout en fuyant, les chefs riaient car les Espagnols ne remarquèrent pas, parmi les joncs et les oseraies du lac, les ombres allongées des canots emplis de guerriers et ils ne purent voir, cachés le long de la chaussée, les ennemis qui les attendaient. Aussi, quand les blancs eurent avancé, le tambour résonna, les conques lancèrent le signal, les chefs qui s'étaient cachés sortirent des canots et tous se ruèrent contre l'ennemi. Cinq blancs moururent dans la rencontre ; les Tlaxcaltèques fuyaient suivis des Espagnols. Les chevaux, sur l'étroite chaussée, entourés par l'armée, ne pouvaient pas non plus combattre. Les chefs étaient joyeux quand, à la nuit, ils déposèrent les armes.

Avec l'aube tendre et nouvelle, le capitaine Malinche s'avança pour proposer la paix. Le cri de guerre, prêt à être lancé, expira sur les lèvres. Superbe dans son armure, le visage clair et l'œil brillant, Malinche demanda aux chefs « pourquoi étaient-ils insensés au point de se détruire ? S'il y avait parmi eux quelque notable, qu'il s'avance pour lui parler. » Et les seigneurs de la mort et du raffinement, de la richesse et de la valeur, les fondateurs du grand empire, répondirent avec orgueil « que toute cette multitude de gens de guerre qui était là n'était composée que de seigneurs. Malinche pouvait donc leur faire connaître ses désirs. »

Malinche, au bord de la chaussée, sa brillante silhouette se reflétant dans l'eau, ne sut que répondre. Et les chefs se mirent à rire en criant :

— Poltron ! Viens donc combattre !

La bataille recommença.

***

Après que les blancs se furent retirés de Tlacopan, bien des lunes passèrent sans qu'ils donnassent signe de vie. Ils étaient retournés par Chalco et avaient attaqué Huaxtepec, défendue par les chefs et la troupe tlahuica, soumise à Tenochtitlan. Il y eut ensuite des jours de paix jusqu'à ce que les espions apportèrent la nouvelle que le capitaine Malinche descendait encore en arroi de guerre sur Chimalhuacan. Les chefs qu'on avait choisis allèrent à sa rencontre emmenant dans les canots leurs plus braves guerriers. Les blancs avaient escaladé la montagne sous les pierres et les insultes que leur lançaient les Tlahuicas. Par ordre du chef des hommes, la population avait grimpé sur les rochers, jusqu'aux cimes voisines des nuages et, jouant de ses tambours et de ses buccins, elle moquait ses agresseurs. Le mot d'ordre de Cuauhtemoc était de refuser le combat en rase campagne.

C'est inutilement que les blancs voulurent déloger les guerriers. Par trois fois, ils attaquèrent le premier massif rocheux. Tlaxcaltèques et Espagnols mouraient lapidés. Au plus fort du combat, les chefs de Tenochtitlan apparurent. Des hauteurs, les Tlahuicas assistèrent à la rencontre. Sur la campagne verte et fraîche — avril avait fait apparaître des fleurs blanches et jaunes parmi les pierres et au creux des rocs —, dans les limites du champ clos qu'imposaient les montagnes, sur un ciel bleu et fin qui rendait plus légère l'allure des chevaux, les blancs s'avancèrent, arrachant au sol de petits nuages de poussière. Ils portaient leurs longues lances à deux pointes à la main droite et leurs boucliers de cuir et de roseaux à la gauche. Devant le galop des chevaux, les chefs reculèrent en s'abritant derrière les rochers, en se cachant dans les ravins, en grimpant le long des pentes, sans cesser de lancer sur les blancs des traits et des flèches, des cris et des insultes.

Les Mexicains se retranchèrent enfin derrière une hauteur où ils campèrent. Au soir tombant, tandis que la bataille s'arrêtait, les blancs regardaient les signaux de feu s'allumer sur la montagne et écoutaient les cris des Indiens accompagnés par la rauque plainte des cornes et l'agile égrènement des notes du tambour.

Quand la campagne s'éveilla, Malinche disposa ses forces pour avancer contre le retranchement. Les chefs crurent que les blancs tentaient de passer entre les deux hauteurs et ils envoyèrent aussitôt des troupes dans la plaine pour s'opposer à eux. Ils n'y parvinrent pas car les Espagnols occupèrent d'autres crêtes, du haut desquelles ils commencèrent à massacrer l'ennemi. Les survivants délogés durent se rendre et se présenter à Malinche. Les Tlaxcaltèques s'en gaussèrent fort. Et les chefs tremblaient de colère et d'impuissance.

⁂

Les blancs s'en furent à Huaxtepec, en sortant par le sud du val d'Anahuac, car les autres Tlahuicas avaient fui. Il en fut de même à Yauhtepec. On n'y prit que des épis de maïs et quelques femmes et enfants cachés dans les environs. Les blancs y campèrent jusqu'à ce que les hommes vinssent se soumettre. Puis ils firent route sur Cuauhnahuac, la capitale de tous les Tlahuicas dont le seigneur, Yoatzin, avait pris le commandement.

Malinche chercha un passage à travers les ravins pour y pénétrer, mais les Tlahuicas les gardaient bien avec leurs lances et leurs flèches.

Ils se tenaient sur leurs gardes, derrière les boucliers. Malinche découvrit un arbre suspendu sur le ravin et, comme des singes, blancs et Tlaxcaltèques passèrent en s'accrochant aux branches et aux cordes qu'ils suspendirent. Les Tlahuicas furent pris à revers et sur les côtés, et le seigneur Yoatzin prit le maquis tandis que les Tlaxcaltèques saccageaient et incendiaient la ville. Au jour suivant, ce seigneur revint en pleurant, s'agenouilla devant

Malinche et fut pardonné. Malinche lui interdit de ravitailler Cuauhtemoc en maïs et en guerriers.

Les blancs s'en retournèrent alors vers le val d'Anahuac, en passant par Cuaulxomolco où ils purent se désaltérer. Ils escaladèrent la montagne et la brise des pins leur rendit la marche agréable. De la crête, comme une lueur d'argent, ils découvrirent Xochimilco, la ville des fleurs, reposant au bord du lac. Plus haut la grande lagune et en son centre, toujours reine, riche et enviée, la cité de Tenochtitlan, où se tenait Cuauhtemoc.

Mais la brusque descente de la montagne fut contrariée par les guerriers. Dès qu'ils apprirent l'avance de Malinche, quelques canots partirent pour Tenochtitlan tandis que commençait une ardente bataille sur la chaussée qui débouchait aux portes de Xochimilco. Tous les chefs de la cité des fleurs combattirent sur leurs canots, dans leurs maisons, à terre. Ils combattaient et demandaient la paix pour retourner au combat encore et toujours. Les chefs riaient : ils cherchaient à gagner du temps pour que les guerriers de Tenochtitlan vinssent à leur aide.

Ils y vinrent en escadrons compacts et ordonnés, vêtus de vert et de jaune, pleins d'une folle ardeur. Ils arrivaient comme toujours, courageux, intrépides, si bien que « beaucoup d'entre eux osaient faire face aux cavaliers avec leurs épées et leurs rondaches. » Ils barraient le passage de la ville, sur la chaussée, pour isoler les blancs ; ils creusaient les fossés et retranchés derrière les barrières, ils lançaient des épieux.

Le capitaine Malinche, à cheval, luttait contre les chefs qui réussirent à blesser son cheval aux jarrets. Malinche tomba et fut immédiatement entouré. Des ordres rapides dominèrent le tumulte :

— Oh ! les chefs ! Oh ! les Mexicains ! Ne le tuez pas ! Il faut l'amener vivant à Tenochtitlan.

Cela sauva le capitaine Malinche car les blancs et les Tlaxcaltèques accoururent, enfonçant leurs armes dans le ventre des chefs, leur coupant la tête. Mais les guerriers poussèrent les Espagnols vers la cité. Du haut du temple de Xochimilco, les guetteurs des blancs découvrirent le lac fourmillant de canots. Ceux-ci ressemblaient à des radeaux ou à des îles flottantes tant il étaient ornés de panaches et de banderoles. On s'encourageait d'une embarcation à l'autre et les cris de guerre se perdaient dans d'infinis éclats de rire. Ainsi, sur les canots, passèrent-ils la nuit, faisant des rondes pour empêcher que Malinche ne s'échappât.

Ils avaient reçu l'ordre du chef des hommes, d'accord avec Coanococh et Tetlepanquetzin, seigneurs de Texcoco et de Tlacopan, de combattre les blancs. « Si vous n'avez plus d'armes, luttez avec vos ongles ». Combattre, combattre, se livrer à la guerre aimée des dieux, exaltée par la tradition de la tribu, telle était la consigne. « Enterrez sur le champ de bataille le nombril des nouveau-nés ! Faites boire à la terre le sang des ennemis, mangez la chair blanche des intrus ! » Telle était la volonté des dieux.

Bientôt, comme à un signal, les arquebuses flamboyèrent ; on entendit les cornes de guerre. Malinche lança les chevaux sur les chefs jusqu'à ce qu'ils fussent repliés. Dans un silence momentané, on entendit dans la ville une clameur vers laquelle Malinche courut. Tandis que des chefs luttaient sur la terre ferme, d'autres, à la dérobée, sur leurs canots, au milieu des îlots fleuris, tombèrent sur les blancs à l'improviste. Mais les chefs durent s'éloigner et dans leur fuite surprirent quatre blancs et quelques Tlaxcaltèques et Acolhuas qui pillaient les maisons et ils les amenèrent vivants à Tenochtitlan pour les sacrifier. Plus tard, s'étant repris, les chefs voulurent se battre encore. Mais la nuit arrêta l'œuvre de mort.

Le capitaine Malinche décida de quitter Xochimilco pour Coyoacan. Il fut poursuivi par les chefs jusqu'à ce que ceux-ci reçussent l'ordre de rentrer à Tenochtitlan, car le chef des hommes croyait qu'on allait l'y attaquer. Le passage des Espagnols dans le val était marqué par le pillage et l'incendie. Coyoacan fut rasée et brûla. Malinche prit le chemin artificiel de mortier blanc qui, en se branchant sur celui d'Ixtapalapa, reliait les deux villes à la capitale de l'empire. Les chefs défendirent les barricades élevées pour barrer le passage aux envahisseurs près du fort de Xoloc et ils continuèrent à attaquer les flancs de la colonne, démolissant le train des équipages, faisant des prisonniers et tuant ceux qui ne se gardaient pas.

Les Espagnols firent étape à Tlacopan. Ils y demeurèrent deux heures à contempler, du haut des édifices, comment Tenochtitlan bouillonnait d'ardeur guerrière, comment les canots y naviguaient avec les chefs, comment la capitale, siège du pouvoir de Cuauhtemoc, était riche et éternellement belle.

Enfin, les blancs firent retraite. Ils remontèrent vers le nord, passèrent par Atzcapotzalco, Cuauhtitlan, Citlaltepetl et Acolman, cités désertes que les Tlaxcaltèques avaient mises à sac et que les Espagnols incendièrent. Puis, ils firent route vers Texcoco.

CHAPITRE VIII

GENS DE MEXICO, EN AVANT !

« Les boucliers de bois sont brandis par les mains à l'endroit du danger, quand on fait des captifs, au milieu du combat, sur le champ de bataille.
Semblables sont nos chants, semblables sont nos fleurs : Nous avons tranché des têtes pour plaire au dispensateur de la vie. »
(Victoire des Matlatzincas.)

Les Espagnols convoquèrent tous les peuples indiens à la guerre. Tandis que ceux de Tlaxcala, Huexotzinco, Cempoala et Chalco se réunissaient, le capitaine Malinche construisait des bateaux à Texcoco. Il creusa un canal pour les y mettre, il ouvrit la digue du canal, l'eau entra et les brigantins purent naviguer sur le lac. Les blancs poussèrent des cris et firent tonner les canons. Le chef des hommes l'apprit, et le capitaine Malinche n'ignora pas que le seigneur de Tenochtitlan était vaillant.

Les bateaux sortirent et les blancs sondèrent les canaux pour savoir où l'eau était profonde, où étaient les hauts-fonds. Et comme les canaux étaient sinueux, ils n'arrivèrent pas à faire naviguer les embarcations. Deux seules passèrent les bas-fonds et, hissant les voiles, s'en allèrent par les invisibles chemins du lac vers Tenochtitlan.

À bord de l'une d'elles, celle qui marchait devant, se trouvait le capitaine Malinche avec des interprètes. Ils naviguaient vers le fort de Xoloc et rencontrèrent les canots des chefs. Le capitaine fit des signes d'amitié et dit aux notables qu'il voulait parler au chef des hommes. Si bien que les gens des canots ramèrent vigoureusement vers la ville et se présentèrent devant Cuauhtemoc.

— Seigneur, mon seigneur, lui dirent-ils. Le capitaine Malinche est sur le lac et veut te parler.

Le seigneur appela Temilotzin, le vice-roi Tlacutzin et les seigneurs de Texcoco et de Tlacopan qui s'embarquèrent avec lui sur le canot royal. Le maître de la maison des boucliers et des dards portait son manteau sacré et les cheveux serrés. Les chefs avaient mis les insignes de leur rang.

L'embarcation du capitaine vint à sa rencontre, sans canons. Le drapeau d'étoffe flottait à son mât. Et Malinche parla, en phrases courtes et rares, pour que les interprètes puissent les répéter au chef des hommes :

« Seigneurs mexicains : nous sommes décidés, moi, mes Espagnols et mes amis de Tlaxcala à vous faire la guerre. Cette guerre a été provoquée par des malentendus de votre part. Vous nous accusez de faits dont nous ne sommes pas coupables ; vous nous avez injuriés et maltraités ; vous avez tué beaucoup d'entre nous et volé nos biens sans raison ni justice. »

Les chefs écoutaient dans leur musical idiome ce qu'avait dit le capitaine et leurs visages demeuraient impassibles.

« Sachez, seigneur, et je sais que vous ne l'ignorez pas, que ma venue dans cette cité n'avait pas pour but de m'en emparer et de vous combattre mais d'enquêter à propos des plaintes et des torts dont on vous accusait. Je suis venu ici comme vous l'avez vu et j'ai parlé comme vous l'avez entendu pour qu'en quelques jours, nous connaissions la vérité sur les affaires qu'on vous reprochait. »

D'un ton monotone, Malinche dit que là-dessus on l'avait avisé de l'arrivée d'autres Espagnols qu'il devait rencontrer. Il avait laissé un autre capitaine à Tenochtitlan en lui recommandant de demeurer en paix pendant son absence.

« Vous dites, ajouta-t-il, que ce capitaine, Pedro de Alvarado qui est ici, traîtreusement et sans que lui en eussiez fourni l'occasion, vous attaqua pendant une fête que vous offriez à votre dieu Huichilobos et qu'il tua la fleur des Mexicains. Or, vos chefs avaient menti ! Eux furent les traîtres qui avaient organisé cette fête pour s'entendre et massacrer les blancs ! Ils mentaient encore lorsqu'ils affirmaient que Moctezuma avait été tué par les Espagnols ! C'est eux qui l'avaient mis à mort ignominieusement en le lapidant ! C'est eux qui avaient commencé les hostilités en entourant le quartier général qu'ils voulaient affamer ! C'est eux qui avaient poursuivi les blancs jusqu'à Otompan !

La voix de Malinche monta d'un degré :

« ... Et voilà pourquoi nous venons vous combattre comme un peuple bestial et privé de raison. Nous ne nous arrêterons pas jusqu'à ce que nous vengions ces injures, jusqu'à ce que nous abattions les ennemis de Dieu, les idolâtres qui ne suivent aucune loi humaine même envers leurs proches. Et tout s'accomplira inéluctablement. »

Malinche parlait cependant que les chefs devaient se rappeler la tuerie de Cholula, le vol des bijoux et des masques divins, la mort de Cuauhpopoca, la tuerie du grand temple, la mort de Moctezuma, celle de Cacama, celle de Itzquauhtzin, l'incendie d'Ixtapalapa, le sac de l'incendie de Tlacopan, de Xaltocan, de Xochimilco, de Coyoacan, de Cuauhnahuac. Le chef des hommes répondit simplement, avec dignité :

— Malinche, j'accepte la guerre et chacun tâchera de se défendre.

Et le canot du seigneur, éblouissant avec ses tentures ornées de plumes et d'argent, reprit le chemin de Tenochtitlan.

***

La guerre étant donc décidée, les blancs arrivèrent à Tlacopan sous le commandement de Tonatiuh et de Cristobal de Olid à qui s'opposèrent les chefs indiens. Mais la victoire demeura indécise lorsque tomba le crépuscule. Alors, les Espagnols se dirigèrent sur Chapultepec et brisèrent les canalisations qui amenaient l'eau à Tenochtitlan. On combattit sur la chaussée. Une fois de plus, les Tlaxcaltèques et les blancs furent surpris par l'ennemi. On les laissa s'avancer, on leur fit croire à la fuite pour soudain faire face, lancer flèches et javelines, blesser les chevaux et les tuer à coups de lances. Les canots bondés de guerriers affluaient et les blancs débandés reculèrent précipitamment.

Cristobal de Olid s'écarta de Tonatiuh en emmenant quelques Espagnols avec leurs chevaux, des arbalétriers et des Tlaxcaltèques et il s'installa à Coyoacan. De là, tout en luttant avec les chefs, il voulut arriver à Tenochtitlan, mais il fut arrêté par les palissades et les flèches. La cité, où se tenait le chef des hommes, était menacée des deux côtés, mais le seigneur manda le tlacatecatl et divisa ses troupes. Il plaça des sentinelles et ordonna qu'on lui signalât par des colonnes de fumée les mouvements des blancs.

Ainsi, des hauteurs de Tepepolco et d'Huixachitlan, la fumée noire donna le signal au chef des hommes que, sur le lac, s'avançaient les barques des Espagnols. Cinq cents canots furent envoyés pour les combattre. Des embarcadères et des bassins de Tenochtitlan, ils sortirent à force de rames, commandés par les chefs, leurs bastingages protégés contre les arbalètes. Ils allaient en rangs serrés et bien pourvus de flèches et de pierres. Les barques des blancs demeuraient immobiles sur l'eau tandis que les canots voguaient avec rapidité. Ils s'approchèrent des barques et les insultes commencèrent :

— Venez donc combattre, poltrons !

Mais les blancs ne bougeaient pas, fusils et arbalètes en main.

De leurs mâts, les voiles pendaient comme des draps sales. Les rameurs empoignaient le bout de leurs pales. Soudain, les voiles s'agitèrent. Le vent courut sur le lac en faisant, d'abord, de gracieuses risées et soulevant ainsi de petites vagues traîtresses. Sous l'impulsion du vent, les barques des blancs, aidées par les rameurs, se lancèrent sur les canots des chefs. Sous le coup des proues puissantes, les canots se partageaient ou se renversaient. Les chefs étaient jetés à l'eau où ils mouraient noyés, traversés par les arbalètes, déchirés par les balles de fusils. Tout le lac se remplit de débris de bois, de cadavres, de sang et de lamentations.

Les canots restés en arrière retournèrent à Tenochtitlan, poursuivis par les barques qui arrivèrent jusqu'aux bassins et aux canaux. Le chef des hommes en fut informé et pleura sur ses guerriers. En même temps, Cristobal de Olid s'avança de Coyoacan vers la cité. Le capitaine Malinche attaqua Ixtapalapa et, ayant rejoint Olid, alla sur le fort de Xoloc où commençait le rempart. Il fit tirer sur lui son grand canon. Il ne s'écroula qu'au second coup ; au troisième, tout était par terre et au quatrième, la muraille était complètement détruite. Le canon tirait et les barques poursuivaient les canots de l'autre côté de la chaussée, après être passées par une brèche. On avait placé les canons à la proue des barques et de là, ils tiraient sur les canots. Les chefs s'aperçurent alors que s'ils n'allaient pas droit, les balles et les flèches ne les touchaient pas. Dès lors, ils s'avancèrent de biais et quand un canon tonnait, ils se tapissaient tous sur le sol. Mais ils durent retourner à la ville, blessés et démunis de flèches, tandis que le grand chemin du sud, d'Ixtapalapa et de Coyoacan, restait ouvert et sans défense.

À minuit, le chef des hommes fit donner l'alarme. Les Mexicains avaient appris quelque chose de la manière de combattre des blancs. Cuauhtemoc ordonna de se diviser en groupes et de retourner au combat. Dans les rues, on creusa davantage les tranchées et on renforça les palissades. Une seconde fois, les chefs allaient combattre dans l'obscurité pour ne donner aucun repos aux blancs, selon l'ordre de leur seigneur. Ils revinrent à Xoloc en canots ou par la chaussée, mais les canons les forcèrent à la retraite.

Le lendemain, ils virent arriver de Coyoacan de nouveaux renforts pour le capitaine Malinche et ils attaquèrent férocement pour se replier ensuite, jusqu'aux maisons de la cité et se défendre autour du rempart. Mais de nouveau les Espagnols y pointèrent les canons et les pierres s'en écroulèrent. Le grand chemin apparut comme une piste blanche désolée. Les Tlaxcaltèques envahirent alors le canal et le remplirent de pierres et de fascines, ce qui le priva d'eau. Là-dessus, les chevaux s'ébranlèrent. Les canons prirent la file, précédés du drapeau et par derrière, sans inquiétude ni hâte, les tambours battaient et les sifflets de bois résonnaient.

Quelques chefs s'étaient cachés dans les maisons de Moctezuma. Puis, quand ils sortirent, ils rencontrèrent la cavalerie. Un cavalier transperça de sa lance un capitaine tlaltelolca mais celui-ci put se saisir de la lance, fit tomber son ennemi qui, une fois à terre, fut frappé à la tête et laissé pour mort.

Les blancs incendièrent le palais de Moctezuma, se réunirent et se concertèrent pour la bataille. Ils emmenèrent les canons pesants et les placèrent près de la porte de l'aigle, sur le mur des serpents, sur la grand-place de la cité car les envahisseurs étaient arrivés jusque-là. C'est en vain que les chefs se cachaient derrière les colonnes de pierre ou sur les terrasses des maisons. Aucun d'entre eux ne s'aventurait dans la rue et les Espagnols restèrent tranquilles.

Lorsque les canons tirèrent, la fumée envahit tout et les chefs qui se dissimulaient s'enfuirent plus loin. Alors les blancs hissèrent les canons sur la hauteur, sur la pierre du sacrifice par le glaive. Sur les terrasses du temple de Huitzilopochtli, les chefs tentèrent vainement de servir leur dieu. Ils firent résonner le tambour de bois, le grand teponaxtle, de toutes leurs forces, de toute leur angoisse ; mais peu à peu les blancs montèrent jusqu'à eux, les tuèrent, les jetèrent en bas où ils tombaient en morceaux, se brisant sur les degrés de l'escalier ou sur les pierres de la grande place.

Les chefs qui luttaient sur les canots, retournèrent à terre et virent ce qui se passait. Ils commencèrent à crier :

— Mexicains, vite, à la rescousse !

Et les Espagnols reculèrent alors en brandissant leurs épées, coururent, se débandèrent tandis que des deux côtés, on leur lançait flèches et pierres. Ils ne trouvèrent un peu de calme qu'à Xoloc où ils reprirent des forces. Mais les Mexicains capturèrent les canons abandonnés et les lancèrent dans l'eau, à l'endroit nommé Tetamazolco, le trou du crapaud de pierre. Les maisons brûlaient, incendiées par les blancs.

Malinche avait laissé Sandoval à Coyoacan. Il l'envoya alors à Tepeyac, au nord de Tenochtitlan, pour assiéger aussi la cité de ce côté-là. Le peuple de Xochimilco vint demander la paix à Malinche, ainsi que celui de Chalco, les Otomis. Le chef des hommes n'avait donc plus d'endroit où trouver des renforts et du ravitaillement. Les chefs devaient aller marauder hors de la ville en tentant d'échapper à la vue des Espagnols. Ils ramenaient peu d'aliments et de l'eau, si bien que les femmes, les enfants et les hommes ne mangeaient plus que des fruits sauvages et des figues de Barbarie. Quand ils trouvaient dans les maisons abandonnées un épi de maïs, leurs yeux brillaient de joie.

Malinche prit ses quartiers à Xoloc, entre Ixtapalapa et l'îlot et il y eut des jours de tranquillité dont les chefs profitèrent pour rouvrir les fossés aveuglés par les Espagnols et élever de nouvelles barricades. De la terrasse du temple de Huitzilopochtli, à Tlaltelolco, Cuauhtemoc régissait la vie et la mort de la cité.

Trois lunes passèrent ainsi. À la quatrième, les blancs avancèrent. Avec Malinche se trouvait le prince Ixtlixochitl, de la lignée des Chichimèques, qui amenait ses innombrables guerriers acolhuas. Et il y avait aussi ceux de Tlaxcala, barbares et vindicatifs, qui n'écoutaient pas la voix de Malinche quand ils étaient grisés par le combat.

Ce n'est pas l'intérêt qui les poussait, mais la haine. Ainsi, ils levaient les jambes et les bras des guerriers mexicains tués dans la lutte et de loin, ils les montraient à leurs ennemis en criant qu'ils les mangeraient, le soir venu. Et ils les mangeaient.

L'incendie des maisons et l'approche de Malinche sur la chaussée d'Ixtapalapa obligèrent les habitants de Tenochtitlan à abandonner une partie de la cité et à se réfugier à Tlaltelolco. Il y eut de grandes plaintes et une terrible clameur ainsi que bien des sanglots de femmes. Les maris cherchaient leurs épouses et celles-ci ou ceux-là emportaient dans leurs bras les enfants. Mais le lendemain, les soldats de Tlaltelolco se joignirent à ceux de la cité, guidés par Cuauhtemoc, pour défendre Tenochtitlan.

Pedro de Alvarado lâcha ses canons mais il ne put rien obtenir. Malinche arriva jusqu'à la rue où débouchait la chaussée de Tlacopan mais dut s'arrêter. Les Espagnols attaquaient un véritable roc car les chefs luttaient admirablement. Alvarado et Malinche se retirèrent, poursuivis par les braves Mexicains.

Mais ils revinrent ; ils pénétrèrent dans les étroits bassins et là où passaient les Espagnols, les Indiens demeuraient tranquilles, silencieux, et n'osaient pas sortir. Un chef, Tzilacatzin de Tlaltelolco, se distingua dans la lutte. Il attaquait avec de grandes pierres blanches, rondes et puissantes. Il poursuivait les Espagnols jusque dans l'eau et les détruisait. Il était peigné comme un cacique otomi et méprisait ses ennemis. Quand les Tlaxcaltèques ou les Chichimèques voyaient Tzilacatzin, ils se tapissaient, se cachaient tandis que les Espagnols tentaient de le tuer à coups de flèche ou de fusil. Mais Tzilacatzin se déguisait pour ne pas être reconnu. Tantôt, il mettait les insignes de son rang, laissait pendre la bezolera sur ses lèvres, s'ornait de pendants dorés et d'un collier fait d'escargots et de coquilles marines. Sa tête restait découverte. D'autres fois, il mettait un casque de plumes, une courroie guerrière comme ruban pour les cheveux, en arrière de la tête. Il portait une courroie dorée à chaque poignet sur lesquelles brillait le soleil. Avec Tzilacatzin, deux autres chefs déployaient un étonnant courage.

Les caciques de Xochimilco, Tlahuac, Mizquic et Ixtapalapa se présentèrent à Cuauhtemoc et lui dirent :

— O mon fils, notre seigneur ! Nous sommes venus avec une

poignée d'hommes défendre la cité. Peut-être ainsi paierons-nous notre dette. C'est la parole des seigneurs qui ont encore la cité en leur pouvoir. Ici vivent les seigneurs. Les guerriers vaillants se sont réunis avec leurs canots pour expulser nos ennemis.

Et le jeune seigneur, après les avoir écoutés, répondit :

— C'est bien. Vous avez bien agi. Vous avez souffert peines et fatigues. Aidez à présent la cité. Au combat sans tarder !

Ils lui donnèrent alors des cadeaux, insignes, écus et capes. Du cacao également. Mais Cuauhtemoc répétait :

— À la bataille, mes chefs ! Les ennemis vont fondre sur nous.

Ils s'unirent aux troupes fraîches et l'on entendit dans les rues le fracas de la guerre. On luttait, mais les gens de Xochimilco s'en allèrent sur leurs canots et commencèrent à piller. Ils volèrent les femmes, les enfants et les vieillards qu'ils massacraient ensuite. Et les chefs de Tenochtitlan crièrent :

— Oh ! Mexicains ! Que font ces misérables ? Que tous viennent à l'aide !

Le bruit du combat devint général, s'étendit de tous côtés et les canots qui étaient à Nonualco vinrent avec les guerriers pour encercler ceux de Xochimilco qu'ils tuèrent de leurs javelines. Ils firent force prisonniers et les conduisirent à Yacacolco où se trouvait Cuauhtemoc et à son côté, Mayehuatzin, seigneur de Tlahuac. Et quand on les amena devant les seigneurs, ils saluèrent celui-ci en disant :

— O frère aîné, vis en paix !

Mais Mayehuatzin répondit :

— Misérables, qu'avez-vous fait ?

Alors, Cuauhtemoc dit à Mayehuatzin :

— O mon frère cadet ! Remplis ton devoir d'esclave.

Et Mayehuatzin, sur la pierre rouge du temple, sacrifia les quatre prisonniers qu'il avait devant lui. Cuauhtemoc ouvrit la poitrine à quatre autres. Il envoya ceux qui restaient à différents temples pour qu'on les sacrifiât et le sang coulait de toutes parts. Les chefs disaient :

— Les Xochimilcas doivent-ils vivre ici entre nous, mêlés à nous ? Amenons-les au dehors ! Qu'ils meurent !

Ayant ainsi jugé, ils tuèrent tous ceux de Xochimilco et de Tlahuac qui étaient à Tenochtitlan parce qu'ils avaient trompé le chef des hommes, parce qu'ils avaient menti aux chefs, parce qu'ils étaient traîtres envers leur seigneur Mayehuatzin.

Les Espagnols revinrent peu après, tout seuls, sans leurs alliés de Tlaxcala et de Texcoco. Les chefs se dissimulèrent derrière les retranchements jusqu'à ce que les guetteurs, qui attendaient l'occasion propice, se missent à crier d'une voix forte :

— Gens de Mexico ! En avant !

CHAPITRE IX

L'EMPIRE DE LA MORT

« Ne t'effraie pas, o mon cœur :
Là-bas sur le champ de bataille j'envie la mort donnée par le tranchant d'un couteau d'obsidienne !
Nos cœurs n'aiment que la mort survenue au combat.
Oh ! vous qui êtes dans la lutte :
J'envie la mort donnée par le fil de l'obsidienne !
Nos cœurs n'aiment que la mort au milieu du combat ! »

(« Courage ».)

Ce fut avant que les blancs n'entrassent dans la place forte de Tlaltelolco, berceau de Cuauhtemoc. Bien des jours avant, car les chefs, après avoir écouté les guetteurs crier : « Oh ! gens de Mexico, en avant ! » répondirent de même : « Guerriers de Tlatelolco, en avant ! qui sont ces barbares ? Qu'ils y viennent ! En les entendant, les Espagnols étaient comme ivres. Le combat commença au milieu de grands nuages de poussière. Mais les chefs firent de nombreux prisonniers tlaxcaltèques, acolhuas, chalcas, des gens de Xochimilco et cinquante-trois Espagnols. Le lieu du combat, près de la lagune, dans les canaux, était tout gluant d'eau et de sang, et les prisonniers furent amenés à Yacacolco où se trouvait Cuauhtemoc. On les força à marcher rapidement. Cependant l'un pleurait, l'autre chantait, l'autre lançait son cri de guerre. Une fois arrivés, on les mit en rang et l'un après l'autre, ils gravirent les escaliers de la pyramide jusqu'à la pierre du sacrifice. Les prêtres leur sortirent le cœur et le déposèrent dans le vase sacré, face à Huitzilopochtli à qui l'on avait donné un nouveau temple à Tlaltelolco.

On distribua la chair des Espagnols entre les chefs mais beaucoup n'en voulaient pas à cause de son amertume qui ne la faisait pas bonne à manger. Leurs têtes furent clouées sur des pieux ainsi que celles de leurs chevaux, face au soleil. Les chefs s'enivraient de cette victoire et exaltaient le dieu et le chef des hommes. Et au delà des retranchements, les Tlaxcaltèques et les blancs regardaient sacrifier leurs amis. Ils faisaient des gestes de menace inutiles. Jusqu'à la ville arrivait le chant des Tlaxcaltèques :

« Requiers tout ton courage, prépare-toi au combat, toi, tlacatecatl Temilotzin ! Voici que se sont présentés les vaisseaux des Castillans :

Ceux qui demeurent dans les îles fleuries sont entourés par la guerre. Ils sont entourés par la guerre, le Tenochca et le Tlaltelolca. Tenochtitlan est bien trahie ; ses fils pâlissent de terreur ! »

Les chefs s'emparèrent aussi du drapeau des Espagnols. Mais ils ne s'en souciaient guère. Les Tlaltelolcas alors coururent vers lui, le prirent et s'en revinrent triomphant, en l'agitant comme un trophée. Ils dansaient sans se soucier que le peuple mourût de faim. Car les gens mouraient de faim : ils ne mangeaient plus que des lézards, des hirondelles, l'herbe verte du maïs, des salicornes, des lis, le stuc des cloisons, le cuir des cerfs. Les gens faisaient cuire tout ce qu'ils pouvaient avaler et ne buvaient plus que l'eau salée du lac. Aussi beaucoup moururent-ils sans pouvoir combattre. On ne pouvait imaginer plus grande souffrance. Les chefs demeuraient enfermés et la famine répandait partout la mortalité. Ainsi, peu à peu, les blancs les acculaient au mur, les cernaient.

Quelques jours après, les chefs, présidés par Cuauhtemoc, combattirent Pedro de Alvarado sur la chaussée de Tlacopan. Il se laissait toujours tromper par eux mais cependant poussait peu à peu ses soldats dans la cité. Avec ses cavaliers, ses tireurs, ses Tlaxcaltèques, il faisait réparer les chaussées, combler les fossés, détruire les maisons. Les chefs s'approchaient des Espagnols dont ils étaient à peine séparés par un étroit canal et ils se moquaient d'eux en disant dans un langage étrange :

— Ah ! Santa Malia, dis au capitaine envoyer souliers !

Malinche combattait de son côté contre les troupes de Tlaltelolco. Et Sandoval se glissait sur la chaussée de Tepeyac où il fut contenu.

Le chef des hommes dirigeait la guerre et ordonnait les fêtes des temples. Il allait prier avec les prêtres et les femmes, sacrifier les prisonniers et donner son plan de combat. Il se présentait au plus dur de la bataille, tout à coup, et animait les guerriers de sa voix :

— Mexicains, combattez ! Honorez vos dieux !

Et ils redoublaient d'ardeur, tirant des forces de leur faim et de leur douleur en s'élançant vers la mort et vers la gloire.

Ce furent quatre cavaliers qui entrèrent les premiers au marché de Tlaltelolco. Ils tournèrent bride pour poursuivre impétueusement leurs adversaires, après avoir brûlé le temple dont les flammes étincelaient au lointain. Quand les Mexicains virent flamber le temple, ils pleuraient et se saluaient les uns les autres au milieu d'abondantes larmes. On combattit longtemps sur la place du marché.

Ensuite, le capitaine Malinche s'entendit avec les autres capitaines pour attaquer tous en même temps. Mais Cuauhtemoc suggéra aux chefs de les laisser entrer sans trop de résistance pour les attaquer par derrière. Les chefs se dissimulèrent dans les maisons et les rues étroites avec leurs boucliers et leurs flèches. Ils portaient leurs habits jaunes de tigres, leurs costumes verts d'aigles, leurs étendards et leurs insignes. Les blancs s'avançaient superbes et orgueilleux, le port assuré, avec leurs épées, leurs fusils et leurs lances. Ils traînaient même de petits canons.

Les blancs entrèrent en combattant. Les chefs reculèrent après avoir lancé quelques flèches et force clameurs. Les Espagnols prirent confiance et criaient aussi. Mais à l'heure convenue, le grand tambour résonna et les guerriers se montrèrent. Ils attaquèrent les blancs dans le dos, par centaines et par milliers, et les Espagnols s'enfuirent. Ceux qui venaient de Tepeyacac avec Sandoval furent repoussés vers la grande place où se trouvait le capitaine Malinche. C'est là, près de la grande douve, que les chefs mirent une seconde fois la main sur Malinche. Ils l'emmenaient déjà prisonnier et l'entraînaient pour le sacrifier lorsque les blancs le sauvèrent. Les mains de ceux qui le retenaient furent coupées et volèrent en l'air. Mais on put en amener d'autres devant le chef des hommes et ils furent sacrifiés. Le buccin de Cuauhtemoc sonna, le copal fuma sur les braises et l'âme des chefs en fut toute embrasée. Le fracas était épouvantable. Les dards aux pointes dentelées pleuvaient partout, les flèches jaillissaient, rapides comme des serpents, quand on les lançait, il semblait qu'un manteau jaune se déployait au-dessus de l'ennemi. Comme ils combattaient, les chefs, tandis que bourdonnait dans l'air l'appel du tambour du dieu ! La bataille était féroce. Les barques des blancs ne leur furent d'aucune utilité puisqu'elles ne pouvaient arriver au cœur de la cité. Quand les Espagnols se fortifiaient à un coin de rue, dans un retranchement, dans une tranchée, les chefs accouraient, en brandissant jambes et bras des Espagnols ou des Tlaxcaltèques sacrifiés et ils criaient :

— C'est ainsi que vous mourrez tous car les dieux nous l'ont souvent promis ! Tlaxcaltèques, mangez la chair de ces blancs et de vos frères ; nous, nous en sommes rassasiés et vous pouvez bien vous gaver de tous nos restes !

Ou bien, quand ils chargeaient les gens du capitaine Tonatiuh, sur la chaussé de Tlacopan :

— Voyez comme vous êtes mauvais, canailles. Votre chair est plus amère que le fiel et nous ne pouvons l'avaler !

Après les mots, venaient les pierres, les flèches, les javelines et les lances.

⁂

C'est ainsi que les blancs furent rejetés de la cité, tremblant de peur, surpris, effrayés. Les Indiens jetèrent aux pieds des Espagnols de Malinche, des têtes barbues et blanches dégouttantes de sang :

— Tonatiuh, Sandoval ! dirent-ils.

Et aux compagnons de Tonatiuh, d'autres têtes d'Espagnols accompagnées de ces cris :

— Nous vous tuerons comme nous avons tué Malinche, Sandoval et leurs hommes. Reconnaissez-les !

Aussi la confusion s'empara-t-elle des Espagnols et, au crépuscule, mis en déroute, ils abandonnèrent la cité de toutes parts tandis que résonnaient implacables les hurlements des Mexicains et le grand tambour de la divinité, qui « était bien le son le plus maudit et le plus triste qu'on pût inventer ». Durant la bataille, Coanacoch, seigneur de Texcoco, Tetlapanquetzin, seigneur de Tlacopan, et Ocuitzin, seigneur d'Atzcapotzalco montèrent en haut du temple. Le chef des hommes, lui, se battait dans les rues contre les Espagnols.

Ce fut le seigneur de Tlacopan qui prit le grand miroir noir des prédictions. Les trois seigneurs y cherchèrent l'histoire inédite de la tribu : Aztlan, le lointain et mythique pays des héros ; la migration, la fondation de la cité, le pouvoir des seigneurs d'autrefois, l'arrivée des blancs, la nuit ténébreuse. Quand ils ternirent le miroir de leur souffle, ils assistèrent à la catastrophe : « Tenochtitlan s'effondrait mur par mur, pierre à pierre ; il s'écroulait sous la poussée des armées castillanes épaulées par des traîtres, ces perfides Tlaxcaltèques. Maisons, chaumières, palais et temples s'anéantissaient ; les rues, les ponts, les canaux couverts de cadavres et le chef des hommes, le dernier seigneur aztèque, prisonnier avec toute sa famille, se rendait, demandant seulement qu'on le tuât, puisque la mort avait fui devant lui... Le miroir s'obscurcit. Il ne resta plus de clair qu'un petit coin où apparaissaient une poignée d'esclaves et en pleurant, ledit Tetlepantquetzin confia aux esclaves qui regardèrent le miroir : « Disons au seigneur que nous ne descendons pas, car nous devons perdre Mexico. »

Le chef des hommes envoya des émissaires à travers tout l'empire. Ils emportaient ses instructions et les têtes coupées des blancs. Ils dirent à tous les seigneurs que la promesse des dieux allait être accomplie avec la déroute des blancs. Ce jour-là, malheur aux traîtres ! Leur destruction serait sans mesure. Les temples et les maisons tomberaient, toute la population serait asservie. Le pouvoir aztèque serait restauré sur le monde d'Anahuac et ceux qui avaient contribué à la guerre du côté des Espagnols paieraient de leur vie cette alliance. C'est ainsi que de nombreux guerriers que Malinche avait soumis abandonnèrent la lutte, s'éloignèrent de Tenochtitlan, retournèrent à leurs villages ou leurs villes, les yeux durcis par le spectacle de la mort. D'autres rentrèrent dans l'obéissance et, trompant le blocus établi autour de la cité par les brigantins, envoyèrent des épis de maïs, des peaux, des arcs et des rondaches, des flèches et des massues comme nouveau tribut au chef des hommes.

A Tenochtitlan les chefs reconquirent à nouveau la vie normale perdue. Les guerriers retournèrent à leurs foyers, les seigneurs à leurs palais, les prêtres à leurs temples. Comme ils pleuraient en voyant sur le sol les pierres noircies des maisons, leurs divinités brisées et vaincues ! Mais la bataille n'était que suspendue. Les blancs se refaisaient et reviendraient certainement recommencer la guerre. Aussi Cuauhtemoc fit-il refaire les palissades, creuser les fossés et plaça des sentinelles dans tous les abords de la cité.

Mais la victoire des chefs ne survint jamais. Les dieux demeurèrent sourds devant le destin de leur peuple. Inanimées dans leur gaine de pierre, les idoles avaient depuis longtemps fermé leurs yeux. L'abandon, la misère et la douleur ne les touchaient plus. Une force plus grande régnait : la mort. A chaque chef, à chaque Espagnol, à chaque Tlaxcaltèque tombé, elles se sentaient plus fortes et plus aveugles. Le sang versé les nourrissait avec excès, les fortifiant mais les enfonçant aussi dans la torpeur, dans un songe magique qui précédait leur propre anéantissement. Et comme elles ne tinrent pas leur promesse, le peuple élu, seigneur de la mort, fut abandonné, cette fois, définitivement.

Les fuyards revinrent au camp de Malinche ; ceux qui avaient juré obéissance à Cuauhtemoc lui refusèrent tout tribut et celui-ci resta seul à Tenochtitlan avec sa tribu combative.

Trois chefs, prisonniers des blancs, arrivèrent à la cité apporter encore la paix. Par leur voix, Malinche disait que puisque Cuauhtemoc était de la famille de son grand ami Moctezuma et qu'il était marié à Tecuichpo, il fallait que la guerre finît pour qu'il fût reconnu comme son égal. Au nom de celui qui régnait en Castille, au delà de la grande mer, on lui pardonnerait la mort des Espagnols et de leurs alliés et on lui rendrait honneurs et grâces. Il manquait bien des guerriers à Tenochtitlan et du ravitaillement. La perte de la cité était certaine. Malinche ne voulait plus ni guerres, ni morts.

Le chef des hommes convoqua le conseil de la tribu, les capitaines les plus fameux, et devant eux les émissaires répétèrent les offres de Malinche. Après un bref silence, le plus ancien des présents parla ainsi :

— Grand seigneur. Nous te considérons comme notre roi et seigneur. Cette dignité te convient parfaitement car tu t'en es toujours montré digne. La paix dont tu parles est souhaitable.

Mais penses-y : depuis que les blancs sont entrés sur nos terres, tout va de mal en pis. Vois les services et les bienfaits qu'ils reçurent du grand Moctezuma, qu'amenèrent-ils ? Qu'est devenu Cacama, ton cousin, seigneur de Texcoco ? Et tes parents, les seigneurs d'Ixtapalapa, de Coyoacan et de Tlacopan, qu'en a-t-on fait ? Tous les fils de notre grand Moctezuma moururent. Tous tes sujets et tes vassaux de Tepeaca et de Chalco, même ceux de Texcoco et de toutes tes villes, de tous tes villages, sont devenus esclaves et on les a marqués à la face.

Songe à ce que nos dieux t'ont promis. Prends leur conseil et ne te fie ni à Malinche, ni à ses paroles ; car il vaut mieux que nous mourrions tous dans cette ville en combattant que de nous voir au pouvoir de celui qui nous rendra esclaves et nous tourmentera.

Le chef des hommes conclut brièvement :

— Si tel est votre avis, économisez le blé et le ravitaillement qui nous reste et mourons tous, les armes à la main. Et dorénavant, que personne ne soit assez hardi pour me parler de paix, car je le tuerai !

***

En revenant au combat, le capitaine Malinche ordonna de détruire la ville. Aussi, les Tlaxcaltèques jetaient-ils à bas maisons et temples. Et les gens de Mexico pleuraient. Il y eut des combats plus longs et plus ardus, dans les rues, les bassins, la grande place. Des brigantins, les blancs débarquaient et l'on se battait sur les bords de la lagune. Les Espagnols rentrèrent à Tlaltelolco : d'un côté, Malinche, Tonatiuh par Tlacopan, Sandoval par Tepeyacac. Derrière leurs retranchements, les chefs défendaient le terrain pouce à pouce. C'est là que Temilotzin prépara une embuscade. Il se cacha derrière la muraille en se présentant sous la figure de l'aigle. Mais quand il vit que son épée ne pouvait arrêter l'avance des Espagnols et qu'il était acculé, il sauta dans la lagune et poursuivit son chemin dans l'eau. On entendit alors une grande clameur et la bataille devint plus acharnée.

Les blancs construisirent à Tlaltelolco la machine de guerre appelée catapulte, pour laquelle les Tlaxcaltèques avaient amené de grands madriers. Quand on les frappait, toute la cité en vibrait. Des terrasses, les chefs regardaient travailler les Espagnols. Ils écoutaient leurs voix : cette machine devait anéantir les Mexicains. Aucun ne serait sauvé. Mais quand on employa la machine, au lieu de partir contre les guerriers, la pierre monta droit vers le ciel et retomba sur la machine elle-même qu'elle détruisit, à la grande joie des assiégés.

Cuauhtemoc s'empara d'un guerrier de Coatlan appelé Opochtzin. Il le fit orner du tecolsote de plumes de quetzal, l'insigne d'Ahuitzotl et il lui parla ainsi :

— Cet insigne qui appartint à mon père, Ahuitzotl, mettez-le au cacique ; qu'il meure avec lui en étonnant et en effrayant la foule ; qu'il soit un signal et que nos ennemis le voient et s'en effraient !

De fait, une fois paré de l'insigne, il prit un aspect sauvage, quatre autres chefs s'en furent avec Opochtzin. Avant de partir, le batailleur Temilotzin s'écria :

— Oh ! Mexicains ! Oh ! gens de Tlaltelolco ! Est-ce pour rien que Mexico existait et durait ? Sur quoi se basait la vie de Mexico ? Voici l'ordre de Huitzilopochtli : Prenez vos flèches, Mexicains ! Dirigez-en le dard, non contre le sol mais contre l'ennemi ! Si vous le tuez, nous serons sauvés. C'est la volonté de notre seigneur !

Le tecolote de plumes de quetzal partit et à sa vue, les ennemis s'émurent. Les blancs s'inquiétèrent. Le cacique Opochtzin s'en fut au camp des Tlaxcaltèques, il monta à la terrasse où ils gardaient leur butin de plumes de quetzal, d'or et de capes dérobés, il s'en empara et d'un saut, se jeta dans le vide. Mais il ne mourut pas.

En combattant bravement contre ses anciens sujets, Coanacoch, seigneur de Texcoco, fut fait prisonnier par son frère Ixtlilxochitl. Il fut amené en présence du capitaine Malinche et on lui mit une chaîne de fer. Quand il l'apprit, le chef des hommes pleura, car Coanacoch était un guerrier vaillant dont l'action se faisait sentir dans les combats.

***

Toute la chaussée de Tlacopan fut gagnée par les Espagnols. Toute la chaussée de Xoloc était au pouvoir de Malinche. Les blancs détruisirent le palais de Cuauhtemoc, y mirent le feu, firent écrouler ses pierres tandis que, de la hauteur du Yacacolco où il se trouvait et d'où il dirigeait la résistance, le seigneur les regardait faire.

Malinche envoya un autre message de paix. A Tlaltelolco, sur les ruines du marché, les Espagnols élevèrent une plate-forme. Mais le chef des hommes avait envoyé dire qu'il ne se rendrait pas et qu'il lutterait contre les Espagnols tant qu'un combattant serait vivant. Les blancs n'obtiendraient rien car toute sa fortune, ses manteaux, son or, ses insignes et ses plumes, tout serait jeté à l'eau. Malinche insista. Il combattait plus contre ses alliés que contre les chefs. Les Tlaxcaltèques ne pardonnaient pas. Ils tuaient pour tuer, même ceux qui s'avouaient vaincus. Femmes, enfants, vieillards, blessés, tous tombaient sous leurs coups.

A chaque assaut de Malinche, les vieillards et les femmes venaient à sa rencontre. Il les protégeait des Tlaxcaltèques. Les morts restaient étendus dans les rues, l'eau les emportait dans les bassins. Tout empestait. On mourait de faim et de maladie. On n'avait même plus à manger ni glaïeuls, ni hirondelles. On raclait l'écorce des arbres ; l'herbe salée de la lagune tentait d'apaiser leur soif. Tous s'en allaient la langue pendante, la bouche en feu. Mais ils combattaient avec fureur à chaque tentative des blancs.

Malinche envoya de nouveau des messagers de paix. Le chef des hommes lui adressa cinq émissaires pour l'aviser qu'il se rendrait à la place de Tlaltelolco ; mais que les Tlaxcaltèques n'y vinssent pas. Le capitaine monta sur la plate-forme ornée de tentures mais Cuauhtemoc ne parut point.

Deux émissaires se présentèrent avec des manteaux comme cadeaux pour Malinche et le message du seigneur : jamais de paix ; la guerre jusqu'au bout. C'est ce que les chefs avaient dit à Malinche un jour qu'il se présenta devant eux, à une barricade et qu'il leur parla amicalement. Ils pleurèrent en l'écoutant mais répondirent qu'il faudrait les tuer avant qu'ils ne se rendent.

Cette nuit-là, il y eut un augure funeste. Une sorte de grande flamme apparut au milieu de la pluie. Cette flamme surgit comme une fleur qui grandit, puis diminua et ne fut plus qu'une étincelle. Agitée par le vent, elle s'élevait, bruissait, crépitait. Puis, après avoir suivi la muraille du bord de l'eau, elle gagna le centre de la lagune où elle s'éteignit. Personne ne poussa un cri, nul n'éleva la voix, c'était la mort qui arrivait.

CHAPITRE X

TUE-MOI, MALINCHE !

« Oh ! mes frères, dressez-vous :
On a attaché l'or avec des chaînes de fer :
Vous êtes déjà livrés, ô vous, princes ! »
(Chant tlaxcaltèque relatif à la Conquête.)

Tous les quartiers avaient été déjà pris par le capitaine Malinche. A peine restait-il aux chefs, pour combattre, la petite lagune entre Amaxac et la terre ferme, sur le bord de l'îlot qui allait de la chaussée de Tlacopan à celle de Tepeyacac. Là s'étaient réfugiés les canots et sur l'un d'eux, couvert de toile verte et de plumes, il y avait Cuauhtemoc pour diriger la guerre. Entre les canots et les blancs, un fragile retranchement soutenait le combat.

Le capitaine Malinche entreprit donc l'assaut final. Il concentra les troupes d'Alvarado et de Sandoval, il amena les canons, plaça les brigantins, donna comme signal du combat le coup de feu d'une escopette et monta sur la terrasse de la maison du cacique Aztuatzin. De là-haut, il regardait le peuple des vaincus.

Le chef des hommes, de son côté, appela auprès de lui ceux qu'il avait chassés à Tolmayecan pour délibérer sur ce qu'il convenait de faire, sur le tribut à payer à la guerre et le moyen d'échapper aux Espagnols.

Comme ils se rendaient au lieu de la réunion, deux d'entre les plus importants furent vus par Malinche. Il leur parla pour leur demander le motif qui poussait le chef des hommes à refuser la paix.

— Appelez-le, leur dit-il. Qu'il vienne sans crainte. Il est dans une telle position qu'il fera bien de ne pas se perdre complètement.

Ils s'en furent et le vice-roi Tlacutzin revint avec la réponse de Cuauhtemoc. Il murmura devant Malinche :

— Mon seigneur ne se présentera jamais devant toi et préfère mourir. J'en suis très peiné, mais fais ce que tu voudras.

— Retourne voir les tiens, conclut Cortès et préparez-vous tous à mourir. Je vais vous combattre et vous anéantir !

Et il donna l'ordre du combat.

« Tandis que cinq heures se passèrent à discuter ainsi — écrivit don Hernan à Charles-Quint — ceux de la cité s'agitaient au-dessus des morts, d'autres étaient dans l'eau, d'autres fuyaient à la nage et d'autres se noyaient dans ce lac énorme couvert de canots. La peine dont ils souffraient était si grande qu'on se demandait comment ils pouvaient y résister. Pendant ce temps, un nombre infini d'hommes, de femmes et d'enfants s'en venaient vers nous. Et pour s'échapper plus vite, ils se lançaient dans l'eau et se noyaient au milieu de la multitude des morts. L'eau salée qu'ils absorbaient, la faim et la puanteur causèrent une telle mortalité qu'on a donné le chiffre de cinquante mille victimes. Nous ne pouvions faire disparaître les cadavres et nous marchions dans les rues sur des monceaux de cadavres. Ceux qui fuyaient la cité étaient si nombreux que j'avais ordonné aux Espagnols de se tenir dans les rues pour empêcher que nos amis (les indiens alliés) ne tuassent ces malheureux dont le nombre était infini. Je dis aussi aux capitaines amis de ne point consentir à ce massacre. Mais je ne pus empêcher, tant ils étaient nombreux, que ce jour-là, on n'en sacrifiât plus de quinze mille. Cependant, les nobles et les guerriers demeuraient tapis sur les terrasses, dans les maisons, même dans l'eau, sans qu'ils puissent dissimuler à nos yeux leur perdition et leur faiblesse. »

« Comme il se faisait tard et qu'ils ne voulaient pas se rendre, je fis pointer sur eux deux gros canons pour voir s'ils céderaient, car ils auraient pâti davantage si nous avions lâché sur eux nos alliés. Il fallut les tirer à coups de fusil. Ils furent bientôt pris et jetés à l'eau. D'autres se rendirent sans combattre ; et les brigantins s'avancèrent alors dans le lac, au milieu de la flottille des canots qu'ils dispersèrent tandis que ceux qui les montaient n'osaient plus continuer la lutte. »

⁂

C'est alors que Cuauhtemoc partit sur un canot, en se cachant d'abord dans les joncs et les oseraies pour se diriger vers le nord, vers la terre ferme. Mais les hommes d'un brigantin l'avaient aperçu. Ils s'élancèrent derrière lui. Sur la rive, les chefs pleuraient. La nuit commençait à tomber. Celui qui commandait le bateau espagnol se nommait Garci-Holguin. Il reconnut, à la hauteur de la tente et aux ornements du canot, que c'était celui du chef des hommes. Il hissa alors toutes les voiles, fit pointer canons, fusils et arbalètes. Mais au moment d'être atteint, alors qu'ils allaient tirer, Cuauhtemoc se dressa au-dessus de ses guerriers. Il leva son bras énergique :

— Ne tirez pas, cria-t-il ; je suis le seigneur de Mexico et de ce territoire. Je te demande de ne pas t'emparer de ma femme ni de mes enfants, ni de tout ce que j'ai ici. Mais prends-moi et amène-moi à Malinche !

Cependant, les chefs qui le voyaient se livrer à l'ennemi criaient au milieu des larmes :

— Hélas ! notre jeune seigneur Cuauhtemoctzin s'en va ! Il va se soumettre aux dieux, aux Espagnols !

On entraîna le seigneur jusqu'aux terrasses d'Aztuatzin où l'attendait Malinche. Les Espagnols semblaient abasourdis. Ils le placèrent face à la maison, ils lui prenaient les mains, le fils d'Ahuitzotl s'avança vers le capitaine et, la parole dure et le visage impassible, il lui dit :

— Seigneur, j'ai accompli ce à quoi j'étais obligé pour défendre ma cité et mes vassaux ; je n'en puis plus. Et puisque je viens par force et prisonnier devant toi, fais de moi ce que tu voudras.

D'un geste rapide que Malinche ne put empêcher, le seigneur arracha un poignard de la ceinture du capitaine et, le présentant par la poignée à don Hernan, il poursuivit :

— Prends ce poignard et tue-moi !

Le capitaine lui caressa les cheveux, le fit asseoir près de lui sous les tentures rouges et ordonna de faire tirer les canons sans viser personne. Les balles passèrent par-dessus les maisons et les gens et allèrent se perdre dans le lac. Malinche s'inquiéta du sort des autres chefs : Où se trouvaient Tecuichpo et Tetlepanquetzin ? Par le truchement de doña Marina, Cuauhtemoc répondit que tous étaient restés dans le canot. On les fit s'avancer. Le capitaine eut également pour eux des paroles flatteuses.

Mais pendant ce temps le massacre continuait. Quand les chefs apprirent que leur seigneur était pris, ils déposèrent les armes. La guerre était perdue. Au milieu du tumulte on entendait crier :

— Assez ! Allons-nous-en. Allez manger des légumes, misérables !

En entendant cela, le peuple s'ébranla et commença l'exode. « J'affirme, dit Bernal, que pendant trois jours et trois nuits, les trois chaussées étaient remplies d'Indiens, d'Indiennes et d'enfants, remplies de bout en bout, qui n'en finissaient plus de défiler, si maigres, si sales, si jaunes et si pestilentiels que c'était une pitié de les voir ».

Les Espagnols se fâchaient quand ils voyaient quelques guerriers portant encore leur épée d'obsidienne et leur bouclier. Ceux qui demeuraient dans les canots profitaient de la nuit pour partir. Quelques-uns s'esquivèrent à la nage ; ils se jetaient à l'eau avec leurs enfants sur le dos. La plupart pleuraient ; d'autres se bousculaient sur la route. Tous avaient faim, avaient soif. Les forces leur manquaient, ils tombaient. Ils traînaient leurs capes et leurs femmes. Et la cité demeurait, saccagée, comme disparue, ne formant plus qu'un amas de décombres. L'altière pyramide du dieu ne dominait plus ; les temples étaient tombés. « J'ai lu — dit le merveilleux chroniqueur — la destruction de Jérusalem et je ne sais pas s'il y eut plus de victimes que dans cette ville ; une énorme multitude de guerriers disparut de la cité et de toutes les provinces et des peuples soumis à Mexico et qui s'y étaient réfugiés, la plupart moururent ». Après un dur concert de lamentations et de cris qui cessa brusquement, tout devint muet, silencieux, d'une amère désolation. Et les Espagnols, qui vécurent les jours du siège de Tenochtitlan dans un air déchiré de sanglots et d'insultes vomis par la gorge des chefs, s'imaginaient être devenus sourds. Enfonçant ses griffes sur la tribu, la mort était morte, elle aussi.

« Toute la cité se trouva comme labourée, déterrées les racines des herbes qu'on avait mangées et l'écorce des arbres brûlée. » Et parmi les pierres des ruines, dans les rues, les Espagnols cherchaient l'or, les pierres précieuses, les insignes en plumes de quetzal. Mais les femmes emportaient l'or caché dans le ventre, dans leurs dessous et les hommes, dans le maxtlatl et dans la bouche.

Les Espagnols choisissaient les femmes les plus jolies, celles qui avaient le teint clair. Quelques-unes, en voyant les ennemis les saisir, s'enduisaient le visage de boue, s'enveloppaient les hanches de vieux chiffons, s'habillaient d'étoffes repoussantes et déchirées pour leur échapper. Les Espagnols prenaient aussi les hommes jeunes et forts. Ils les entraînaient rapidement vers un brasier ; ils retiraient des flammes un fer rouge à leur sceau et le leur mettaient dans la bouche, sur la mâchoire, autour des lèvres, sur le front.

Tout cela se passa quand les chefs eurent abaissé leur bouclier, jeté à terre leurs flèches, alors que Cuauhtemoc était prisonnier et que la guerre était finie.

La cité orgueilleuse fut dépeuplée. Les Espagnols eux-mêmes en sortirent bientôt, en se bouchant le nez car les morts empestaient.

Et dans la nuit les éclairs paraphèrent le ciel.

⁂

Le seigneur prisonnier passa la nuit à Acachinanco, sous la garde des blancs. Le jour suivant, au soleil levé, les Espagnols revinrent, mais sans boucliers ni épées. Ils arrivaient en longues files, à travers les semis. Ils prirent par le manteau Cuauhtemoc, Tetlepanquetzin, Tlacutzin, le prince-prêtre Cuatzin.

Après être arrivé au palais du cacique Coyehuetzin sur les terrasses duquel se tenait Malinche, ils firent monter celui-ci sur une plate-forme couverte d'un drap de couleur. Le capitaine s'assit. Près de lui s'assit doña Marina. Cuauhtemoc resta debout, leur faisant face.

A travers la distance, ils purent sans doute entendre les chants des Tlaxcaltèques :

Je n'ai fait que le voir et je suis resté émerveillé,
moi, le prince Anahuacatl : avec leurs écus et leurs glaives
les Tlaxcaltèques veulent aller à la suite des hommes de Castille.
Ils les acculèrent à l'eau et les joignirent :
Cela se fit lentement, sans y penser, oh ! Tlaxcaltèques : chantez,
[mes amis !

Le chef des hommes portait le brillant costume de fibre de maguey de diverses couleurs, décoré de plumes de colibri, rempli de boue, sans bijoux ni insignes. Coanacoch se drapait dans un manteau. Tetlepanquetzin également. Tous souillés de fange, on leur demanda où était l'or que les Espagnols perdirent dans le canal des Toltèques, au cours de la nuit ténébreuse !

— Qu'avez-vous fait de l'or que gardait Mexico ? dit doña Marina en répétant les paroles de Malinche.

Le chef des hommes donna l'ordre pour qu'on apportât son or. On le retira d'un canot ; il y avait là les étendards aux plaques d'or, les coiffures en or, les anneaux d'or pour les bras, les ceintures de cuir pour les mollets avec leurs grelots d'or, les casques d'or, les cuirasses d'or. On plaça tout cela sous les yeux de Malinche.

— Est-ce donc là tout l'or que gardait Mexico ? Que vos seigneurs cherchent encore !

— Que le dieu, le seigneur, nous écoute, dit le vice-roi Tlacutzin. Ce qui était entré dans nos palais était enfermé dans des murailles de briques, n'est-ce pas tout cela que nos vainqueurs ont emporté ?

Malinche répliqua :

— Oui ; nous l'avons pris. Tout fut mis en tas et scellé. Mais vous nous avez tout enlevé dans l'attaque du canal des Toltèques. Vous avez tout regagné ce jour-là et il vous faut le rendre aujourd'hui !

Tlacutzin répondit :

— Que le capitaine nous entende. Les Tenochcas ne savent pas combattre en canots, ce n'est pas leur habitude ; mais les gens de Tlaltelolco, si. Ils se battent dans leurs canots, n'avaient-ils pas pris l'or de cette façon ?

En écoutant l'accusation lancée contre son peuple, Cuauhtemoc ne se contient pas et s'adresse hautement à Tlacutzin :

— Que dis-tu, cihuacoatld ? Si les Tlaltelolques prirent l'or, les coupables ne furent-ils pas emprisonnés ? N'a-t-on pas tout mis à jour ? N'est-ce pas ce que l'on réunit à Texopan ? Et ce que les blancs ont récupéré, n'est-ce pas tout ici ?

Et son doigt signalait l'or entassé aux pieds de Malinche.

Tlacutzin s'excusa :

— Quelque homme du peuple en a peut-être pris ; qu'on le recherche. Le capitaine le verra.

Malinche parla alors :

— Qu'on me fasse voir deux cents lingots d'or, chacun gros comme le bras.

Tlacutzin répondit encore :

— Une femme l'a peut-être caché sous sa robe. Il faut le chercher. Le capitaine le verra.

Alors un chef de Tlaltelolco parla :

— Que notre seigneur daigne nous écouter. A l'époque de Moctezuma, quand on effectuait une conquête, tous les Mexicains se mettaient en marche, Tlatelolcas, Tecpanecas, Acolhuas, Chinampanecas. Nous nous mettions tous en marche, nous conquérions et quand une ville était vaincue, nous retournions immédiatement, chacun rentrant avec son peuple. Puis venaient les seigneurs des villes conquises ; ils apportaient leur tribut, ce qui leur avait appartenu, les bijoux de jade, l'or, les plumes de quetzal, les autres pierres précieuses, les turquoises, les plumes de héron. On donnait tout à Moctezuma et tout allait s'entasser à Tenochtitlan : le tribut et l'or ».

Ainsi se termina la réunion. Ce jour-là, il plut encore et le ciel se remplit de fulgurances.

TROISIÈME PARTIE

PÈLERINAGE VERS LA MORT

CHAPITRE PREMIER

LA PURIFICATION

> *« Ils devinrent rois, ils gouvernèrent sur la terre : ils étaient de fines plumes de quetzal qui se fanèrent et pâlirent ; ils étaient des émeraudes et ils furent brisés. »*
>
> (Chant en l'honneur des Princes.)

« On ne trouva pas à Mexico tout l'or que les nôtres y possédèrent d'abord, ni les traces du trésor si renommé de Moctezuma ; les Espagnols s'en plaignaient beaucoup, eux qui pensaient, une fois Mexico conquis, y découvrir un grand trésor ou du moins reprendre ce qu'ils avaient perdu dans leur fuite ».

Non, il n'y avait pas d'autre or que celui qu'on avait déposé aux pieds de don Hernan. Une fois fondus pectoraux et casques, montures des insignes de plumes et de diadèmes, à peine si l'on réunit cent trente mille écus castillans, ce qui était bien peu après de si grandes ambitions. Aussi le partage du butin, exigé par les soldats, déçut-il la plupart d'entre eux, blessa les autres, fit augmenter les ressentiments et naître les murmures. Après s'être colletés avec la mort, avoir souffert de la faim et de leurs blessures, exposé leur fortune, tant d'espoirs et de sacrifices devenaient inutiles. C'est alors que surgirent les accusations. Les princes alliés retournèrent dans leurs provinces, satisfaits d'avoir vaincu et saccagé Tenochtitlan, avec quelques cadeaux de capes et d'habits que Cortès leur fit. Leurs nombreux bataillons amenaient des esclaves chargés de la chair d'Aztèques salée et séchée en tranches au soleil. Mais les Espagnols, poussés à cette aventure par la soif de l'or qui les éblouissait depuis les voyages de Christophe Colomb, exigeaient son poids divin et sa présence.

Des accusations furent lancées : on avait vu deux Indiens avec de grandes plaques d'or, guidés par doña Marina, arriver secrètement à Coyoacan où don Hernan avait installé son quartier général. Un autre avait demandé à d'autres Indiens comment ils entraient mystérieusement dans la maison de Cortès en employant un huis dont le capitaine gardait jalousement la clé et l'on avait su, des lèvres ingénues des naturels, que c'étaient d'experts fondeurs de métal d'Atzcapotzalco. Un autre enfin entendit parler d'un endroit où était entassé un million de briques d'or.

Les mécontents — les soldats de Narvaez — assuraient que Cortès, pour garder l'or, empêchait d'user de la rigueur dans sa recherche. Les amis étaient gagnés par le doute. Peut-être les rêves communs de grandeur et de pouvoir ne se réaliseraient pas. Il fallait de l'or pour retrouver sa patrie, édifier des palais, obtenir des titres et des honneurs, jouir des femmes, fonder une lignée et terminer pacifiquement la vie, alimentée par le sang jaune de cette terre neuve et opulente.

Dans un village d'Estrémadure, de Castille, d'Andalousie, les parents traînaient une existence de jeûnes et étaient appauvris par les guerres ; dans les îles, la concubine ou la fiancée attendait anxieusement le retour de l'audacieux. Ils rêvaient d'une famille, d'une grange et des souvenirs de l'étonnante entreprise qu'affirmerait la trace des blessures là où le dard des flèches avait déchiré les chairs. Et maintenant, alors que l'empire, avec ses remparts détruits, tombait dans leurs mains, l'or, qui pouvait allumer un sourire sur les lèvres de la femme et de l'orgueil dans les yeux du père, disparaissait, escamoté.

Don Hernan tenta en vain d'améliorer cette atmosphère en multipliant les réjouissances dans lesquelles les distances s'abolissaient et en répartissant des vivres entre capitaines et soldats. De la Vera Cruz était arrivé, oh merveille ! un chargement de vin authentique de la patrie lointaine et un petit mais robuste troupeau de porcs. Et les soldats, qui avaient mangé pendant deux ans le ravitaillement déficient d'Anahuac, se sentirent comblés pour quelques heures.

Cortès les invita à un banquet. A Coyoacan, on disposa les

tables sous les arbres feuillus. Les marmites et les chaudrons où la chair savoureuse des cochons laissa sa graisse se virent bientôt entourés de gloutons appâtés par l'odeur des fritures. Les gourdes et les cruches circulèrent, on fit étalage des sveltes coupes d'argent et cette poignée d'hommes eut la joie d'apaiser sa soif avec de longues gorgées du petit vin de la Manche et de calmer sa faim avec le lard doré sur les braises.

Mais on n'avale pas du vin impunément. Les yeux devinrent vite brillants et la parole aisée. Il y avait, autour de la table, des femmes aussi décidées que les hommes. Elles étaient venues de Cuba, étaient arrivées jusque-là ; les unes moururent pendant la nuit ténébreuse, d'autres s'enfuirent dans l'ombre et dans le sang et revinrent bientôt. Leurs mains agiles et blanches soignèrent les blessures, mirent de l'huile sur les plaies ; leurs lèvres prièrent quand un soldat mourait. Elles étaient commandées par Isabelle de Estrada, la combattante. Le vin enflamma également leurs ardeurs. Et d'autres appétits s'éveillèrent.

Au banquet on parla du sujet brûlant : l'or. Ce n'est pas en vain que vivaient dans la mentalité des Espagnols de vieux mythes médiévaux qui conservaient avec leur poésie le monde romantique du mystère inexpliqué : sept évêques portugais abandonnèrent leurs diocèses avant l'invasion des Arabes, au temps du roi don Rodrigo, pour s'en venir à la grande Antille où chacun d'eux fonda son fief. Terres inconnues et très riches, prodigues en or, perdues sur les voies ignorées de la mer océane. Puis, les Indiens disaient qu'ils étaient venus du lieu des sept grottes (Chicomoztoc) sept villes qui, d'après les échantillons d'or, devaient être chose de légende. Peu d'années plus tard, Fray Marcos de Niza se prétendit le découvreur des sept cités de Cibola, au nord de la Nouvelle Espagne où il affirma « qu'il y avait beaucoup d'or dont les habitants font des plats et des bijoux pour les oreilles ainsi que de fines palettes avec lesquelles ils se raclent et enlèvent la sueur ».

Un autre mythe doré allait apparaître avec la conquête et se lèverait, plus solidement d'ailleurs dans d'autres panoramas, comme un aimant attirant les hommes : celui de l'Eldorado ; mais il était déjà ancré au cœur des troupes de Cortès. L'or des sables, des rivières, des masques sacrés, des idoles, des plumages et des insignes, gardé derrière les murs, tout à portée de la main.

Et puis la conquête de ce pays, plein de rumeurs contradictoires, impénétrable aux Espagnols, avec le faste des costumes indigènes, l'exquise sensibilité des monarques et des chefs, l'empire de la folie sacrée, les sacrifices sanglants, la différence des sentiments moraux née du choc de deux religions antithétiques qui réglaient la conduite de l'occidental et celle du Mexicain ; l'étrange et massive architecture locale, la splendeur des champs, l'étonnant idiome, l'atmosphère de cris, de douleur et de mort : tout cela empli d'un mystère magique.

Quand la force des mythes éclate dans la poitrine des conquistadores, c'est que se sont fondus les deux plus grands attraits de l'épopée hispanique : l'attirance du mystère et celle de l'or. Mystère et or expliquent la foi et l'espérance, passions primordiales du soldat de Cortès : foi dans le triomphe et dans le couronnement de l'aventure ; espérance qui à peine se réalisera pour que la foi subsiste et que vive éternellement le double et dramatique aimant : l'or et le mystère.

Là-bas, à Coyoacan, servis par de nouveaux esclaves, après avoir détruit les dieux primitifs et leurs temples, au seuil d'un secret que l'étranger n'avait jamais compris, les soldats s'excitent au souffle du mystère et dans l'émotion de l'or.

Le nom de ce métal et son présage jaillirent des lèvres de ceux que Cortès avait réunis à sa table : « Il y avait des soldats qui parlaient sérieusement d'acheter des chevaux avec des selles d'or, des arbalétriers qui disaient que toutes les flèches et les balles de leurs frondes devaient être en or. » Leur imagination échauffée avait oublié la mort et projetait des rêves stimulants sur leur avenir. Le bon repas, le vin plein de traîtrise et le signe de l'or se firent complices du scandale. « Il y eut des hommes qui, le banquet terminé, montèrent sur les tables qu'on ne pouvait retirer de la cour... et d'autres roulaient sur les degrés. » Mais la plupart s'échauffèrent avec les femmes.

Imitant leurs capitaines qui rendaient hommage aux femmes indigènes, les soldats reçurent avec joie les femmes dont les caciques alliés leur faisaient cadeau ; ils prirent même les femmes des soldats de Mexico pendant les jours obscurs de la chute de Tenochtitlan. Elles se tenaient près de leur maître, modestes et pleines de désir, sentant leurs instincts s'aiguiser au contact des vainqueurs et des forts. Et celles qu'on rechercha pour les rendre, à la demande de Cuauhtemoc, à leurs pères ou à leurs maris, préférèrent la compagnie des conquistadores chez qui elles ne trouvaient pas la sombre et religieuse continence des hommes de leur race. A la fin de l'orgie, les soldats tombèrent avec elles sur la feuillée et la fraîche terre vierge de Coyoacan.

Mais le lendemain, les rêves s'étaient évanouis. L'heure du repentir arriva. Fray Bartolomé de Ojeda, chapelain de Cortès, scandalisé, proposa et exigea la pénitence. Et parmi les tables du banquet, dans un climat qu'énervaient l'odeur du vin, les brises parfumées des bosquets et les témoignages manifestes de la débauche, les Espagnols passèrent en procession, suivis de leurs femelles, entendirent la messe, chantèrent des hymnes religieux en se frappant la poitrine et en abjurant tous leurs péchés.

⁂

Les accusations reprirent avec vigueur. Sur les murs blancs de la maison de don Hernan apparaissaient des vers insultants auxquels il répondait, en se croyant poète, par d'intrépides distiques. Son pouvoir sur la troupe s'affaiblissait cependant. Et les représentants du roi pour la collecte de l'or ne demeuraient pas en arrière. Ils exigeaient qu'on recherchât le trésor perdu de Moctezuma. Si ce « chien » de Cuauhtemoc ne voulait pas l'exhumer de bon gré, il fallait l'y forcer d'une autre façon. Julian de Alderete fut celui qui insista davantage. C'est lui qui suggéra d'employer la torture. Cortès eut la faiblesse d'y consentir. Mais il lui fallait prendre une mesure qui rétablît sa réputation. C'est ainsi qu'il remit le sort du chef des hommes aux mains de sa propre ambition.

Don Hernan aurait pu prononcer le monologue que lui prêta une tragédie écrite et publiée en Espagne au début du XIXe siècle :

Cortès

Il n'y a point de doute ; la politique l'exige :
Il faut le faire : si Cuatimoc
Demeurait impuni, de combien de malheurs
Son pernicieux exemple serait cause !
S'ils nous voient trembler, notre effort est perdu.
Si la superbe de Cuatimoc est telle
Qu'il ose nous insulter, il se pourrait qu'un jour
Il se révolte aussi, prenne les armes

Et secoue notre joug, seul un homme
De courage et talent qui aime sa patrie
Et la voit dans les fers est à craindre, à coup sûr.
La moins favorable circonstance
Qui se présente, suffit à le décider ;
Il réunit ses amis, les enflamme,
Les conduit au danger et soudain
L'explosion éclate, embrase tout,
Détruit tout... Mais jeter dans les flammes
Un héros désarmé, sans pitié, le peut-on ?
Barbarie qui serait le scandale du monde
Et couvrirait mon nom d'infamie !... Mais pourtant
Tous deux sont obstinés... Mais le chef qui commande
Ne peut montrer ses propres sentiments.
Il doit ne pas donner passage à la pitié.
Allons donc accomplir, malgré nous, la sentence,
L'injustice pleine d'horreur — mais nécessaire.

Mais la purification de Cuauhtemoc par le feu fut bien différente, plus dure et plus complète que ne le raconte cette même tragédie en vers de peu de crédit :

« CORTÈS ET UN TLAXCALTÈQUE »

Cortès

— Que dis-tu, Tlaxcaltèque ?

Tlaxcaltèque

Cortès, je les ai vus au milieu des flammes.
Le valeureux Cuatimoc, près du bûcher,
Le visage furieux et les yeux fixes,
Criait : « Soyez satisfaits, Espagnols !
Réjouissez-vous, Tlaxcaltèques, vils Indiens !
Malheur à vous, malheur ! Vous recevrez bientôt
Le prix que votre infamie mérite.
Restez entre Espagnols ! » Et d'un pied assuré,
Il foula le brasier, nous regarda tranquille,
Avec un horrible sourire. A son exemple,
Son ministre à son tour atteignit le bûcher.
Mais cédant à la douleur, entre mille angoisses
Il allait enfin découvrir... quand son maître

Lui dit d'une voix terrible... « Croirais-tu
Que je sois sur un lit de roses ? Et Tisoc
Souffrit, se tut et expira.

Cortès

Que vive Cuatimoc !

Otez-le du bûcher !... »

Non ; ce ne fut pas ainsi. Son supplice manqua de cette atmosphère poétique. Il fut plutôt dramatique et eut également un prologue. Car aux demandes réitérées d'Alderete, don Hernan répondit : « En faisant rôtir un Indien de cette ville pour lui faire dire où était le trésor de Guatimuza. » Un autre Indien dit qu'il savait où se trouvait une idole qu'on avait tirée du temple de Tenochtitlan avec l'or de Cuauhtemoc. On amena ce chef jusqu'à l'endroit signalé par sa sottise ou son ingénuité. Et comme les fouilles ne donnèrent pas de résultats, « Cortès ordonna de faire un bûcher sur lequel on attacha l'Indien... Une fois lié, ils le brûlèrent comme on rôtit un cochon de lait et ils l'y laissèrent si longtemps que l'Indien voulait mourir. Alors Hernan Cortès ordonna de le lancer dans la lagune où il expira. Le témoin ajoute : « Ceci se passait durant la nuit. »

Le chef des hommes apprit tout cela dans sa prison de Coyoacan. Hébergé dans la propre maison de Cortès, mais entouré de gardes vigilants, il continuait de recevoir cependant par de subtiles antennes de sa tribu, peut-être par les signes imperceptibles avec lesquels les Indiens se parlent ou en se regardant simplement dans les yeux, le battement du cœur de son peuple. Le vaincu fit alors un geste de protestation : « ...ledit Guatimuza étant là, portant au cou une tête d'homme taillée dans une magnifique pierre verte, avec le collier d'où pendait ce bijou, ledit Guatimuza se pendit à un arbre pour mourir et quand on le lui enleva pour l'empêcher de recommencer, il dit qu'il l'avait fait parce qu'il pensait que c'était le sort qu'on lui réservait. »

Cuauhtemoc cherchait la mort. Il l'avait réclamée déjà le jour de son arrestation et elle lui fut refusée. Il voulut la trouver à Coyoacan et elle lui fut encore enlevée. Il ne craignait pas la douleur. Elle lui était familière depuis qu'il était passé par le séjour de la pénitence et des larmes.

Où était l'or ? Si les chefs se taisaient, il faudrait ouvrir la bouche à leur seigneur. Car il restait silencieux. Il demeurait des heures à Coyoacan plongé dans un mutisme impressionnant. Peut-être répondrait-il simplement et directement aux questions de Malinche. Mais les yeux sans lumière, regardant en dedans, étaient totalement inexpressifs. C'est vainement qu'Alderete lui avait fait vider tout le calice sans qu'il dît une phrase dans laquelle la tribu aurait brisé son valeureux instinct de courage.

On le réunit à ses proches. Tetlepanquetzin, seigneur de Tacuba, et un autre chef dont l'histoire a oublié le nom furent adjoints à Cuauhtemoc. Ils furent attachés sur les planches brutes de bancs peu élevés sans dossier. On oignit leurs pieds et leurs mains d'huile et on approcha des tisons. Aussitôt les chairs crépitèrent et une épouvantable odeur emplit la pièce sordide dans laquelle Alderete s'érigeait en bourreau. Alderete leur demandait :

— Où est le trésor de Moctezuma ?

Les trois seigneurs se mordirent les lèvres.

— Où est le trésor de Moctezuma ?

De la bouche des trois seigneurs le sang coulait.

— Où est le trésor de Moctezuma ?

Il n'y avait pas de trésor. Tout le métal de Tenochtitlan, sa richesse, avait déjà été livré. On l'avait mis aux pieds du capitaine Malinche. Peut-être y avait-il de l'or au fond de la lagune, perdu par les blancs pendant la nuit de terreur et de mort. Un autre fut aussi jeté à l'eau avec les canons capturés. Peut-être restait-il aussi un peu d'or au fond d'un bassin, dans la maison écroulée de Cuauhtemoc. Le seigneur de Tlacopan dit qu'il avait de l'or dans sa capitale voisine.

Il n'y avait pas d'autre or. Où était-il donc ? Le chef anonyme cloua ses regards sur les yeux éteints de Cuauhtemoc. Déjà la douleur hurlait en réclamant la mort. A ce regard, qui fut toute une imploration, répondit la phrase ardente du seigneur aztèque :

— Suis-je donc dans un bain de délices ?

Les mains et les pieds, tout noircis, étaient une monstrueuse ampoule d'où émergeaient les os calcinés. La sueur tombait à grosses gouttes. Le compagnon de supplice, l'homme sans nom, mourut. Il se laissa aller en avant, pencha sa tête et ses cheveux épars s'enflammèrent.

Alderete se disposait à renouveler le bois et l'huile, la demande et la sommation, lorsqu'on lui fit savoir la volonté de Cortès qui tenait « pour une chose inhumaine et avare un tel traitement fait à un roi. » C'est ainsi que le supplice fut suspendu. Cet ordre sauva Cuauhtemoc et Tetlepanquetzin qui étaient prêts à rejoindre le sombre royaume de Mictlan où les seigneurs, leurs ancêtres, attendaient.

Un peu plus tard, à Coyoacan, le docteur Ojeda appliqua onguents et charpies sur les plaies des princes.

Mais Cuauhtemoc resta infirme pour toujours.

***

Le sceptique chantre de la grandeur humaine et des traits héroïques, Michel de Montaigne, en fit cette glose :

« Le roy, à demy roty, feut emporté de là, non tant par pitié (car quelle pitié touche iamais des âmes si barbares, qui pour la doubteuse information de quelque vase d'or à piller, feissent griller devant leurs yeuls un homme, non qu'un roy si grand et en fortune et en mérite), mais ce feut que sa constance rendoit de plus en plus honteuse leur cruauté. »

CHAPITRE II

ANNÉES DE CAPTIVITÉ

Qu'est-ce qui demeure intangible ?
Qu'est-ce qui arrive à une heureuse issue ?
Ici nous vivons, ici nous restons et ici nous souffrons, mes amis !

(« Concours de poètes ».)

Le supplice de Cuauhtemoc ne rendit pas aux blancs tout l'or qu'ils convoitaient. D'habiles nageurs retirèrent de la lagune blanche de petits objets luisants ; d'un bassin, dans la maison du chef des guerriers, un pectoral, rond comme un soleil. Et rien de plus. L'or s'était perdu pour toujours. Mais il y avait plus dans le sein de la terre. Alors, don Hernan, pour faire taire des exigences et dissiper la défiance, considérant que « beaucoup de soldats devenaient insolents en demandant plus de parts pour eux et en affirmant qu'il en gardait pour lui-même et ainsi le leur dérobait, en demandant également des prêts en argent, décida de s'en débarrasser en les envoyant peupler toutes les provinces qui lui semblaient propres à être colonisées ».

Les expéditionnaires furent guidés par le livre des rentrées d'impôts de Moctezuma. Les conquistadores partirent donc pour les endroits qui apportaient les tributs les plus importants à Tenochtitlan : Gonzalo de Sandoval s'en fut vers Tuxtepec fonder une ville qui porterait le nom du pays natal de Cortès et créer un port à Coatzacoalco ; Vicente Lopez et Castañeda vers les territoires de Cuauhpopoca, le Panuco, que Francisco de Garay considérerait comme son fief ; Juan Alvarez Chico prit la route de Colima, Francisco de Orozco celle d'Oaxaca. Le départ de chacun de ces groupes d'Espagnols, accompagnés de forts escadrons d'Indiens alliés — Acolhuas et Tlaxcaltèques, plus les Mexicains marqués du fer des esclaves — donna lieu à de grandes et sentimentales cérémonies à Coyoacan. Les secrétaires, faisant courir leurs plumes, copiaient ordres et instructions. Ceux qui avaient des carreaux d'arbalètes, des chevaux et des prières miraculeuses, de celles qui préservent la vie lors de l'attaque vigoureuse des guerriers indigènes encore insoumis, faisaient de splendides affaires.

Puis, après la messe de communion, un matin, avant que le soleil ne fasse miroiter les eaux du lac, les aventuriers s'ébranlaient le long des rives et s'en allaient à la rencontre de l'or, du mystère ou de la mort.

Formaliste comme personne, à peine fut-il établi à Coyoacan, Cortès organisa le conseil de ce qui serait bientôt la nouvelle cité de Mexico dont il établit la fondation. Cuauhtemoc fut nommé gouverneur et Tlacutzin reprit ses fonctions. On lui reconnut des pouvoirs identiques à ceux qu'il exerçait sous le règne du fils d'Ahuitzotl. Le rétablissement des autorités indigènes devait servir comme un lien plus fort entre Cortès et la masse des esclaves. Il l'avoue lui-même dans une de ses lettres à Charles-Quint : « Comme j'avais toujours désiré que cette cité se réédifiât, à cause de sa grandeur et de sa merveilleuse position, je travaillais à rassembler tous les naturels qui s'étaient dispersés de tous côtés du fait de la guerre, et, bien que je gardasse prisonnier leur seigneur, je pris un capitaine-général qu'ils avaient pour la guerre et que j'avais connu du temps de Moctezuma, je le chargeai de repeupler le pays et pour qu'il ait plus d'autorité, je lui rendis la charge qu'il occupait auparavant, celle de ciguacoat, ce qui veut dire « lieutenant du seigneur ».

La charge de Cuauhtemoc était purement honorifique, puisque le chef des hommes ne pouvait plus se servir de ses pieds. Cependant, le prestige du seigneur et surtout la blessure causée dans la mentalité indigène par la chute de Tenochtitlan furent habilement exploités par Cortès.

A la fin de 1522, don Hernan envoya Cristobal de Olid dans une expédition contre le royaume de Michoacan. Les excursions antérieures des soldats Villadiego et Parrillas, celle, beaucoup mieux organisée, de Montaño qui amena à Coyoacan le frère du seigneur tarasque avaient fait connaître l'opulence de la région et la facilité de la conquête. Quand le siège de Tenochtitlan fut établi, divers ambassadeurs de Cuauhtemoc s'en furent dans le territoire des lacs à la recherche d'un appui. Ils tombèrent sous les coups des gens de Michoacan qui étaient les ennemis irréconciliables de la tribu aztèque bien qu'ils se prétendissent du même sang.

Quand les Tarasques apprirent la venue de Cristobal de Olid, Zincicha, leur seigneur, réunit son conseil et dit aux anciens :

— Que faisons-nous ? Il semble bien que cette troupe s'approche !

Les anciens répondirent :

— Seigneur, ils arrivent en effet. Il faut nous disperser. Mais où aller ? Ils nous ont déjà vus et repérés.

Le seigneur affirma :

— Mes amis, qu'il en soit fait comme les dieux voudront !

Il avait la même attitude fataliste et accablée que Moctezuma.

Cristobal de Olid procéda avec rapidité et énergie. Il soumit le royaume sans avoir besoin de combattre. Et à son retour, quand les nobles de la cour michoacane l'accompagnaient avec Zincicha, celui-ci pleurait et disait à son frère Huizizilci : « Vous ne m'avez peut-être pas dit la vérité en prétendant que les Espagnols étaient joyeux à Mexico ; j'ai échappé des mains de ceux qui voulaient me tuer et vous voulez à votre tour me tuer à Mexico et vous m'avez menti. »

Ils lui répondirent : « Seigneur, nous ne t'avons pas menti... Nous t'avons dit la vérité. Tu le verras dès ton arrivée. »

En débouchant à Coyoacan, Cortès reçut Zincicha avec des manières aimables et d'imposants honneurs. Il commanda un carrousel de cavalerie, on tira les canons, on lui fit visiter les ruines de Tenochtitlan. Les chefs le conduisirent à travers les décombres, en lui montrant les pierres rouges écroulées, les canaux aveuglés, les énormes têtes de serpent qui s'étaient balancés sur le coatepantli, les fondations du temple d'Huitzilopochtli. Les chefs pleuraient et Zincicha ouvrait des yeux étonnés.

Il y eut ensuite un banquet. Les capitaines espagnols et les chefs tarasques s'assirent à la même table. Il n'y eut sans doute pas de discours mais Cortès et Zincicha scellèrent leur amitié en se donnant l'accolade. Plus tard, don Hernan servit un dessert inattendu au seigneur du Michoacan « en l'incitant à visiter Cuauhtemoc, prisonnier et dont les pieds avaient été brûlés, parce que, disait-il, il avait tué beaucoup d'Espagnols ».

Voulait-il lui donner un avertissement ? Une leçon par l'exemple du chef des hommes ? « Il serait intéressant de savoir ce que purent se dire ces deux souverains et les jugements qu'ils émirent au sujet de leur sort futur. L'infortune unit une fois dans leur vie ces deux êtres dignes d'un meilleur destin. »

Cette entrevue a été le thème de suppositions diverses. Aux yeux de Cuauhtemoc, le seigneur tarasque avait trahi la cause de l'empire. Parlèrent-ils ? Peut-être le seigneur de la maison des flèches et des écus resta-t-il muet, comme toujours, sur son lit d'invalide et l'homme du Michoacan se borna-t-il à regarder les pieds et les mains du vaincu enveloppé de linges humides.

Le mépris des chefs aztèques pour Zincicha s'exprima dans un sobriquet pittoresque et précis : ils l'appelèrent « caltzontzin », c'est-à-dire « vieux soulier ».

⁂

Pendant ce temps la cité de Mexico se relevait sous la main constructrice des Aztèques. On répara avant tout l'aqueduc de Chapultepec, après avoir ordonné les décombres et éteint la pestilence des incendies. Le tracé de la nouvelle cité fut fait par Cortès, qui distribua les meilleurs lots entre ses favoris. On mit à part Tlaltelolco pour les Indiens. Et le travail des esclaves fut tel que Motolinia s'exclamait : « La septième plaie fut l'édification de la grande cité de Mexico dans laquelle, les premières années, on employa plus de personnes que pour l'édification du temple de Jérusalem, au temps de Salomon. Il y avait tant d'ouvriers qui s'occupaient dans les édifices ou qui amenaient les matériaux ou qui venaient apporter tribut et ravitaillement aux Espagnols et aux maçons qu'à peine pouvait-on passer dans les rues et les chaussées qui cependant étaient larges. On abattait des édifices d'un côté pour les reconstruire ailleurs. La coutume dans la construction veut que les Indiens les fassent à leurs frais, cherchent leurs matériaux, payent les tailleurs de pierre et les charpentiers qui jeûnent si on ne leur apporte pas de quoi manger.

On amenait tout à bras d'hommes ; poutres et pierres qu'on traînait avec des câbles et comme ils avaient peu de technique et beaucoup de personnel, là où il fallait cent ouvriers, il y en avait quatre cents qui travaillaient en chantant ou en poussant des cris, dans un tumulte qui ne cessait ni jour, ni nuit, tant était grande l'ardeur employée d'abord pour construire la ville. »

Le manque d'or facile que les conquérants ne cessaient de réclamer avec insistance poussa Cortès à confier le destin des Indiens à des gens qu'il ne pouvait récompenser autrement. Le travail des Indiens remplacerait le métal. Et c'est ainsi que commencèrent les bénéfices et les profits personnels.

Quand Cuauhtemoc eut ses mains et ses pieds cicatrisés, Cortès le prit pour l'accompagner dans ses visites à la cité en construction. En voyant leur seigneur, les Indiens se jetaient à terre pour la baiser. Et dans le mutisme du tlacatecuhtli, ils puisaient de nouvelles forces pour retourner à une tâche difficile et sans trêve.

Leurs chants mélancoliques emplissaient le vallon d'Anahuac.

***

En même temps que se poursuivait la conquête des autres seigneuries indigènes, Cortès se rappela une mission transcendante qui, sans lien avec l'inconnu, l'ambition et l'or, pouvait justifier son entreprise aux yeux de son roi : la reddition spirituelle des païens. A Chalchiuhcuecan, au lendemain de son débarquement, il parla aux émissaires de Moctezuma des excellences du christianisme et de l'abominable péché de l'idolâtrie. Ce thème jaillit de ses lèvres après la tuerie de Cholula, en visitant le grand temple de Tenochtitlan, quand il s'empara du seigneur tenace et craintif. La guerre l'empêcha cependant de s'adonner au prosélytisme. Cortès, habile politique, savait que la conversion de l'idolâtre à la foi chrétienne était une arme aussi efficace, pour arriver à soumettre les Indiens, que l'arquebuse, l'arbalète et les brigantins. L'essentiel n'était pas la croyance en un seul Dieu, mais la recette pour obtenir ce qu'il désirait le plus : le pardon des offenses, la contemplation de la douleur humaine comme une mesure pour exalter l'humilité, la vie de sacrifices et de privations : cela l'aiderait dans la grande œuvre entreprise, parce que ces prédications enlèveraient à l'indigène les accès d'orgueil, la soif de vengeance, le désir de revanche.

Les Indiens commencèrent à entendre parler de l'existence d'une seconde vie où les bienheureux jouiraient de plaisirs inimaginables : satiété, félicité, santé, immortalité et paix. Pour eux, la mort avait une signification distincte et secrète, en harmonie intime avec son monde mystérieux. D'un autre côté, si l'entrée dans cette nouvelle religion leur donnait des droits à une certaine égalité — plus exaltée que réelle — avec les Espagnols, les Indiens ne refuseraient pas la christianisation, même si dans le fond de leurs âmes ils élevaient des temples à leurs divinités qui leur avaient valu grandeur et mort.

Les filles de Moctezuma furent conduites au baptême. C'est ainsi que Tecuichpo, l'épouse de Cuauhtemoc, échangea son candide nom emblématique « Flocon de coton » contre le nom plus sonore d'Isabelle. Les seigneurs de Texcoco et d'Atzcapotzalco furent connus désormais comme don Pedro et don Carlos. Le vice-roi lui-même, Tlacutzin, possédait son bâton de justice et un surnom sonore : Don Juan de Velazquez. Mais le chef des hommes vivait encore dans le paganisme.

Un des chapelains de Cortès, ou peut-être le missionnaire Fray Pedro de Gante ou les pères Tecto et Aora durent se charger de catéchiser Cuauhtemoc, de le faire pénétrer dans les nouveaux et incompréhensibles symboles de cette religion si différente de la sienne, lumineuse dans son rituel, âpre dans son apparente simplicité, difficile dans l'explication puérile du monde qu'elle tente. Et quand le néophyte eut l'air d'avoir la foi, Cortès ordonna de célébrer le baptême.

Un grand tableau à l'huile du XVIIIe siècle nous laisse une reproduction pittoresque de la cérémonie : devant le baptistère, à genoux, avec son manteau royal étendu derrière lui, le rejeton de la race d'Acamapichtli incline la tête. Les yeux fermés semblent être une marque de recueillement ; les mains entrelacées ont abandonné le sceptre ardent de ses ancêtres. Mais le visage est éteint, enfoncé derrière ses pommettes saillantes de tartare. Derrière le converti, un Hernan Cortès efféminé lui met la main sur l'épaule, comme parrain, avec Pedro de Alvarado, tandis que tombent les eaux d'un Jourdain imaginaire sur le front de Cuauhtemoc. Une femme — doña Marina ? Tecuichpo ? — vêtue à l'espagnole, genoux en terre, s'appuie sur un bouclier de fer.

En signe de paix, l'épée de don Hernan gît à terre sur le tapis. Et le fond du tableau est plein de motifs indigènes et de présences espagnoles qui témoignent du métissage : tandis qu'un héraut sonne de sa longue trompette, un Indien fait pleurer le huehuetl, sonore tambour végétal ; les plumes des chefs s'épanouissent ; derrière la croix, les bases des temples consacrés aux idoles de Tenochtitlan sont solides et éternelles.

Le peintre qui reconstitua le baptême de Cuauhtemoc mit dans un médaillon blanc ces vers significatifs de la façon de sentir l'épopée du dernier seigneur aztèque qu'eurent les premiers colons :

Le cou ployé sous la domination espagnole,
L'esprit captif, le tyran inondé de sang
Brise les fers de sa sombre erreur
Pour que le diadème d'or qui est la seule
Prison simulée du culte impie
Cède avec bonheur au véritable élan
De l'âme qui arbore l'étendard de la foi.
Le vaincu abjure son aveugle polythéisme
Alors que dans la fontaine cristalline et sacrée
Il gagne la couronne, victorieuse de l'abîme.
Car s'il incline la tête sous le joug espagnol
C'est avec de tels avantages que son vainqueur
Le conduit lui-même vers le glorieux triomphe.

Du baptême, le chef des guerriers retira un nom de gentilhomme : Don Hernando de Alvarado Cuauhtemoc.

⁂

La maison de Hernan Cortès à Coyoacan était un véritable harem. Des femmes espagnoles et indigènes se partageaient les élans sexuels du conquérant qui — au dire de Lopez Gomara, son chapelain — se montrait jaloux avec ses femmes et hardi avec celles d'autrui, « ce qui est le propre des putassiers ».

Avant sa venue aux Indes, il joua un rôle malheureux dans une tragi-comédie amoureuse. En escaladant un mur qui le séparait d'une femme désirée, les pierres s'écroulèrent sur lui et l'ensevelirent. Et dans l'obscurité de la nuit d'Estrémadure, un mari violent cherchait l'amoureux avec une rapière au poing.

Puis, à Cuba, ses désaccords avec Diégo Velazquez eurent comme toile de fond des froufrous de jupes dans lesquels don Hernan s'englua. C'est ainsi qu'il mena à l'autel Catalina Xuarez, appelée la Marcayda. A Mexico, il fut généreux envers les femmes. Avant la nuit ténébreuse, quand il logeait au palais d'Axayacatl, il recevait également dans son lit doña Marina, doña Ana — fille de Moctezuma —, doña Francisca, sœur de Coanacoch et quelques dames à la peau blanche et aux espagnoles prunelles grises.

Mais l'amour dont il était fort dévot allait lui causer quelques déplaisirs. Un des témoins de son jugement de résidence vit « deux ou trois Indiens pendus à un arbre de Coyoacan, dans le jardin dudit don Hernan et entendit dire publiquement à un autre témoin que ledit don Hernan Cortès les avait fait pendre pour avoir couché avec doña Marina ». Les autres lui demeuraient fidèles, notamment une doña Leonor Pizarro, une doña Antonia Hermosillo, Espagnoles ; une mystérieuse doña Inès, Indienne, sans oublier doña Elvira, naturelle des environs de Tenochtitlan qui promenait, avant doña Marina, son ventre lourd de promesses dans le jardin du seigneur.

C'est au milieu de ce sérail « d'innombrables femmes du pays et d'autres de la Castille » dont, au dire du public et de ses serviteurs, il jouissait indifféremment même si elles étaient parentes les unes des autres, que tomba la femme légitime. Elle arriva, en août 1522, alors que Cortès venait à peine de prendre la ville de Mexico et naturellement elle troubla cette vie prodigue d'excès.

Fut-ce parce que son mariage avait été de raison plutôt que d'amour, ou parce que l'absence avait éteint les flammes de la lointaine union, ou parce que la facilité de trouver des remplaçantes et leur variété sous un même toit fussent troublées par la présence de doña Catalina, le fait est que, malgré la pompeuse réception, les épées hautes, la compagnie d'honneur, les saluts des capitaines et les révérences des clercs, très tôt commencèrent les disputes.

La maison de Cortès, débarrassée de son harem, devint le salon de l'époque. Il y venait les soldats qui ne brillèrent pas dans les expéditions, ou les fonctionnaires — alcades, trésoriers, intendants — qui préféraient la tranquille vie du triomphe aux hasards de nouvelles batailles. Riches vêtrements, bijoux voyants, jeux de cartes. Fêtes et plaisirs tout à côté de Cuauhtemoc étendu sur son lit d'invalide, symbole de la douleur et de l'infortune.

Un soir — peut-être en novembre, trois mois après l'arrivée de l'épouse —, le vin avait circulé avec plus d'abondance. Don Hernan avait été particulièrement brillant. L'esprit alerte, il lançait ici une pointe, là un compliment, ou bien un regard amical à un favori, un coup d'œil inquiet aux dames. Doña Catalina Xuarez, la Marcayda, au contraire était d'humeur sombre. On remarquait ses sourcils froncés et son air revêche. Au milieu des conversations, sa voix s'adressa au soldat Solis :

— Vous voulez n'occuper mes Indiens qu'à des choses étrangères à celles que je leur commande et l'on ne fait jamais ce que je veux.

Solis, après la révérence obligatoire, répondit :

— Madame, ce n'est pas moi qui les occupe. Son Excellence — et il indiquait don Hernan — est leur seul maître.

Doña Catalina, d'un ton aigre :

— Je vous promets qu'avant peu je m'arrangerai pour que personne ne touche plus ce qui est à moi.

Alors, Cortès lui lança brutalement cette injure ambiguë :

— Ce qui est à vous, Madame ? Je ne veux rien de ce qui est vôtre !

La mauvaise intention était évidente. Doña Catalina rougit et, après un rapide salut aux personnes présentes, elle sortit du salon pour gagner son oratoire. Don Hernan la suivit. Fray Bartolomé de Olmedo fut témoin de la scène qui suivit. Comme doña Catalina pleurait sur les « dédains et les infidélités de don Hernan, pour les jours d'abandon et de solitude à Cuba, pour les constantes humiliations qui la faisaient souffrir dans l'intimité de sa vie jusqu'à la chasser du lit conjugal, pour la vie dissolue et sans frein que son époux menait en ce moment ». Cortès lui en demanda raison. Elle répondit qu'elle voudrait être morte.

Une fois les visiteurs partis et doña Catalina et don Hernan, seuls dans leur chambre, commença ce qu'on n'a jamais pu tirer au clair. Le silence se fit. Les serviteurs éteignirent les lampes et se turent. Un pesant sommeil envahit tout jusqu'à ce que les cris du capitaine émurent la domesticité. Doña Catalina avait cessé de vivre : son collier de perles était brisé, le lit était souillé d'urine, les draps relevés jusqu'au menton et, au dire d'une femme de chambre, on remarquait des marques violettes sur la fine peau du cou. On a dit que les mains qui avaient soumis Cuauhtemoc entraînèrent dans la mort la Marcayda. « Et comme je ne sais rien d'autre que ce que j'ai dit — répéterons-nous avec Bernal — nous ne toucherons pas ce thème. D'autres personnes l'ont exprimé plus clairement et plus ouvertement dans un procès qui eut lieu plus tard, à ce sujet, devant le tribunal royal de Mexico. »

Le veuvage n'affecta pas Cortès. Il avait de doña Marina un fils — Don Martin — éveillé et de teint sombre, peut-être le plus aimé. Un autre avec la Pizarro. Et il était retourné avec plus de hâte et moins de scrupules à la conquête de Vénus. Même de Vénus abîmées par l'âge. Voici comment Catalina Gonzalez, femme de Juan Carsares Delgado, raconte l'assaut qu'elle reçut de don Hernan... « La déclarante, se trouvant à Coyoacan en même temps que son mari, ledit Juan Casares Delgado, ils s'en furent trouver ensemble ledit don Hernan pour le prier de leur donner quelques Indiens. Ils en parlèrent audit don Hernan qui venait de terminer son repas et qui voulait aller dormir. La déclarante entra alors dans la chambre dudit don Hernan et s'assit sur un coffre qui se trouvait là. Peu après, ledit don Hernan entra dans ladite chambre, demanda un linge et un peigne et se jeta sur le lit pour faire la sieste. Comme il était couché, la déclarante lui dit que grand besoin elle et son mari avaient de posséder quelques Indiens. Alors, ledit don Hernan ne lui répondit rien, se leva de sa couche, la prit dans ses bras pendant un long moment en la priant de se coucher avec lui. Elle se défendit en lui disant « Comme vous n'êtes pas chrétien puisque vous avez fait avec ma fille ce que vous prétendez faire avec moi, vous pouvez bien me tuer et agir comme vous le voudrez mais moi, je ne ferai pas une telle action ». Et comme ledit don Hernan avait couché avec sa fille, elle se défendit et ne consentit pas à ce que ledit don Hernan fît avec elle ce qu'il désirait, c'est-à-dire l'œuvre de chair. » Cortès, en effet, avait possédé une fille de la Gonzalez qui portait un nom de gitane : Marina de Triana.

Ces antécédents expliquent la méfiance des Tlaxcaltèques quand leurs poètes composèrent le « Chant à propos de la Conquête ». Ils mettent sur les lèvres de Cuauhtemoc ces vers mélancoliques :

Oh ! mon frère, nous avons été prisonniers et enchaînés !
Qui es-tu, toi qui es assise auprès du Capitaine général ?
Ah ! c'est toi, certainement, oh ! Isabelita, oh ! ma nièce :
En vérité les princes sont livrés !
Sans doute tu deviendras esclave en une geôle,
On cisèlera des joyaux, on tissera des plumes à Coyoacan.

Et ce fut une mélancolie justifiée car le chef des hommes perdit et l'empire et la femme.

La petite Tecuichpo grandit en formes et en stature. Du soir au matin, les yeux de l'enfant se remplirent de mystère. Douce et lente, elle était tout entière une invitation au péché. Plus d'un rôdait autour de la maison où elle était esclave, où l'on fabriquait des bijoux, où l'on tissait de belles plumes avec de l'or et des émeraudes. Dans une telle prison, Cortès la fit-il sienne ?

Tecuichpo fut libérée de sa clôture. Cortès la livra à Alonso de Grado, un capitaine compagnon de Narvaez qui obtint des faveurs et des bénéfices, « plus turbulent qu'un homme de guerre ». Mais Grado trépassa et doña Isabel dut revenir près de Cortès. Non pas pour longtemps, mais pour subir des assauts analogues à celui de la Gonzalez, dans lesquels « son honneur fut sauf puisqu'elle fut violée ». A la mort de Grado, doña Isabel quitta de nouveau Coyoacan, mariée à Pedro Gallego. Elle portait dans ses entrailles une fille de don Hernan : doña Leonor Cortès Moctezuma.

Mais alors même que le capitaine appelait Tecuichpo dans son lit ou allait la chercher dans sa retraite, le mutisme de Cuauhtemoc ne se démentit pas. Le chef des hommes s'aperçut de tout.

***

Au fond de sa conscience, Cortès avait un souci. Il ne s'inquiétait guère des apparentes tribulations causées par le soulèvement du Panuéo, ni de ses disputes avec Francisco de Garay à propos de ce territoire ; il n'était pas réjoui outre mesure des splendides nouvelles qui, après une expédition maritime à ce qui serait plus tard la Californie, arrivèrent à Coyoacan ; ni des échantillons d'or et d'argent qui lui vinrent de Taxco et d'Oaxaca. Il cherchait un passage d'une mer à l'autre, une communication entre les deux océans qui baignent le continent « qui est la chose que je désire le plus découvrir en ce monde pour le grand bénéfice qu'à mon avis Votre Majesté en recevra ». Un détroit qui, partant de la baie de l'Ascension, sous le vent du Yucatan, aboutirait à l'autre mer, aurait une signification de politique internationale éminente. Il en finirait avec les luttes de l'Espagne et du Portugal et Charles-Quint disposerait d'un chemin direct, moins long, vers les Iles des Epices. Aussi Cortès commença-t-il des recherches en envoyant d'abord Pedro de Alvarado vers le Guatemala et Cristobal de Olid, plus tard, vers les Hibueras où il croyait trouver la miraculeuse brèche.

« Comme un si long voyage par terre était une grande difficulté, une grande fatigue et une grande dépense (Cortès) décida qu'(Olid) partirait par mer, ce qui était plus commode et moins coûteux. Il lui donna cinq navires et un brigantin bien pourvu d'artillerie et de munitions ; il lui donna aussi trois cent soixante soldats parmi lesquels cent arbalétriers et fusiliers et vingt-deux chevaux. »

Olid choisit un certain Briones « originaire de Salamanque qui avait été capitaine de brigantins et soldat en Italie. Ce Briones était aventureux et détestait Cortès. Il amena bien d'autres soldats qui n'aimaient pas Cortès parce que celui-ci ne leur avait pas donné assez d'Indiens, ni assez d'or ». Olid devait quitter Veracruz et mettre le cap sur la Havane pour se rencontrer avec Alonso de Contreras qui l'avait précédé pour y acheter à bas prix des chevaux, du lard et du pain. De la Havane, il se dirigerait vers Hibueras, ce qui éait une croisière brève et facile. Cortès ordonna à son capitaine d'éviter les assassinats et les combats, d'établir un camp dans un bon port, de s'attirer les indigènes par la douceur, de rechercher l'or et l'argent et de s'informer s'il y avait un détroit ou des ports du côté du sud s'il parvenait jusque-là.

« Voyez, mon bon frère Cristobal de Olid, lui dit-il, la manière dont nous avons usé dans cette Nouvelle-Espagne et tâchez de faire de même. »

Cortès et Olid se donnèrent l'accolade et se séparèrent avec beaucoup d'affection et d'entente. Mais le soldat andalou qui « s'il avait été aussi avisé et prudent qu'il était courageux de sa personne aussi bien à pied qu'à cheval, aurait été un chevalier accompli, n'était pas fait pour commander mais pour être commandé ».

A son passage à la Havane, Diego Velazquez le gagna à sa cause. Il recueillit en outre cinq soldats qui avaient été expulsés du Panuco comme « bandits et mauvaises têtes ». Ceux-ci lui conseillèrent de « se soulever contre Cortès, de ne plus le reconnaître comme chef et de ne plus avoir de rapports avec lui ». Olid accepta de commettre la trahison. C'est elle qui décida du destin de Cuauhtemoc.

*
**

Tout à coup, la voix du chef des hommes se fit entendre. Le seigneur rompit le silence par des paroles pathétiques pour rappeler dans un hymne à sa race et à sa propre noblesse le passé disparu.

En 1523, à propos de certaines exigences des gens de Texcoco relatives à la juridiction des eaux du lac, Cuauhtemoc lança une proclamation dans laquelle, sous prétexte de préciser les limites anciennement établies, il rappelle aux étrangers qu'il est grand, que son prestige est fort et sa défense juste.

Cette protestation atteste l'autorité que le tlacatecuhtli conservait encore sur ses chefs, par-dessus la tête des peuples qui l'avaient combattu et vaincu. Il commence en rappelant les Aztèques primitifs qui peuplèrent le pays. Ils arrivent à l'Anahuac et trouvent le lac couronné de « vagues comme de l'argent, brillantes comme l'or, parfumées. C'est là que nous avons fondé notre ville de Tlaltelolco... ce qui nous a coûté bien de la peine ». Et une fois la ville fondée, la population pacifiée, les vieux de la tribu « évoquèrent en eux-même ce que leur cœur ressentait pour les fatigues et les malheurs dont ils avaient souffert et ils chantèrent, avec une grande tristesse attendrie, un chant sonore ; les vieillards jouèrent de leur instrument, serti d'argent et émaillé de pierreries, qu'ils appellent teponaxtle. En ce temps-là, ils élurent celui qui devait être le chef des hommes, celui qui devait gouverner et alors, mais alors seulement, leurs cœurs s'apaisèrent ».

Cuauhtemoc ressuscite la glorieuse histoire ; il explique comment de la misère et du néant, les Tlatelolcas tirèrent leur splendeur : « Alors qu'ils se trouvaient dans la lagune au milieu des joncs et des osiers et qu'ils se rappelaient les peines et les calamités qu'ils éprouvèrent lors de leur venue, quand beaucoup d'entre eux mouraient, dans l'année marquée du signe du lapin... ils évoquaient alors les guerres passées... car nous eûmes — dit-il — à Culhuacan une grande bataille dans laquelle nous vainquîmes ceux du pays en cheminant à travers la lagune, cachés par les eaux, vivant entre les touffes lacustres, les armes prêtes à tirer et sans parer les boucliers de leurs précieux ornements de plumes. »

Les Tlaltelolcas cherchent à travers la lagune jusqu'à ce qu'ils trouvent une petite élévation sur laquelle s'est arrêté l'aigle valeureux, l'oiseau qu'on nomme Xaltelolco. Dans les fondrières les gens se mirent à pleurer d'émotion. Sur le monticule, ils fondèrent la grande cité et s'emparèrent de la lagune et des montagnes, et « personne ne peut dire que tout cela n'est pas à nous, car nos enfants en sont les maîtres pour en jouir librement ».

Ici, Cuauhtemoc lance un reproche aux Espagnols. Cette terre que les étrangers foulent aux pieds est aux Mexicains ; ils la découvrirent, l'agrandirent, la firent riche et puissante et ils doivent seuls la posséder. Mais une fois Tenochtitlan rasé, Tlaltelolco détruit, les temples et les palais écroulés, il ne reste aux Indiens que cette terre nue, qui ne leur appartient plus mais est aux mains des Espagnols. Les guerriers élèveront des demeures qui serviront dorénavant aux blancs.

Cuauhtemoc veut ignorer tout cela. Il continue d'évoquer le passé. La lagune leur fut disputée par Netzahualcoyotl, seigneur de Texcoco, qui ordonna de déposer une massue chichimèque sur les terrains du peuple, en signe de guerre. Les armes aztèques vainquirent le seigneur acolhua et le chef de Tlaltelolco partagea alors la propriété du lac avec le seigneur de Tenochtitlan. Les deux chefs se rencontrèrent au milieu des eaux. Ils arrêtèrent leurs canots, posèrent leurs rames et en toute amitié, pacifiquement, ils se consultèrent. Cuauhtemoc, le vaincu, recrée son pouvoir : « ... Moi, le grand seigneur Cuauhtemoctzin, affirme-t-il, je laisse cela à mes enfants pour qu'ils sachent comment les anciens, nos ancêtres, conquirent ces terres, dans l'année où, d'après le calendrier des aïeux, régnaient les quatre roseaux, ce qui revient à dire l'an mil quatre cent trente et un. »

C'est donc à eux, aux Indiens, qu'appartient l'Anahuac. Dans l'affirmation de son pouvoir et de qualité, la protestation reprend vie. Puis, la proclamation fait une allusion attendrie à son destin et à ses efforts ; elle justifie sa guerre ; son ton s'élève pour nier les pouvoirs qui lui enlevèrent empire et vassaux : « Moi, le grand seigneur Cuauhtemoctzin, je n'ai jamais cessé de veiller sur les eaux de la lagune, tout ce qui nous appartient, car je l'ai toujours défendu avec mes valeureux capitaines, dans de grands combats, dans le souci de l'avenir. »

Qu'a été cet avenir ? La désolation et la ruine. Mais il y souffle encore l'élan de la tribu. Les Indiens devaient défendre ce patrimoine formé au prix de leur sang. Cuauhtemoc, près de la proclamation, laisse un plan qui montre la division de la lagune entre Mexicains et Tlaltelolcas et ces affirmations ultimes : « C'est pour cela que je les prends sous ma protection, moi, le grand seigneur Cuauhtemoctzin, seigneur de Tlaltelolco. Qu'ainsi agissent ceux qui auront force et pouvoir sur la terre ; qu'ils protègent les humbles comme je les ai protégés et défendus... comme le savent mes capitaines et mes soldats, puisque tout ce que j'ai dit s'est passé devant eux. »

Il les protégea en effet autant qu'il le put. Son manteau abrita son peuple comme l'ombre de l'arbre qu'on nomme pochotl. Il arma son bras et lui donna l'exemple du courage dans la guerre. Dans l'agonie, il lui enseigna la dignité.

Après avoir donné ces ordres, dans l'orgueil de ses souvenirs, le chef des hommes retourne à son mutisme. Jour après jour, sa force diminue tandis que celle de Cortès se gonfle de nouveaux élans : « Chaque acte de sa vie fut un progrès gigantesque. Les erreurs mêmes auréolaient son nom. »

Ils allaient, par des chemins différents, vers la gloire et vers l'immortalité. Celui de Cuauhtemoc sera la voie du silence et de la douleur.

CHAPITRE III

LA MARCHE COMMENCE

« Cette si pénible étape. »
Bernal Diaz del Castillo.

Des navires de Cuba apportèrent le messager Gonzalo de Salazar et une information qui fit bouillir le sang audacieux du nouveau gouverneur et capitaine général de la Nouvelle Espagne. « Cristobal De Olid — écrit immédiatement don Hernan à Charles-Quint — que j'avais envoyé aux Hibueras pour les peupler au nom de votre Majesté, s'était entendu avec Diego Velazquez pour se soulever là-bas en sa faveur ; l'affaire est si laide que je ne puis y croire... mais j'y suis bien forcé en connaissant les embûches que ledit Diego Velazquez a toujours voulu me tendre pour me gêner et me faire tort. »

Bien sûr, il y croit. Il est certain de la trahison de son ancien soldat Cristobal de Olid répète en partie l'exploit de Cortès contre Velazquez, bien qu'il essaie de se justifier dans sa correspondance avec l'empereur, en assurant que l'armée qui vint conquérir Mexico était entretenue à ses frais.

« En vérité — poursuit-il — Dieu sait le trouble que j'en ressentis car j'ai non seulement dépensé plus de quatre mille pesos d'or à négocier mais il me semble que, si la chose est vraie, c'est un grand affront fait à V.A. et un grand dommage, pour le retard mis à peupler ces terres-là et les torts que les naturels en auront subi. »

Mais don Hernan n'en ressent pas que du trouble. Les vieilles rancœurs qu'il a contre Diego Velazquez revivent puissamment. Il est plein de lui-même, orgueilleux de son nom, conscient de la valeur de son bras et de sa parole, de son esprit et de sa volonté. Il se sait supérieur à ce tyranneau de Cuba et il lance cette bravade dont il connaît l'inanité : « Je m'informerai de la vérité et, si elle est telle que je le crois, j'enverrai mes gens audit Diego Velazquez pour le faire prisonnier et le remettre à V.M. Car si l'on coupe le mal que représente cet homme, à sa racine, toutes les autres branches se sécheront et je pourrai plus librement continuer les services que j'ai commencés à rendre et en rendre de nouveaux. »

Mais en réalité, il ne pense rien entreprendre contre Cuba mais contre les Hibueras. Le châtiment du traître lui tient à cœur. S'il l'abandonnait, l'empire conquis qu'il devait garder soumis à ses intérêts et à sa volonté pourrait se désagréger, si chacun des capitaines qui se formèrent sous sa loi proclamait sa propre indépendance vis-à-vis de Tenochtitlan.

Don Hernan ordonna alors à son parent Francisco de las Casas, à qui il confia quatre navires, des troupes et de l'artillerie, de recouvrer la juridiction que lui disputait Diego Velazquez. De las Casas aborde à Cuba pour se ravitailler et de là il confirme la trahison de Olid « qui avait comploté avec Diego Velazquez et s'était rendu à Hibueras dans l'intention de désobéir à don Hernan en remettant cette contrée audit Velazquez et en s'unissant à lui contre Cortès. »

« Ces choses-là m'ayant beaucoup peiné — la plume infatigable de Malinche s'adresse à Charles-Quint — je me décidai à aller par terre jusqu'où je pourrais rencontrer ce Cristobal de Olid pour savoir toute la vérité sur l'affaire et pour le châtier selon la justice ; je m'informai de la route et j'appris qu'il y avait un bon chemin jusqu'à Atlatlan ou Guatemala, ville que fonda Pedro de Alvarado, qui n'est pas très éloignée de ma résidence et où je pourrais arriver en peu de temps... »

Les préparatifs de l'expédition émurent Tenochtitlan. Les officiers royaux tentaient d'en dissuader don Hernan. Le voyage était long, la route incertaine et mystérieux les desseins de la Providence. Cortès décida d'ajourner le départ mais en attendant avisa les villes sous ses ordres qu'il emmènerait avec lui « tous les notables indigènes pour plus de sûreté ». Ainsi, il ne les verrait pas lui susciter des difficultés ni se soulever. Le gouvernement de Tenochtitlan n'aurait aucun motif d'inquiétude. La vie continuerait douce et fluide ; la prospérité s'accroîtrait, la ville se bâtirait ; on tracerait des routes, on extrairait les métaux précieux, on acclimaterait plantes et animaux et on asservirait chaque jour davantage les Indiens.

Don Hernan discutait avec Peralmindez Chirinos et Gonzalo de Salazar des dangers et des buts de l'expédition. Il était impatient et anxieux, Francisco de las Casas s'abîma dans le silence. On n'avait aucune nouvelle de sa mission. Peut-être Cristobal de Olid était-il en train de jouir de nouveaux triomphes et de se moquer de l'autorité du chef, en accord avec Velazquez avec qui il devait partager les biens dont il avait la garde, en oubliant son maître. Et le maître, s'entêtant à se faire justice, donna l'ordre du départ.

Sans qu'il eût une notion exacte de la géographie, il traça des plans qui furent simples et inutiles : par la ligne de la côte du Golfe, descendre vers le Yucatan et puis, sans hésiter, comme une flèche va droit devant elle, se lancer jusqu'au cœur de Hibueras. On peut mesurer le courage de Cortès à ce geste aveugle. Sa volonté était de châtier. Il tirerait de cette décision le calme et le courage suffisants pour affronter toute extrémité, même la mort. Son cœur brûlait et il sentit dans ses jambes le désir insatisfait du voyage. Il partit.

Du petit étudiant d'Estrémadure, de l'infortuné planteur de Cuba au prince qui abandonna Tenochtitlan pour gagner Hibueras, il y avait une distance pleine de sang et de témérité, de destruction et d'héroïsme. Il était venu d'Espagne aux Indes, tout seul, penché sur les bords d'une caravelle, sans autre fortune que sa jeunesse et son caractère. À présent, il était accompagné par des représentants du roi, entouré de ses proches, assisté par des prêtres et des clercs. Son service personnel était assuré par un majordome, un maître d'hôtel, un échanson et un dépensier. Il emmenait de la vaisselle d'or et d'argent ; un médecin et un chirurgien veillaient sur sa santé ; un valet de chambre préparait son bain, faisait son lit, soignait sa luxueuse garde-robe ; prêts à lui obéir au moindre regard, les pages l'entouraient ; huit valets d'épée prenaient également soin de lui. Pour se distraire, il emmenait trois fauconniers, cinq musiciens avec des vielles, des flûtes et des musettes. Un acrobate, un prestidigitateur et un équilibriste lui servaient de bouffon. Un chef palefrenier et trois muletiers s'occupaient de son écurie. Et en queue de la fastueuse colonne, un troupeau de porcs grognait en chemin.

Les seigneurs et les chefs l'accompagnaient aussi : Cuauhtemoc, Tetlepanquetzin, Coanacoch, Tlacutzin, Temilotzin. Doña Marina et les guerriers indigènes étaient là : Tlaxcaltèques, gens de Michoacan et de trois à cinq mille Aztèques qui voyageaient silencieux et mélancoliques à travers les terres qui leur avaient appartenu.

En route, un autre de ses alliés l'abandonna. Doña Marina se maria avec Juan Jaramillo à Oztotipac. Il paraît qu'il y eut une beuverie préalable et que Jaramillo arriva à l'autel plus ivre d'alcool que d'amour. « On accusa Cortès d'y avoir consenti — assura Gomera — alors qu'il avait d'elle plusieurs enfants. » Ce fut une perte sentimentale. Elle le quitta pour suivre son mari. Elle aussi rendait ses derniers services à Cortès. À son retour à Mexico, elle aurait une maison, une charge. Sa progéniture s'éteindrait sans descendance mais c'en était fini de la passion humaine qui mut une partie de l'entreprise de Cortès, qui mit sa féminité fragile et amoureuse au service d'une aventure de fer, de sang et de poudre.

***

La venue de don Hernan à la ville de l'Espiritu Santo, autrement dit Coatzacoalcos, fit dresser des arcs triomphaux dans les rues, assembla les habitants et attira les Indiens de la région. La revue que Cortès ordonna permit de briller aux gentilshommes qui avaient participé aux conquêtes passées de Mexico. Malgré tout, l'expédition ne leur plaisait guère. Ils espéraient « se reposer de leurs grandes fatigues et tâcher d'attraper quelques biens ou des bénéfices ». Mais l'ordre de Cortès devait s'accomplir « parce que nous n'osions pas lui dire non et si quelqu'un le lui disait, il devait marcher par la force ». Les conquistadores ôtèrent donc la rouille de leur casque et gorgerin, firent reluire armure et épaulières, graissèrent les articulations des coudes et des jarrets, reprisèrent leurs habits et regardèrent si les montures n'avaient pas oublié leur allure de parade sous la selle de voyage. On dégaina les lances et les épées ; les fantassins polirent rondaches et écus, éprouvèrent les arbalètes et tirèrent plusieurs coups d'arquebuse.

La revue fut passée sur la grand'place de Coatzacoalcos. Devant don Hernan défilèrent cent trente cavaliers, deux cent cinquante fantassins et un petit groupe de conscrits, récemment arrivés d'Espagne ou des Iles, à l'appel de l'aventure et de l'or. Les flûteaux jouaient, les drapeaux flottaient, les tambours roulaient. Les chefs passèrent, couronnés de plumes, dans leurs costumes molletonnés, les massues ornées de silex, les flèches adroites dans le carquois. Pendant le défilé, don Hernan et Gonzalo de Salazar durent oublier les plaisanteries du chemin quand le second disait en chantant au conquérant :

Ah ! mon oncle, retournons-nous-en !
Ah ! mon oncle, retournons-nous-en !
Car ce matin j'ai cru voir
Un bien mauvais présage !
Un bien mauvais présage !

et don Hernan, riant dans sa barbe, reprenait en imitant le rythme :

En avant, mon neveu !
Mon neveu, en avant !
Ne croyez pas au mauvais sort.
Il sera ce que Dieu voudra.

Mais les ennemis de l'Espagne, ni Cuba, ni Tenochtitlan n'étaient aussi puissants que celui qui les attendait en chemin. Les passions des hommes sont susceptibles de prendre le cours des amours — Malinche le savait bien ; mais la Nature, il fallait la vaincre —, même si l'on perdait à triompher. C'est d'elle que viendraient les plus grands obstacles, violemment opposée qu'elle était à la volonté de don Hernan : un système fluvial plein de ramifications et de confluences, s'éparpillant en marais, deltas et terrains mouvants ; la terre, rouge, humide et traîtresse, s'élevant aux endroits les plus imprévus jusqu'à atteindre des hauteurs imposantes ; la forêt touffue, comme une haute muraille vivante ; le ciel hostile, déversant ses cataractes inépuisables et le tout enfoncé dans la torpeur du tropique, macéré dans le brouillard sempiternel et maléfique. C'est elle, la Nature, qui changea les plans primitifs, jusqu'à faire d'une marche préméditée en droite ligne le passage difficile d'un labyrinthe, l'allée et venue dans une forêt inextricable, emplie de rumeurs angoissantes, de bêtes malignes et d'abîmes, contre lesquels l'instinct des Indiens ni les armes ne pouvaient rien.

De Coatzacoalcos Cortès envoya des émissaires à Tabasco et à Xicalango. Il avisait les caciques de son départ, en leur demandant de venir lui parler ou d'envoyer des représentants auxquels il dirait comme ils pouvaient l'aider. Sept ambassadeurs se présentèrent au nom de presque toutes les villes de la côte jusqu'où se trouvait Pedrarias Dàvila.

Ils lui dessinèrent, en outre, une esquisse sur de l'étoffe, sorte de carte dont il déduisit hâtivement qu'il pourrait marcher par terre une grande partie du voyage, particulièrement jusqu'à l'endroit où les Indiens indiquèrent qu'il se trouvait des Espagnols ; et parce qu'il était sensible à la bonne nouvelle d'un chemin facile qui aiderait son entreprise et lui permettrait de faire connaître aux indiens de ce pays « notre foi et le service de V. M., il me parut qu'il convenait au service de V. M. que nous poussions jusque-là ».

Les plans que les Indiens donnèrent à Cortès n'étaient pas exacts. Et cependant, eux et une boussole réaliseraient le miracle de les tirer de ce dédale dont Cuauhtemoc ne reviendrait pas et où don Hernan allait pénétrer en triomphateur pour en sortir vaincu. Mais bien que défait par la Nature, il réalise une entreprise fantastique, disproportionnée à son but et seulement comparable à la migration des Aztèques quand ils quittèrent Aztlan guidés par Huitzilopochtli, pour affronter un destin mortel, répété pendant des siècles.

CHAPITRE IV

LE LABYRINTHE DE L'EAU

Le capitaine Malinche s'avança sur le sable gris de la plage. La mer baignait doucement les sabots des chevaux et les pieds des soldats. La marche, difficile et fatigante au début, prit un rythme lent, une fois vaincue la molle résistance des sables d'où surgissaient, parfois, les pointes noires des pierres que la mer mordait depuis des siècles, leur enlevant les arêtes et les déchirures et les rendant dangereusement camuses car elles se prêtaient alors à la croissance des algues et des mousses glissantes et traîtresses.

La route de Malinche serpente entre la mer et la forêt : tout à coup la ligne de terre s'enfonce et cède et fuit les vagues ; plus loin, elle reparaît et s'avance vaillamment à la rencontre des eaux qui sont apparemment soumises. Toute la route est dominée par deux bruits incessants : le bruit des vagues et le souffle mystérieux de la forêt. Les chefs de Mexico ne connaissaient pas la mer. Maintenant, en cheminant, ils hument l'air d'iode et le soleil, frais et brûlant, qui caresse leurs chairs. Et leur avenir les inquiète : pourquoi cette marche ? Vers où ? Dans quel but ? Personne ne peut leur répondre. Seul Cuauhtemoc connaît son destin. Ils cheminent, cheminent ; ils entendent les soupirs murmurants des bosquets mais ils demeurent absorbés devant les voix de la mer.

Par petites journées, Cortès poursuit sa route. Il commence son rude combat avec la nature : l'eau imbibe, sature les terres ; les pieds s'enfoncent dans le limon. De petites rivières jaillissent et dans leurs lits, les Indiens cherchent à découvrir un gué ; ou bien d'énormes torrents qui obligent la caravane à tendre des ponts ou à user des canots. Des bordages fragiles, les soldats soutiennent les chevaux par le frein pour mieux assurer leur passage et les y aider, car les seules forces de l'instinct devant le danger ne suffisent pas pour les faire traverser à la nage.

La première localité à laquelle on arrive, à neuf lieues de Coatzacoalcos, est Tonala. Un jour et une nuit, les errants y réparent leurs forces et reprennent espoir avant la traversée du fleuve. La marche reprend pendant neuf autres lieues jusqu'à Agualulco où un autre fleuve s'oppose à eux. Ils doivent le vaincre ; ils le vainquent. Mais à peine laissent-ils en arrière ses eaux tourbillonnantes que d'autres eaux dormantes les arrêtent : à sept lieues d'Agualulco, « on passa une baie qui entre dans la mer et l'on fit un pont qui avait bien une demi-lieue de long et qui était étonnant à voir »

Cortès est maintenant enfoncé profondément dans la province de Copildo (dans des territoires appartenant aujourd'hui à l'État de Tabasco) et les fatigues de la route sont bien payées par cette terre, riche en fruits abondants, surtout en cacao et en poissons.

La province est fort peuplée ; il y a dix ou douze localités qui sont d'assez gros bourgs, sans compter les villages, ces entassements de cabanes de paille et de boue, construites par de petits clans à l'abri d'une nappe d'eau tranquille où la pêche abonde et près de laquelle pousse le maïs. La terre est si basse que, durant l'hiver, on n'y peut marcher dessus et même « en le passant au temps de la sécheresse — dit don Hernan —, d'un bout à l'autre de ce territoire qui peut compter vingt lieues, on fit plus de cinquante ponts sans lesquels nous n'aurions pu passer. » À partir de Copilco, l'itinéraire se prolonge, en s'éloignant de la mer, à travers des montagnes abruptes et des marais ténébreux, vers le cœur de la Chontalpa dont l'agglomération la plus importante, Anaxuxuca, vit arriver les Espagnols en groupes découragés. Le plan que les Indiens avaient dessiné n'indiquait pas de chemins entre l'inextricable treillis de rivières, de torrents et de lagunes. On allait de l'avant en détachant des groupes d'explorateurs qui ouvraient des sentiers, reconnaissaient le terrain et orientaient la colonne vers son but. Les populations indigènes commencèrent à prendre de l'ombrage. Il n'était pas rare de rencontrer des villages abandonnés, des champs de maïs détruits ou prématurément moissonnés. Les Indiens, à l'approche de l'expédition, prenaient leurs canots fragiles, rassemblaient leur marmaille et fuyaient sur l'eau, puis se débandaient dans la forêt jusqu'à ce que le danger fût passé. Ou bien, à l'appel de leurs caciques, ils se soulevaient et s'en venaient au-devant de Malinche pour l'empêcher de pénétrer chez eux.

*
**

Le passage du fleuve Guezalapa fut particulièrement difficile. À l'aide des canots du pays, la troupe fit la courte et dangereuse traversée. Les capitaines dirigeaient la manœuvre en expliquant à leurs rameurs comment ils devaient profiter de la marche du courant et saisir les branches pendantes des arbres pour aborder. Un esclave noir se noya et on perdit deux charges de ferrures qui manquèrent beaucoup par la suite.

Du fleuve Guezalapa à Zagoatan (au sud de Tabasco) on supporta les pires fatigues. Le ciel creva et la pluie inonda le campement. Les feux s'éteignirent. Sous l'entêtante sonorité d'un déluge, les chefs cherchèrent un abri sous les arbres. Le fleuve, dans la nuit, roulait en chantant. Cris d'êtres aux aguets, courses rapides d'animaux sauvages, hennissements des chevaux, éclairs, gros rires : tout arrivait à créer une atmosphère effroyable. À peine les Espagnols purent-ils se rendre compte que le matin arrivait, car la brume et la pluie tissaient des ombres denses. Tout le jour, les nuages déversèrent leur trop-plein sur l'expédition. Courbés, trempés, les yeux rougis, la bouche grosse de blasphèmes, les hommes s'en furent, à travers marais et chaussées, jusqu'à un quartier de Zagoatan qui « bien qu'il fût le plus petit était assez important et comptait deux cents maisons environ ; nous ne pûmes pas — affirma Cortès — arriver jusqu'aux autres à cause des rivières qui les coupaient et qu'il eût fallu passer à la nage ». D'ailleurs, ces quartiers étaient déserts car leurs habitants avaient fui. Ce fut en vain que Malinche lança sur le fleuve des hommes chargés de découvrir des Indiens. À peine s'il put exhorter les indigènes qui avaient agrandi les sentiers. On manquait de ravitaillement et à partir de Zagoatan, il n'y avait plus de chemin puisque les habitants n'en usaient pas « car ils ne se servaient que des cours d'eau à cause de la configuration de ce pays. » Deux Indiens furent capturés après qu'on se fut saisi de leurs femmes qui traversaient la forêt ; mais ils ne purent indiquer la direction qu'il fallait prendre. Ils désignèrent, sur le ciel étonnamment clair, l'ombre d'une sierra et ils dirent que par là, on tombait sur Chilapa, qu'un fleuve s'y précipitait et qu'on aboutissait à Ocumba.

Malinche se reposa vingt jours à Zagoatan. En face de lui s'élevaient deux murailles infranchissables : la forêt, encore plus épaisse, et l'eau. Toutes les troupes envoyées à la découverte d'issues rentraient au campement découragées car « de quelque côté que nous sortions autour du pays, il y avait d'effroyables marais que nous ne pouvions franchir. Mais dans la plus grande nécessité faute de ravitaillement, après nous être recommandés à Notre Seigneur, nous fîmes un pont sur un bourbier, long de plus de trois cents pas, avec des poutres de trente-cinq à quarante pieds, renforcées par des poutrelles en travers, nous y passâmes et avançâmes à la recherche de cette terre par où se trouvait, disait-on, l'agglomération de Chilapa ».

Par bonheur, la terre était déjà sèche et entrouverte, avec beaucoup moins d'eau et de fange que celle par où ils étaient passés et la marche y fut moins pénible. Chilapa, bien que brûlée et isolée, avait une position agréable. Il y avait des bosquets d'arbres fruitiers, des champs de maïs mûr et des pâturages pour les chevaux.

L'arrivée à cette oasis réveilla l'énergie de la troupe. Ceux qui avaient flûtes et cornemuses jouèrent les vieux airs du pays natal et récitèrent de joyeux poèmes. Le prestidigitateur amusa les hommes avec ses trucs d'une grande habileté. La colonne qu'avaient dispersée la forêt et l'eau, la faim et les souffrances, fit de nouveau bloc dans l'espoir et dans le repos.

L'étape suivante devait conduire à Tepetitan. On fit le chemin à tâtons, sans guides, dans une broussaille de grands arbres feuillus, à travers des lagunes, en passant à gué un autre cours d'eau, large et abondant, dans lequel se noya un esclave et où l'on perdit quelques bagages. Les chevaux s'enfonçaient jusqu'aux sous-ventrières, parfois jusqu'aux oreilles. Trois ou quatre Espagnols faillirent y mourir. Le rude passage dura deux jours jusqu'à ce qu'on découvrît le village, fumant encore et désert. Mais la découverte de quelques silos emplis de maïs, de pommes de terre et de légumes remédia à notre grande nécessité. Les forces de tous avaient diminué et le découragement s'accroissait. Tous avaient à présent la claire notion de la terrible aventure à laquelle don Hernan les avait poussés ; ils protestèrent entre eux et luttaient avec courage non plus pour le succès de l'entreprise, mais bien pour sauver leur peau à laquelle ils tenaient. Les chefs et les guerriers aztèques, pendant ce temps, gardaient leur éternel silence de protestataires. Ils ouvraient des chemins, coupaient des arbres, lançaient des ponts, charriaient le maïs qu'on trouvait, travaillaient infatigablement ; et le soir, abandonnant la compagnie de leurs maître, les blancs, ils s'en allaient à l'arrière-garde, à l'ombre de leur seigneur. Ils trouvaient Cuauhtemoc plus impassible que jamais et, autour de lui, ils élevaient alors une masse compacte de respect attendri.

Près de Tepetitan naissait la cordillère menaçante, emplie des cris de singes et d'éclairs de plumes. De grosses nuées de moustiques tournaient dans l'air. Il fallait s'enfoncer dans cette chaîne de montagnes pour gagner Iztapan. Et tous doutaient d'en sortir.

Cortès alors redoubla de précautions. Reconnaissances et sondages recommencèrent. Ils permirent de capturer un habitant de Tepetitan qui raconta que le cacique de Zagoatan les avait poussés à incendier leurs maisons et à se cacher dans la montagne. Il ne connaissait le chemin d'Iztapan que par voie d'eau, mais il se prêta à conduire un groupe de trente cavaliers et autant de fantassins.

En réalité, l'expédition était arrivée à un carrefour. Dorénavant les difficultés augmenteraient par l'incertitude et le désespoir.

Don Hernan attendit pendant deux jours des nouvelles des explorateurs. L'inaction devenait la complice du mécontentement et de la faim. Plusieurs soldats désertèrent pour tenter un retour téméraire à Tenochtitlan. Du coup, Cortès décida de partir en suivant les traces visibles d'arbres coupés et de buissons abattus. Mais bientôt il comprit le sacrifice que supposait cette marche à travers des marais et des terres éboulées. Retourner en arrière, cependant, était inutile, parce que l'incertitude les pressait de tous les côtés.

Pris entre la faim et la fatigue, les yeux brillants de fièvre, déjà vaincus, ils décidèrent de s'arrêter dans une savane. Ils enlevèrent sangles et mors à leurs montures ; ils jetèrent leurs armes à terre et s'étendirent sur le sol indifférent pour regarder le vol des nuages noirs et attendre la mort. Les Indiens, à côté des blancs, se reposaient et souffraient aussi. Sur tout le campement la fatalité s'abattait. Mais tout à coup sortirent de la montagne deux Indiens agiles qui s'avancèrent vers don Hernan et lui tendirent un papier. Il y eut un murmure semblable à la houle marine. Tous étaient debout. Un cri de joie retentit : Enfin ! c'était, à coup sûr, des nouvelles de l'avant-garde. Elle avait découvert Iztapan dont les habitants s'apprêtaient à fuir ; les hommes traversèrent résolument à la nage la rivière qui les en séparait. Ils éteignirent les incendies et arrêtèrent la débandade des naturels. La troupe pouvait venir : il y avait du maïs, des fruits, des logis et des femmes.

L'abattement fut remplacé par une activité fébrile. Rires et plaisanteries fusèrent à nouveau. Sous le ciel obscur l'optimisme régna. Et le lendemain, guidés par les Indiens, en suivant la piste, ils arrivèrent à Iztapan.

Les habitants pleurèrent devant Malinche. Eux aussi avaient été influencés par le cacique de Zagoatan, cet ennemi fantomatique et têtu, qui, sous le prétexte de les avertir de la venue des Espagnols, les força à brûler leur village et à le rendre inutilisable. Cortès alors ordonna d'amener les indigènes faits prisonniers à Zagoatan, à Chilapa et à Tepetitan pour attester sa conduite. Oui, dirent les Indiens ; ils avaient reçu un traitement humain et des témoignages d'amitié ; et dans un élan théâtral, tout à fait à lui, Malinche, qui voulait s'attirer les bonnes grâces de ce peuple et y trouver des guides, ordonna de les mettre en liberté pour qu'ils s'en retournent chez eux. Il leur donna même de petites choses et des lettres à montrer aux Espagnols qui passeraient dans leur pays, en leur promettant un appui constant.

Les gens d'Iztapan s'adoucirent. Ils demandèrent pardon à don Hernan et lui amenèrent leur seigneur. Celui-ci vint, tout contrit, avec une escorte de quarante notables. Il présenta ses excuses et demanda que les Espagnols leur rendissent les femmes. Vingt d'entre elles retournèrent au modeste sérail du cacique. C'est alors que circula l'horrible nouvelle : la faim et le besoin avaient été tels « qu'un Espagnol découvrit qu'un Indien de sa compagnie, originaire des environs de Mexico, mangeait un morceau de la chair d'un autre Indien qu'ils avaient tué dans ce village en y entrant. Il vint me le dire et, en présence de ce seigneur, je fis brûler le coupable en donnant à entendre à tous que la raison en était qu'il avait tué l'Indien et qu'il l'avait mangé ».

Mais Cortès ne dit pas toute l'horrible vérité. L'un de ses compagnons la révéla à l'évêque Cristobal de Pedraza qui la consigna dans son « Catalogue des gouverneurs du Honduras ». « Durant ce voyage, dit-il, le marquis del Valle souffrit de grandes fatigues, inconnues jadis des Romains, car ils firent cinq cents lieues, perdus, hors de toute route, à travers monts et sierras, en passant les marais et les rivières à la nage ou sur des radeaux et avec une telle famine que certains se mangèrent les uns les autres. L'un d'eux, nommé Medrano, cornemuseux, qui actuellement appartient à l'église de Tolède, originaire de... qui se trouva dans cette équipée, me dit à moi-même, l'évêque et à beaucoup d'autres personnes, qu'il avait mangé la cervelle d'un nommé Montesinos, sarbacanier, natif de Séville, et rognons et cervelle de Bernardo Caldera, frère du licencié Caldera qui vécut longtemps au Pérou, et d'un neveu dudit Caldera qui moururent de faim, natifs de Séville et qui avaient servi d'écuyers audit marquis del Valle. »

Mais aucune calamité, si effroyable qu'elle fût, ne pouvait amoindrir le courage de Cortès. L'évêque Pedraza ajoute : « J'entendis dire également à force gens qu'ils mangèrent des couleuvres, des lézards, des animaux inconnus, poussés par la faim ; ils vécurent quelques jours dans une palmeraie où ils vécurent du cœur des palmes, ce dont quelques-uns moururent. Cependant, le dit marquis, à pied, un épieu sur l'épaule, rendait du courage à ceux qui restaient vivants en leur promettant de grandes récompenses pour les animer davantage. »

Tandis que Cortès, épieu sur l'épaule, aiguillonnait de ses promesses ses soldats, les chefs indiens, présidés par Cuauhtemoc, poursuivaient, imperturbables, la terrible étape.

CHAPITRE V

ACALAN, LE PARADIS

L'approche de la mort les pressant toujours fit que don Hernan se mit bien avec Dieu. De là vient l'épaisse rhétorique dont il usa avec les aborigènes et son prêche sur les biens du Ciel, sans oublier, bien entendu, les terrestres, toujours destinés à la souveraineté de Charles-Quint. Il obtint cependant que le cacique d'Iztapan lui ouvrît un chemin vers Tatahuiltapan et lui prêtât quelques canots qu'il envoya au ravitaillement que lui gardaient les bateaux expédiés de Coatzacoalcos au fleuve de Tabasco ou à Xicalango et Atasta. Malinche attendrait dans la province d'Acalan, quarante lieues plus loin, ses envoyés.

Tatahuiltapan répéta la description des lieues déjà dépeints : maisons consumées par le feu, l'abandon et la faim. Les blancs cependant réussirent à apporter du fleuve voisin vingt hommes environ rassemblés, en pleine montagne, dans un temple naturel, près de leurs divinités. Aux demandes que Cortès leur fit, ils répondirent avec fermeté que les autres habitants avaient fui remplis de crainte mais eux, étaient restés pour mourir avec leurs dieux. Les Indiens désemparés pleuraient et leurs sanglots s'accrurent quand quelques Espagnols apportèrent les restes des idoles détruits. À Tatahuiltapan on envoya une expédition qui, en remontant le cours de l'eau, guidée par le cacique d'Iztapan, assurât la garde des villages de Zagoatespan et Usumacinta ; Cortès, par voie de terre, essaierait d'arriver le premier. Il fallut franchir deux marais où les chevaux et les hommes souffrirent horriblement et s'orienter ensuite dans un bois où l'on ne voyait que la place où l'on mettait les pieds et vers le haut, la clarté du ciel, tant étaient grandes l'épaisseur et la hauteur des arbres d'où l'on ne pouvait rien apercevoir en grimpant. Au milieu de ce bois, privés de guides, ils se déclarèrent vaincus. Les Indiens, habitués à dominer l'eau, avaient perdu tout sens de l'orientation dans la forêt. Derrière eux, en proie à la frayeur et à l'épuisement, le reste de l'armée n'était plus qu'un cortège de fantômes. Dans les yeux il y avait des lueurs d'égarement ; la peau avait pris une teinte jaune ; la barbe avait poussé, les langues étaient sèches, les muscles affaiblis. Seuls, les chefs restaient impassibles. Cortès, dominant la peur et l'épuisement, l'échec et la déception, s'en allait vers le plus dur de sa tâche en clouant un espoir dans la conviction de la mort qui décourageait ses soldats. Il sortit une boussole, fixa sur le plan des Xicalangas un point précis et donna l'ordre de suivre cette direction sans s'en écarter, en abattant des arbres, en franchissant des fondrières, en défrichant les fourrés. Au bord de la route il y aurait Zagoatespan, le ravitaillement et le repos. Un dernier effort était nécessaire. Et là se trouvait l'étape. En la rencontrant, il y eut chez tous une telle joie qu'ils « coururent tous comme affolés et qu'ils ne virent point un grand marais dans lequel beaucoup de chevaux s'enfoncèrent ; certains ne purent en être tirés que le jour suivant, bien que Dieu permît qu'aucun ne fût en danger ».

Après avoir traversé le territoire de l'actuel état de Tabasco, on était arrivé à celui qui constitue aujourd'hui celui de Campêche. Zagoatespan devait se trouver à peu près entre Jonuta et Palizada puisque, d'après Bernal, le « fleuve très abondant et rapide qui passait près de cette localité » allait bifurquer dans des prairies de joncs où il y avait une agglomération nommée Gueyatasta dans le voisinage de laquelle était situé Xicalango », description exacte et précise qui ne peut prêter à confusion.

Zagoatespan leur fut d'abord hostile. Personne ne répondit aux cris de joie ni aux appels. Les cris rompirent le murmure du fleuve, inutilement. Le maïs et le yuca qu'ils trouvèrent les calmèrent un peu jusqu'à ce que le découragement se répandît à nouveau quand ils virent, clouée à terre, une arbalète. Cela voulait dire que les Espagnols envoyés en reconnaissance le long du fleuve étaient passés par Zagoatespan. Peut-être, avant que la population indigène abandonnât ses foyers, avait-elle sacrifié les pauvres compagnons disparus. On organisa alors une battue fébrile à travers les huttes, les sentiers boueux, les rives et les îlots. En certains endroits proches du fleuve, les habitants étaient cachés et ils s'approchèrent avec confiance quand ils furent découverts par les Espagnols. On sut de leur bouche le passage de leurs camarades, leur attente de deux ou trois jours parmi le simple accueil des indigènes et leur départ le long du fleuve jusqu'à Petenecte. Cortès ordonna de les atteindre avec un canot pourvu de bons rameurs. Ils revinrent le jour suivant, chargés de provisions et de nouvelles encourageantes : tous les villages parcourus s'étaient inclinés devant la majesté de Charles-Quint, tout restant en paix et en accord.

À Zagoatespan, Cortès traça des plans pour son voyage à la province d'Acalan. Celle-ci était riche non par l'agriculture mais par le commerce. Elle était très grande, avec beaucoup de villes populeuses. Elle avait en abondance des aliments et du miel. Ceux qui trafiquaient des fruits de la terre possédaient des fortunes en or et en esclaves. Elle était entièrement entourée de nappes d'eau qui débouchaient dans la baie au port de Terminos où, par les canots, se faisait un intense trafic de produits avec Tabasco et Xicalango. Les articles les plus importants étaient le cacao, les vêtements de coton et un bon nombre de couleurs dont les Indiens peignaient leurs corps ; des torches pour s'éclairer ; de la résine employée comme encens pour les idoles ; des esclaves et des colliers colorés d'escargots qu'on estimait fort pour l'ornement de leurs personnes. Dans leurs fêtes et leurs plaisirs, ils se servaient de l'or mêlé souvent de cuivre.

Acalan était en outre le passage obligé pour Hibueras. Ses limites s'étendaient jusqu'à Nito, où le seigneur de la province maintenait des postes avancés pour le troc et monopolisait les produits qui entraient dans Acalan. Cette terre n'était donc pas soumise à l'empereur.

Don Hernan discuta avec les natifs pour savoir le meilleur chemin vers Acalan. Les uns opinaient que l'expédition devait remonter le fleuve pour profiter d'une brèche de six lieues et d'un pont sur les eaux sauvages, jeté avant l'arrivée de Cortès. Les autres croyaient préférable de passer le fleuve par Zagoatespan et de se servir des chemins où passaient les trafiquants.

Ayant pris ce dernier parti, Cortès envoya en avant-garde quatre Espagnols pour prévenir le seigneur de la terre de son arrivée imminente et bientôt après, le ravitaillement une fois terminé, don Hernan avec le gros des troupes entreprit le passage du fleuve. Par un sentier très étroit ils avancèrent trois jours, en laissant derrière eux des montagnes boisées jusqu'à ce qu'ils tombassent dans un marais de six brasses de profondeur dont deux de boue liquide. On voulut en suivre les bords mais les indigènes soutinrent qu'il faudrait marcher pendant vingt lieues jusqu'à des sierras. Aussi Malinche décida-t-il de construire un pont.

Les chefs furent choisis pour accomplir cette tâche. Ils allèrent dans la forêt choisir des troncs et des poutres ; les Indiens les amenaient en les traînant, chantant et défaillant de faim, mangeant des racines et buvant de l'eau du marais. Mais Malinche leur avait dit de « considérer en quelle nécessité nous étions et qu'il nous fallait forcément ou passer ou périr. Il les priait vivement d'exciter leurs gens pour que ce pont soit construit car une fois passés, nous trouverions une grande province nommée Acalan où l'on pouvait se ravitailler largement. Ils savaient bien qu'il avait ordonné de rapporter des vaisseaux, en canots, tout le ravitaillement possible, et qu'ils l'auraient en abondance. En outre, je leur promis que, de retour ici (à Tenochtitlan), ils seraient récompensés par moi au nom de Votre Majesté. Ils me promirent de travailler et commencèrent à se répartir la tâche. Leur ardeur fut telle qu'en quatre jours, ils en vinrent à bout de telle façon que chevaux et gens y passèrent et que l'ouvrage ne se serait pas défait en dix ans si on ne l'avait détruit volontairement ».

En même temps Cortès ordonna à divers capitaines d'aller aux environs chercher des aliments. Parmi eux, partit Bernal Diaz del Castillo pour ramener, le soir, à l'endroit où résonnaient les coups de hache des coupeurs de bois et les chants languides des Indiens, quelques charges de maïs. L'écouter sur la route et voir tomber sur lui les Espagnols fut l'œuvre d'un instant. Bernal criait dans la confusion de tous :

— Laissez donc ; c'est pour le capitaine Cortès.

Et les affamés répondaient d'une voix rageuse :

— Vous avez mangé de beaux porcs, vous et Cortès !

Et c'était vrai. Le troupeau qui était parti de Tenochtitlan et de Coatzacoalcos, derrière la colonne encore fringante, était bien décimé. Quelques cochons furent mangés par leurs gardiens commandés par un certain Guinea, fourbe et glouton. D'autres furent consommés par don Hernan à qui, chaque soir, de l'extrême arrière-garde, on apportait des jambons et des filets appétissants que l'odorat aiguisé des soldats, accru par la faim, devinait plutôt qu'il ne le découvrait.

Après ce marais, une autre lagune attendait Cortès. Dans ses eaux fangeuses les chevaux naufragèrent et les hommes ne pouvaient les sauver. Tous perdirent l'espoir de passer ou de préserver leurs montures. Ils se contentèrent de jeter des branches et des touffes d'herbe pour les soutenir et, à force de batailler entre la nage et l'angoisse, les chevaux eux-mêmes ouvrirent un passage dans la fange où ils purent enfin se soutenir.

Les blasphèmes s'étaient changés en lamentations. Bien des soldats n'osaient même plus parler. Ils regardaient sur le bord de la lagune, livrés à l'irrémédiable. Les Indiens soupiraient. Beaucoup étaient restés dans la forêt, les baies et les précipices, tombés à jamais. Les musiciens moururent et leurs musettes et leurs flûteaux ne sonnaient plus. Les frères périrent également. La mort était chose certaine si l'on mordait un fruit étrange, si l'on rencontrait une vipère, si l'on buvait cette eau pestilentielle.

De l'autre côté de la nappe d'eau, il y avait Acalan. Le paysage changeait, les marais disparaissaient, la végétation se réduisait à des bosquets d'yeuses toujours verts, traversés par des chemins faciles. Une vaste plaine ensoleillée s'étendait face à l'expédition. Le ciel perdait ses nuages ténébreux pour devenir bleu. La vie devait y être aimable, le ravitaillement abondant, les Indiens dociles et les femmes fraîches. Devant toutes ces perspectives, les Espagnols hâtèrent le passage du marais. Dès qu'ils eurent mis les pieds sur la terre ferme et noire de l'autre rive, ils tombèrent à genoux. Un frère éleva la voix pour dire les prières. Les Indiens reposèrent leurs muscles fatigués. Et là-dessus « arrivèrent les Espagnols qui gagnèrent Acalan avec quatre-vingts Indiens environ, naturels de cette province, chargés du ravitaillement en maïs et en volailles. Dieu seul sait la joie que nous en eûmes, surtout quand on nous dit que la population était sûre et pacifique et ne songeait pas à fuir. Avec ces Indiens d'Acalan se trouvaient deux notabilités qui dirent venir de la part du seigneur de la province, qui s'appelle Pax Bolon, pour m'aviser qu'il se réjouissait fort de ma venue. Il y avait plusieurs jours qu'il avait de mes nouvelles par les marchands de Tabasco et de Xicalango. Il se réjouissait de me connaître et m'envoyait un peu d'or. Je le reçus avec tout le contentement possible, en remerciant ce seigneur de la bonne volonté qu'il mettait au service de Votre Majesté ».

En même temps que le paysage, le ton des hommes avait également changé. Cortès était entré en contact avec une branche secondaire de la grande famille maya. Il avait pénétré dans le caciquat d'Acalan-Tixchel qui étendait ses domaines sur tout le territoire de Terminos, sous le commandement d'un homme sensuel et timoré, fils de guerriers, subtil dans ses ruses et immensément riche.

CHAPITRE VI

PORTRAIT D'UN CACIQUE

Pax Bolon Acha, seigneur d'Acalan-Tixchel, provenait d'une pure lignée maya. Au début, quand les Itzaes dominèrent l'immensité de la terre de Mayab, en de mémorables époques passées, un cacique de Cuzamil, l'île des hirondelles, se détacha avec son clan du tronc de la race, traversa le sud de la péninsule yucatèque pour arriver avec ses guerriers infatigables aux agréables plaines des Indiens mactunes. Là, il fit la guerre aux tribus dispersées et bientôt ses domaines augmentèrent comme lorsqu'une pierre tombe dans une onde tranquille et que s'élargissent les ondes concentriques qu'elle fait naître. Il avait créé un empire et, à sa mort, son fils hérita de son pouvoir et de son rang.

Le troisième de la dynastie fut un autre conquérant. Sur les rives des baies et des lagunes, il fit avancer ses troupes ; il les fit passer silencieusement sur un bras de mer et tomba sur les gardiens sans défense de Tatenan, l'île de Terminos, où se dressait le temple vénéré d'Ixchel, la dame de l'arc-en-ciel.

Le quatrième seigneur porta un nom mélodieux : Paxua. Il amena de lointaines montagnes impraticables toute sa tribu et peupla Tixchel au bord d'une vaste embouchure. Il découvrit les richesses de la pêche et coupa les communications entre les caciquats de Chakan-Putun et Xicalango dont il dut combattre les guerriers. Les guerres, cruelles et fréquentes, décimèrent ses hommes. Alors il s'éloigna de Tixchel, prit les vieux chemins de la province et s'établit à Mactun qu'on appelait Acalan et il arriva jusqu'au confluent de deux fleuves, l'Usumacinta et le Palizada, dont les eaux rouges et turbulentes marquèrent les limites de son pouvoir.

Le clan avait prospéré sous l'impulsion du temps. Les descendants du premier seigneur comprirent que leur pouvoir ne résidait pas dans le combat mais dans l'harmonisation de leurs privilèges avec la vertu sereine des marchands. Adonnés à la mollesse, ils oublièrent l'art de la guerre et ainsi, lorsque des groupes de soldats étrangers, sans doute des Aztèques, arrivèrent à Balancan et exigèrent une part des tributs et du pouvoir sur le pays, Pachimal Ahix, le seigneur, ne put contenir l'avalanche. Les envahisseurs mirent ses soldats en déroute et Pachimal lui-même mourut dans l'un des combats qui durèrent quatre-vingts jours. Son frère le remplaça sur le trône.

Il engendra Pax Bolon Acha. En six générations, le sang maya s'était calmé et les pures coutumes antiques étaient oubliées. Les croisements entre les fils des Itzaes et les tribus qu'ils avaient soumises donnèrent comme résultat une race d'hommes petits mais râblés, de peau plus sombre, qui conservait, peut-être, de son ascendance un nez aquilin proéminent, la lèvre inférieure forte et sévère et le front fuyant dans un visage plein de vivacité.

On n'avait pas maintenu non plus l'empire des divinités primitives du clan. À côté des dieux bienfaisants de l'agriculture, de la fertilité, des éléments, il en apparaissait d'autres mystérieux et violents : ceux du sang mactun ou ceux amenés par la fréquentation des marchands avec d'autres peuples éloignés. Cependant, aucun d'eux, nationaux ou étrangers, n'avait atteint l'exigeante férocité de l'Huitzilopochtli aztèque. S'ils réalisaient des sacrifices humains, la folie de la mort, telle qu'elle régnait à Tenochtitlan, était inconnue de ce groupe édénique qui conservait, c'est possible, le souvenir de Kukulcan, le civilisateur, tandis qu'il tournait le dos à Coatlicue, la déesse à l'horrible robe de serpents qui pointait ses griffes sur le cœur des hommes. D'une lointaine influence aztèque il ne restait plus que de vagues légendes de guerres exterminatrices, l'esclavage et la peur de la mort.

Nous pouvons imaginer Pax Bolon, la taille ceinte d'une bande d'étoffe qui en même temps lui servait de braies. Sur les épaules, un manteau d'un blanc immaculé ; un riche panache de plumes sur les cheveux très noirs : des bracelets d'or et des pendants aux oreilles et au nez. Le corps tatoué et le visage fardé de rouge malgré sa teinte cuivrée déjà. Soixante-seize localités, toutes de commerçants, se groupaient sous son sceptre. Pax Bolon était lui-même propriétaire d'une flottille de canots avec lesquels ses majordomes allaient percevoir les tributs en espèces et qui servait au troc de marchandises, tant les limites de son fief étaient vastes.

Les Indiens mactunes formaient son peuple. Son pouvoir s'était enraciné plus encore grâce à la décadence des caciquats voisins : il régnait sur la lagune et l'île de Terminos et son influence atteignait même Zagoatan et Guatemala. Sa capitale, Itzamkanac, était ornée de riches temples, sur le bord de l'eau, et les rives d'un estuaire qui allait de la mer de Terminos à Xicalango et Tabasco, tout proche d'un cours d'eau aux chutes rapides. Ses sujets étaient habiles au travail des couteaux de silex et des navettes, des anneaux et autres objets fabriqués avec l'écaille des tortues ; ils tissaient des éventails de plumes, ils cultivaient les figuiers de Barbarie et les fruits tropicaux. Une description très peu postérieure à la visite de Cortès assure qu'Itzamkanac avait de neuf cents à mille maisons de pierre, sans compter les innombrables cabanes des gens du peuple.

Seigneur de terres irrigables et de montagnes, de taillis et de forêts, Pax Bolon et son peuple avec lui possédaient un caractère qui s'adaptait à toutes les circonstances et à toutes les adversités : une richesse qu'il s'agissait de défendre. Ils manquaient de la pure tradition sacrée des Aztèques. Ils n'étaient pas la tribu de la divinité. Le clan avait été mis à l'épreuve souvent dans des crises de vie ou de mort. Séparé de son tronc initial, il avait perdu le solide nœud religieux qui lui fit affronter jadis tous les périls. La faim fut plus forte que le sentiment du sacré. L'instinct de survivance et d'éternité avait déformé d'étrange façon l'esprit initial des Mactunes, sur les épaules et sur les cœurs de qui reposait le trône de Pax Bolon.

CHAPITRE VII

PAX BOLON FEINT DE MOURIR

Les relations entre Pax Bolon Acha et Hernan Cortès allaient être régies par les plus extraordinaires circonstances. Chacun songeait, en réalité, à la façon de tromper l'autre. En définitive, tous deux demeurèrent unis : la mort de Cuauhtemoc noua entre les deux des liens historiques et les maintint solidaires de ce crime, bien que les cendres du tlacatecuhtli aztèque fussent dispersées depuis des siècles par les vents.

Si l'on en croit Malinche, après les compliments dont on combla les envoyés de Pax Bolon, il partit derrière eux pour dormir une nuit dans la montagne et le lendemain arriver à une ferme de la province d'Acalan, appelée Tizatepetl dont les habitants les attendaient pleins de confiance. Les attentions leur furent tellement prodiguées que les Espagnols campèrent là pendant six jours. Pendant ce temps, infatigable, don Hernan rassemblait des renseignements et des adeptes. Vaincu par la forêt et l'eau, il ne désirait pas combattre. Habile à manier l'éloge et le sourire, il s'attira bientôt sans réserve la confiance des indigènes. Sauf son extrême intransigeance religieuse, les discours qu'il faisait lui-même à la foule ou qu'il faisait prononcer aux moines qui accompagnaient l'expédition, il pardonnait certaines fautes de la barbarie, notamment la polygamie, et il profitait également des femmes dont les caciques lui faisaient don.

Peu de jours après son arrivée à Tizatepetl on lui présenta un jeune homme de belle prestance et bien accompagné. Il arriva jusqu'à la tente qui servait de quartier général à Malinche, suivi d'une suite brillante et, par le canal des interprètes, il s'annonça comme le fils de Pax Bolon. Aux portes de la tente, Cortès sur la chaise en X, face au jeune homme au casque sommé de plumes, entama la conversation. Le garçon donna de vive voix à Cortès la nouvelle de la mort de son père. Le seigneur avait disparu ; il avait rejoint la compagnie des fondateurs de l'Empire ; tout était sans protection. Aussi son fils était-il venu se prosterner devant Malinche pour écouter ses paroles et lui obéir. « Je montrai, dit Cortès, que cette mort me chagrinait beaucoup... et je lui donnai un collier qui pendait à mon cou, en grains de Flandres, ce qui lui plut extrêmement. Je le renvoyai amicalement mais il tint à rester deux jours avec moi, de son propre gré. »

L'armée avait consommé les dépôts de vivres accumulés péniblement à Tizatepetl. C'est pourquoi le cacique de cette ville invita les Espagnols à passer à Teutiarcas où il y aurait de meilleurs logements et plus de victuailles. Le parcours fut agréable et paisible. Il n'y avait plus de fièvres comme autrefois, plus de faim oppressante, plus d'errance. Tous dominaient leurs volontés, sinon leurs appétits. Et cheminer sous le tendre soleil, lentement, tandis que devant soi les esclaves élargissent les brèches et aplanissent la route, facilite les confidences. C'est ainsi que le cacique de Tizatepetl confia son secret à Malinche.

Au milieu du cortège du fils de Pax Bolon, il avait surpris quelques mots isolés, quelques allusions qui lui ouvrirent les yeux. Le jeune homme qui s'était présenté à Cortès comme fils de ce seigneur l'était réellement. Mais Pax Bolon n'était pas mort. Le rusé roitelet ne cherchait qu'à écarter Malinche de sa route pour qu'il ne connût point ses terres, ses peuples et ses richesses. Quelques présents, de la verroterie peut-être, récompensèrent la dénonciation. Et sans rien révéler de ses intentions, comme s'il ne s'agissait que de bavarder, Cortès fit comparaître le jeune homme devant lui après qu'ils se furent logés à Teutiarcas.

Don Hernan commença à lui parler en le comblant d'éloges et de sourires et quand le jeune prince fut en confiance, vinrent les réprimandes. Malinche était très étonné que Bolon se refusât à lui et inventât le mensonge de sa mort alors qu'il pouvait connaître la bonne volonté qui animait Cortès, le désir que celui-ci avait de l'honorer et de lui faire partager les cadeaux brillants et exotiques qu'il offrait à ses amis, car Malinche venait de recevoir de bons et fréquents envois de son pays. Le jeune homme se troubla. Les dieux étrangers savaient tout et devinaient tout. Don Hernan continua en demandant au jeune prince de s'en retourner à Itzamkanac pour prier son père de se présenter à lui « parce qu'il était sûr qu'il y gagnerait beaucoup ». Le jeune homme avoua : il était certain que Pax Bolon était encore le maître : s'il avait apporté la nouvelle de sa mort, c'est sur l'ordre même de son père. Mais il s'efforcerait de l'amener et « il croyait qu'il viendrait parce qu'il avait déjà envie de me voir. Certes, il avait ordonné qu'on me conduisît hors des lieux habités. Mais à présent, il me priait de venir à la capitale où il résidait parce qu'il y avait là plus de facilités pour m'approvisionner de choses nécessaires. »

Dans le langage simple et primitif d'une chronique indigène on conte les choses en leur donnant une couleur héroïque. Pax Bolon présidait à la vie tranquille de sa tribu lorsque apparurent les Espagnols commandés par Cortès. Ils passèrent par le village de Tachix, sortirent au début de la terre de Dzacchucté, vinrent se ravitailler au village de Tuxakha et, y ayant réuni toute leur troupe, envoyèrent prévenir le seigneur, Pax Bolon Acha.

Pax Bolon convoqua les notables de toutes ses tribus. Les gouverneurs de lointaines régions se présentèrent, attirés par la fumée, l'écho des cornes de guerre et la plainte des tunkules, ces tambours de bois harmonieux. Devant eux, le seigneur fit part de l'impérieux appel de Malinche. Et les chefs, effrayés, conseillèrent au seigneur de ne pas répondre à l'ordre du capitaine étranger. Chac Paloquem, le courageux, se dressa dans le conseil pour dire :

« Seigneur, reste dans ton royaume et dans ta ville ; je veux aller voir moi-même ce que désirent les Espagnols. »

Avec lui partirent les principaux chefs. Arrivés devant le capitaine espagnol, quelqu'un fit savoir que le seigneur n'était pas là. Aussi les chefs ne furent-ils pas reçus. D'un ton de commandement irrésistible, Cortès dit :

« Que le Seigneur vienne ; je veux le voir, car je ne viens pas pour lui faire la guerre ni pour lui causer du tort. Je ne veux que connaître en passant cette terre, toute la terre que je puisse voir. Je lui ferai beaucoup de bien s'il m'accueille. »

Après l'avoir entendu, ceux qui venaient d'Itzamkanac s'en retournèrent apporter à Pax Bolon les nouvelles des Espagnols. Alors celui-ci murmura :

« Je veux bien aller voir le capitaine des Espagnols. Je veux les voir et savoir pourquoi ils sont venus. »

On prépara les canots. On y suspendit des manteaux de couleurs et on y mit des tapis d'alfa pour que le seigneur y fût commodément. Ils descendirent jusqu'au fleuve par le sentier boueux et prirent le chemin de Tuxakha. Pax Bolon, Seigneur d'Acalan-Texchel, fils de Mayas et de Muctunes, emportait la crainte imprimée dans son cœur.

CHAPITRE VIII

L'AIGLE QUI DESCEND

Quand les premiers émissaires de Pax Bolon laissèrent Cortès à Teutiarcas et s'en retournèrent à Acalan, ils étaient accompagnés par les chefs envoyés par Cuauhtemoc. Ils emportaient le douloureux message du seigneur. Ils dirent donc aux nobles d'Acalan :

— C'est ainsi que nous partons enfin pour la Castille. Qu'on ait pitié de nous car nous devons rendre hommage au grand seigneur qui est le souverain de la Castille.

Et après avoir écouté les paroles du tlacatecuhtli, les gens d'Acalan répondirent unanimement :

— Que vienne notre seigneur et maître souverain ; nous serons dignes de ses faveurs. Que ses sujets nous traitent sans bienveillance. Car si lui-même nous impose une chose, il trouvera ce qu'il cherche...

Les chefs retournèrent devant Cuauhtemoc. Il était de bonne heure quand ils se prosternèrent devant le maître de la maison des boucliers et des dards.

— Seigneur, dirent-ils. Le désir exprimé par les hommes d'Acalan est que vienne notre souverain. Qu'il visite ses sujets. Nous serons dignes de sa faveur.

Cuauhtemoc répondit :

— Qu'il en soit ainsi ! Partons de bon gré !

Au lever du jour, alors que Malinche avait donné l'ordre de partir pour Tuxakha, Cuauhtemoctzin appela ses capitaines :

— Allons visiter, s'exclama-t-il, les nobles d'Acalan !

Derrière la colonne partirent les trois souverains, Cuauhtemoctzin, Coanacoch, seigneur de Texcoco et Tetlepanquetzin, seigneur de Tlacopan. Les capitaines les accompagnaient.

L'agglomération de Tuxakha prend soudain une animation inusitée. Ses habitants, vêtus de leurs habits de fête, vont à la rencontre de Malinche et de Cuauhtemoctzin avec leurs éventails de plumes de quetzal, décorés de filets d'or. Ils forment un dais de plumes et de tapis bleus. Ils portent des babouches royales, des bijoux et d'autres cadeaux. Les plumes brillent, les bijoux étincellent. Et quand entre le cortège, les gens d'Acalan poussent des cris de joie. Sous le dais prennent place le capitaine Malinche et ses blancs, Cuauhtemoc et ses lieutenants, Pax Bolon et ses guerriers mactunes. Dans des tasses rafraîchies on leur offre de la liqueur d'atole. Damoiselles et gentilshommes servent le banquet et tandis que les convives mangent, ils se font les uns aux autres des cadeaux.

Don Hernan dit à Pax Bolon :

— Roi Pax Bolon : je suis venu sur tes terres, car je suis envoyé par le seigneur du monde, l'empereur qui est assis sur son trône en Castille. Il m'envoie dans l'univers pour savoir qui le peuple, car je ne viens pas guerroyer. Je te demande simplement de me conduire à Hibueras, la terre où l'on trouve l'argent, les plumes et le cacao, ce qu'il me plairait fort de voir.

Pax Bolon répondit laconiquement :

— D'accord, je te montrerai le chemin.

Les poitrines de Malinche et du seigneur d'Acalan s'étreignent amicalement. Le chef des hommes, les yeux mi-clos, assiste à la scène. Les *ceibas* pleins d'ombre de la place donnent une sensation d'intimité douce et solennelle.

***

Tandis que Cortès et ses capitaines parlent avec Pax Bolon, les seigneurs aztèques, à l'écart, poursuivent une conversation moqueuse. Ils mettent dans leurs mots l'accent de l'ironie ou le regret mélancolique. Ainsi Coanacoch, le Chichimèque, dit au chef des hommes :

— Seigneur, la province que nous allons conquérir sera pour moi, car, comme tu le sais, la ville de Texcoco et mes royaumes ont un droit de préférence en tout, suivant les lois établies entre mon aïeul Netzahualcoyotl et le tlacatecuhtli Itzoatl, ton ancêtre.

Le chef des guerriers répondit en riant :

— En ces temps-là, seigneur, nos armées s'avançaient isolément et il était bien que la préférence t'appartînt car la cité de Texcoco est notre ancienne patrie et d'elle provient notre lignage et notre race. Mais à présent que nous appuient les descendants de Tonatiuh, pressés par le grand amour qu'ils me portent, cette province sera pour moi.

Tetlepanquetzin entrouvrit ses lèvres minces :

— Non, seigneur, dit-il. Puisque tout marche à l'envers, que la terre conquise soit à moi, est que Tlacopan et le royaume des Tecpanèques, qui était le dernier dans les distributions, soit à présent le premier.

Temilotzin, le tlacatecatl de sang tenochque, parla à son tour :

— Ah ! seigneur ! Comme vous plaisantez à propos de la poule qu'emporte le loup avide ! Il n'y a point de chasseur qui le lui enlève. Ou comme le petit poulet que rapte le faucon trompeur quand la fermière n'est pas là, bien que sa mère le veuille défendre, comme l'a fait mon seigneur Cuauhtemoc qui, tel un bon père, défendit sa patrie ! Mais l'empire chichimèque a manqué de paix et de concorde et notre orgueil ainsi que nos discordes nous livrèrent aux mains de ces étrangers et nous firent souffrir, le long d'âpres chemins, la faim, le froid et les mille autres calamités que nous supportons depuis que nous avons été dépossédés de nos royaumes et domaines et que nous sommes oubliés par notre aimable patrie, comme si elle était notre ennemie. Oh ! très sages seigneurs Netzahualcoyotl et Netzahualpilli ! que dut-il être pour vous ce temps heureux si loué, si exalté pour que vous ayez désiré si fort le revoir et pour que vous ayez tant souligné nos erreurs ! Consolez-vous, seigneurs !

D'autres chefs qui écoutaient ces plaintes se mirent à rire et se divertirent à chanter les vieilles chansons de la race, surtout celles qui se rapportent aux choses qu'ils voyaient et dont ils souffraient, et qui avaient été composées par les poètes de jadis. Une d'entre elles disait ainsi :

Je suis comme ivre, je pleure, je souffre,
Oui, je le sais et ne peux l'oublier :
Plaise au ciel que jamais je ne meure, que je ne périsse jamais !
Là où la mort n'existe pas, là où l'on triomphe, c'est là que je [vais :
Plaise au ciel que jamais je ne meure, que je ne périsse jamais !
Un autre, reflétant ses propres angoisses dans son poème, rappelait [ce vieux chant guerrier :
C'est en vain que je suis né, que j'ai grandi sur la terre :
Je suis un malheureux bien que je sois né et aie grandi sur la [terre.
Et je dis : Que feront les enfants qui doivent me survivre ?

Vinrent alors les seigneurs d'Acalan. Ils s'approchèrent humblement de Cuauhtemoc pour écouter sa parole :

— Soyez fermes autant que vous pourrez, leur dit-il. Soyez joyeux. N'allez point dans des terres étrangères. Soyez heureux ici pour ne pas causer de douleur aux gens du peuple, aux vieillards, à vos anciens, aux enfants encore au berceau, à ceux-là qui marchent à peine, à ceux-là dont la vie n'est qu'un jeu. Qu'ils n'aillent point en pays étranger. Aimez-les. Ne les abandonnez pas. Je vous les recommande car nous, nous serons envoyés en Castille. Sais-je seulement si je reviendrai quelque jour ou si je périrai là-bas ! Peut-être vous ne me reverrez plus. Faites tous vos efforts pour vivre. Aimez vos enfants, tranquilles et en paix. Ne leur infligez aucune peine. Je vous dis seulement ceci : Aidez-moi de toute façon pour que je puisse donner la bienvenue au grand seigneur qui est le souverain de la Castille !

Les seigneurs d'Acalan, et peut-être Pax Bolon avec eux, répondirent au discours de Cuauhtemoc :

— Oh ! maître et seigneur ! Serais-tu notre sujet pour t'humilier ainsi ? Ne t'inquiète pas car voici ton domaine. Voici ton tribut ! Qu'on apporte huit corbeilles remplies d'or jaune, de bijoux ornés de pendentifs et d'émeraudes et des colliers de turquoises ! Montrons-les car c'est là ton bien et ton tribut !

— Vous m'avez fait du bien avec tout ce que m'accorde votre cœur ! dit Cuauhtemoc.

Alors, ceux d'Acalan prirent leurs tambours ou teponaxtles,

sortirent leurs balles en plumes de quetzal et dansèrent. Ils dansèrent en chantant. Les chefs et les guerriers qui jouaient aussi du tambour et de la flûte se joignirent à eux. Les plumes reprirent leur allégresse et les trois mille Indiens sentaient renaître en leur sang les vigueurs perdues. De nouveau jaillissait de leur âme la tradition et l'orgueil de la tribu.

Le bruit de la fête arriva jusqu'à Malinche. Il se souvint de Tenochtitlan : les angoissantes minutes de la nuit ténébreuse, les agonies de cet endroit que la mort parcourait au milieu des clameurs inspirées par le grand mythe. Il eut alors une idée étrange et « comme dit le proverbe, le voleur pense que tous les hommes sont de son acabit ». Il fit appeler les seigneurs et par le truchement des interprètes, il leur dit qu'il lui paraissait mal que les nobles et les princes se moquassent les uns les autres. Malinche leur demandait de ne plus le faire. La réponse vint digne et subtile : ils n'échangeaient pas de plaisanteries ni ne récitaient des vers ; leurs danses et leurs chants n'avaient pas de quoi fâcher don Hernan. Ils se divertissaient simplement pour oublier leurs souffrances. Les seigneurs, en de telles occasions, devaient se réjouir de voir leurs vassaux reprendre courage pour mieux résister aux dures fatigues, et regarder leurs chefs comme s'ils se trouvaient avec eux dans leurs châteaux et leurs palais. Mais si Malinche n'aimait pas ces fêtes, ils ne s'y livreraient plus.

C'est alors que Cuauhtemoc souffrit la plus grande de toutes ses tortures. Pendant leur marche, une idée avait enflammé le cerveau de tous les seigneurs et les chefs en leur donnant des forces pour résister là où d'autres tombaient de faim et de fatigue. Derrière la moquerie et le fait de réclamer pour eux la province que les Espagnols allaient conquérir à l'aide de leurs guerriers, se faisait jour la pensée toujours vivante de la tribu. Cette soumission devrait prendre fin. Les dieux de pierre seraient, à la fin, les plus forts et l'ardente tribu vaincrait les blancs défaillants. Là aussi, dans la forêt, pourrait s'élever la poudre du combat contre les teules et ils pourraient retourner en vainqueurs à Tenochtitlan pour en finir avec le pouvoir de Malinche. En réunissant les pierres dispersées, on rebâtirait à nouveau les glorieuses pyramides ; l'autel de Huitzilopochtli ruissellerait encore de sang. Tlaltelolco, le berceau du tlacatecuhtli, devrait ressusciter d'entre les ruines ; les guerriers en esclavage, marqués du fer des étrangers, redresseraient le front et leurs chefs recommenceraient la divine besogne de la guerre pour alimenter les dieux titulaires et leur rendre leur vigueur.

On en avait parlé, pendant la route, comme d'une chose possible, comme la façon d'infuser au peuple un nouvel espoir. Peut-être à Tuxakha, au milieu de la fête avec les seigneurs d'Acalan, rappellerait-on ces palabres. Et Pax Bolon en demeura tout étonné. Le cacique de la province avait également pensé d'abord à donner la mort à Malinche quand les blancs traversaient les bois jusqu'à ses domaines et les Mactunes tremblaient de peur. Mais il fut trop débile pour un si haut dessein et c'est alors qu'il ourdit le projet d'écarter les Espagnols de ses terres. Pax Bolon dut l'agiter longtemps dans son cerveau calculateur de marchand ; il dut peser les avantages d'une entreprise hardie et les risques d'un échec. Malinche apportait avec lui un mystérieux objet, la boussole qui le préservait des dangers et lui faisait deviner l'emplacement des lieux habités. Cette amulette pouvait démasquer Pax Bolon. En outre, Malinche jetait à terre les idoles et le monde continuait imperturbablement à vivre. Malinche regardait dans les yeux, fixement et pénétrait ainsi l'âme des Indiens. Il était sévère et généreux. Que pouvait-il faire, lui, pauvre chef de tribus dispersées, si Cuauhtemoc lui-même, si la grande nation aztèque, les hommes de Texcoco et de Tlaxcala étaient tombés aux pieds de Malinche ? Eux, les blancs, commanderaient toujours. Pax Bolon n'avait qu'à se soumettre, rentrer en grâce et tirer un profit de cette soumission.

De plus, Pax Bolon évoquait ses contacts avec les Aztèques de Xicalango. Ceux-ci entraient invinciblement dans les terres d'Acalan. Parfois, ils exigeaient un tribut. Ils étaient en quelque sorte des ennemis. Les nations indigènes, dispersées, conservaient un esprit d'indépendance vis-à-vis les unes des autres, un esprit traditionnel et orgueilleux. Elles se reconnaissaient quelquefois des origines communes qu'elles rappelaient dans leurs chants et leurs commémorations ; mais dans leurs poèmes et leurs chroniques, elles stimulaient jalousement leur souveraineté sur leur territoire et le droit de disposer de leur propre destin.

Avisé peut-être du déplaisir de don Hernan à propos de la fête à laquelle les nobles avaient pris part, Pax Bolon courut vers Malinche. Il lui conta que Cuauhtemoc lui avait dit :

— Seigneur, il viendra un temps pendant lequel ces Espagnols nous donneront grand travail, nous feront beaucoup de mal et massacreront nos peuples. Je suis d'avis que nous les tuions car j'amène avec moi une forte troupe et vous-mêmes êtes nombreux.

Ce à quoi Malinche avait répondu :

— Nous y songerons. Laissons-le pour l'instant. Nous en parlerons ensuite.

Ce que Pax Bolon ne dit pas à Cortès, ce fut qu'il était disposé à observer de plus près les Espagnols et à mesurer les possibilités de succès dans une attaque par surprise. Si les paroles de Cuauhtemoc, selon les témoignages connus, furent certaines, Pax Bolon ne dut pas être exempt du désir de les réaliser. Mais son impuissance était chaque jour plus grande. Derrière les galantes manières de Cortès, on percevait le ton impérieux et Pax Bolon obéissait aveuglément. À l'autorité de Malinche répondait la soumission du cacique. Sa délation devait, en quelque façon, l'exonérer d'une faute partagée en esprit. Et pour la rendre plus odieuse, il l'accompagna de la flatterie. Comme Cuauhtemoc savait mentir quand il accusait les blancs de méfaits ! Pax Bolon avait toujours vu que les Espagnols ne soumettaient leurs Indiens à aucun mauvais traitement ; ils ne lâchaient pas les chiens contre eux et n'exigeaient pas la remise de leurs trésors. Ils réclamaient, évidemment, de la volaille que les Mactunes leur remettaient chaque jour avec plaisir. En songeant que les Espagnols ne leur faisaient aucun mal, il ne pouvait pas avoir avec eux deux visages, ni deux cœurs et comme Cuauhtemoc l'importunait toujours à leur sujet, parce qu'il voulait tuer tous les Espagnols, Pax Bolon conseillait à Malinche de se méfier de lui. Il conclut :

— Seigneur capitaine, ce grand chef des Mexicains que tu amènes avec toi, défie-t'en, il pourrait bien te trahir, car trois ou quatre fois, il a voulu que nous t'assassinions.

Avec le chef des soldats venait aussi depuis Tenochtitlan, Mexicatl, « un nain dont les mollets étaient en forme de boules ». Il vit et entendit clairement la plainte des teponaxtles, le soir de la fête ; il écouta leur chant et remarqua les balles en plumes de quetzal qui volaient dans l'air. Il était resté seul dans sa cabane car personne ne l'avait invité à la fête. Il s'y lamentait et quand la fête battit son plein, que les seigneurs se mirent à danser et que Tetlepanquetzin et Coanacoch en firent de même, Mexicatl s'en fut trouver doña Marina et lui dit :

— Hélas !

— Qu'as-tu, père Mexicatl ?

— Hélas ! suis-moi, ma fille, car je vois Cuauhtemoc apparaître comme ensorcelé et passer la revue de ses troupes. Regarde-le : nous allons tous périr ici, lui, le capitaine et toi, ma chère Malitzin !

— Est-ce vrai ce que tu racontes ? Tes affirmations ne sont peut-être pas tout à fait justes. Cuauhtemoctzin prendrait-il la tête d'une conspiration ?

Mexicatl répondit :

— Cela est si vrai que, la nuit passée, j'ai entendu leurs conciliabules. Ils ont dit qu'ils allaient en finir avec les étrangers, les otomies. Combien de temps faudra-t-il pour les anéantir ? se sont-ils demandé. Je les ai entendus se consulter dans l'obscurité. Je ne me lamente que parce que le capitaine et toi allez périr ici.

— Tu as bien fait de m'aviser, Mexicatl.

Et doña Marina avertit le capitaine de ce qu'elle venait d'apprendre.

Alors les soldats espagnols s'élancèrent sur les seigneurs comme les chiens sautant au cou de leurs victimes.

Malinche fit comparaître les princes devant lui et les interrogea dans la langue de doña Marina. Cette femme eut de nouveau entre ses mains le destin de sa race et elle fut implacable. Elle disait les questions de Malinche ; elle s'insinuait adroitement dirigeant l'interrogatoire vers des motifs étrangers pour revenir brusquement à la conjuration. Les seigneurs démentaient tout.

Temilotzin, le tlacatecatl, dit qu'ils avaient souvent gémi d'être dépouillés de leurs terres et de leurs vassaux et commandés par des Espagnols. Ils disaient aussi qu'il serait bon de chercher un remède pour reprendre le pouvoir et restaurer ainsi chaque lignage sur son trône. L'un de ces moyens serait de tuer Malinche et sa suite, puis, en soulevant le peuple, s'avancer jusqu'à Hibueras, en finir avec Cristobal de Olid et ses Espagnols et envoyer des messagers à Tenochtitlan pour que l'on tue tous ceux qui étaient demeurés dans la ville sacrée.

Cuauhtemoc, avec sa concision habituelle, dit à Malinche que « comme on voyait les Espagnols s'en aller sans précaution par les chemins, tous mécontents, comme bien des soldats souffraient car ils manquaient d'aliments, si bien que les musiciens et des hommes étaient morts de faim et que d'autres préféraient mourir que poursuivre leur route, il serait bon, lorsqu'ils passeraient une rivière ou un bourbier, de fondre sur eux parce que les Aztèques étaient plus de trois mille et qu'ils portaient des armes et des lances ».

Mais le chef des hommes ajouta que « ce dessein n'était pas venu de lui, il ignorait s'il avait eu tous les suffrages ; pas le sien en tout cas, car il n'avait fait qu'en entendre parler ».

Tetlepanquetzin admit que Cuauhtemoc et lui avaient dit « qu'il valait mieux mourir d'un coup que mourir chaque jour en chemin en voyant la grande famine dont souffraient les esclaves et les domestiques ».

Et sans d'autres preuves que les délations de Pax Bolon et de Mexicatl, le nain, transvasées dans la rancœur de doña Marina, don Hernan condamna à mort Cuauhtemoc et le seigneur de Tlacopan. Au fond de lui-même, c'est par peur que Cortès prit cette décision. Il craignait que ces discours ne vinssent aux oreilles des guerriers et qu'ils pussent exciter l'un de ces seigneurs qu'il pouvait rencontrer sur sa route. Il ne pouvait évidemment pas résister à un combat en pleine forêt, dans un milieu hostile et inconnu où ses mérites personnels se verraient diminués à chaque pas qu'il ferait sur la route de Hibueras. Il n'était plus le Quetzalcoatl immortel et se sentait entouré de chausse-trapes et de mystères.

***

Sur la place de Tuxakha, face au temple des idolâtries et du démon — légère pyramide couronnée par une plate-forme de pierre, noire du sang humain répandu — fleurit la *ceiba,* l'arbre totémique des mayas. Il étend sur la terre sombre du village ses rameaux épais d'où se détachent, dans le vent du matin, des flocons d'une soie impalpable. L'après-midi, à l'heure où la lumière s'épaissit, de ses branches s'éloigne le vol des chauves-souris. Autour de son vieux tronc vénérable, la communauté tient ses conseils, décide des châtiments et des affaires, rassemble le tribut et l'on y organise les danses qui précèdent le sacrifice des jeunes filles en l'honneur des divinités du clan.

Ce matin-là, alors que les feuilles de la *ceiba* dégouttaient encore de l'humide présence de l'aube, les soldats espagnols s'alignèrent sous sa large ramure. On amena les Indiens du campement voisin. Cortès y présidait un groupe d'ombres. Pax Bolon vint aussi avec ses guerriers mactunes. Un arbalétrier déroula les cordes et un autre porta à la garde un ordre de Malinche.

Le bruit des chaînes qui liaient les jambes des princes annonça leur venue avant que leurs silhouettes brunes apparussent dans le brouillard. Près de Cuauhtemoc et de Tetlepanquetzin se tenaient fray Juan Varillas et doña Marina. Le religieux récitait la terrible oraison des agonisants et les mots tombaient ensuite en langage indigène, harmonieux et graves, dans l'oreille des seigneurs. Le groupe, escorté par d'inutiles armes, avançait lentement.

Ni Cuauhtemoc, ni Tetlepanquetzin ne faiblirent en découvrant, pendantes aux branches de la ceiba, les cordes où s'ouvrait le nœud infamant. En arrivant près de Cortès, le fils d'Ahuitzotl, l'Aigle qui descend, sans un geste, les yeux mélancoliques, la voix claire et calme, l'apostropha ainsi :

— Ô Malinche ! Il y a longtemps que j'avais compris que tu me réservais cette mort et j'avais reconnu la fausseté de tes paroles, à toi qui me tues sans justice. Que Dieu t'en tienne compte puisque je ne me suis pas tué quand je me suis livré à toi à Tenochtitlan.

Le seigneur de Tlacopan, vieux compagnon d'infortunes et de sacrifices, insista sur son heureux destin :

— Je meurs content puisque je meurs avec mon seigneur.

Et ses yeux restaient fixés sur Cuauhtemoc.

On resserra les nœuds sur les cols innocents. Sur un signe furtif, quelques soldats prirent le bout des cordes et donnèrent une secousse vigoureuse. Le bruit des chaînes aux chevilles des princes devint plus sonore. Les corps s'agitèrent brièvement.

Les Indiens pleuraient en brisant leurs trompettes et leurs lances. Les femmes pleuraient aussi. Bernal Diaz del Castillo ferma ses yeux réprobateurs. Les religieux marmonnaient d'impénétrables oraisons. Cortès donna l'ordre du départ et tous, pleins de chagrin, derrière Pax Bolon, cacique d'Acalan-Tixchel qui montrait le chemin, partirent pour Itzamkanac.

⁂

Le combat est terminé sur cette terre ; mais le conflit entre Cuauhtemoc et Hernan Cortès reste vivant dans notre sang sans qu'aucun des deux ait pu vaincre. Tout à coup le cri de nos racines indigènes s'élève avec la même force mystérieuse d'il y a cinq siècles et il résonne, profond et familier, en éveillant des échos endormis dans notre esprit. Dans nos deux sangs aborigène et espagnol — que de ressemblances entre eux ! — nous regardons notre avenir avec une attitude religieuse qui reflète les angoisses de Sénèque ou de Thérèse de Jésus et le dramatique abandon à la divinité d'un prêtre aztèque. Cela n'empêche pas que nous sachions découvrir aussi le profil massif des choses. Et cette double capacité pour déchiffrer la vie nous rend paradoxaux, c'est-à-dire nous lègue un destin troublé et pathétique.

C'est ainsi que se crée à nouveau en nous, dans notre propre actualité, la vieille lutte entre ce que renferment nos deux mains et le rêve, bien caractéristique de ce qui est indigène et de ce qui est espagnol, enrichissant d'une essence imprévue nos conceptions et nos actes.

Notre capacité d'abstraction et notre stoïcisme sont renfermés en même temps dans la survivance de Cuauhtemoc et de Cortès, notre dissidence également devant les règles établies, les joies exagérées et les sombres et noires solitudes auxquelles nous nous livrons sans lutte. Devant un temple catholique, nos Indiens dansent encore leurs danses païennes. Si nous, les Mexicains, nous sommes sobres et discrets, nous gardons aussi une irrésistible faiblesse pour le grandiose et le somptuaire. Nous avons fait de notre vie un culte pour le baroque — dans la forme et dans l'idée — une intelligence et une extraordinaire puissance de création, plastique et régie par la couleur, cohabite en nous avec une conduite sûre d'elle-même qui, parfois, est incompatible avec les merveilleuses impulsions qui nous poussent. Notre mépris de la vie est la forme dans laquelle s'exprime le mieux notre amour pour elle. Le culte que nous rendons à nos morts n'a pas un sens chrétien ; ils vivent encore, ils sont présents, ils se mêlent à nous, respirent comme ils respirèrent et comme ils vécurent autrefois en nourrissant l'émouvante aventure des dieux de pierre.

Même dans nos négations, nous affirmons la valeur des forces qui président au métissage mexicain. Écoutez l'un de nous niant les Indiens. Cette négation est proprement le cri qui confirme l'influence ancestrale. Ainsi prétend-on réprimer et censurer l'éternité du fait indigène. Et plus nous le nions, plus nous disons que Mexico ne peut espérer de nouveaux signes de l'Indien, plus alors, avec une force accrue, l'Indien vit en nous, dans la chair et dans l'esprit.

On ne doit pas considérer cette contradiction comme un simple aspect d'impuissance. Elle vaut aussi pour toutes les affirmations généreuses qu'elle contient. La norme spectrale de l'indigène modèle en même temps le conquérant. Si celui-ci subjugue le corps des hommes de la tribu, il succombe en revanche sous leur esprit. Quand en nous les idées entrent en conflit, c'est parce que s'affirme alors davantage la clarté de ce destin ; c'est parce que Cortès et Cuauhtémoc s'animent et reprennent leur bataille séculaire.

Le corps de Cortès, enveloppé de linceuls et de disgrâces ; Cuauhtemoc, ses cendres dispersées dans la forêt, forment notre épopée. Tous deux furent des hommes de deux mondes qui en nous se concilient et luttent. Telle est notre race. Et à telle lignée, tel écusson.

CHRONOLOGIE

1485 : Naissance de Hernan Cortès.

12 octobre 1492 : Colomb découvre l'Amérique.

1496-1502 : Naissance de Cuauhtemoc.

1502 : Ahuitzotl meurt et Moctezuma le jeune est proclamé seigneur de Tenochtitlan.

1er mars 1517 : Francisco Hernandez de Cordova découvre le Mexique.

Mai-juin (?) 1518 : Juan de Grijalva arrive à Ulua.

1er février 1519 : Hernan Cortès part de la Havane à la conquête du Mexique.

21 avril 1519 : Cortès arrive à Ulua.

23 septembre 1519 : Cortès entre à Tlaxcala.

18 octobre 1519 : Tuerie de Cholula.

7 novembre 1519 : Cortès entre à Tenochtitlan.

10 mai 1520 : Massacre des chefs aztèques dans le grand Temple de Tenochtitlan, par Pedro de Alvarado.

28 ou 29 juin 1520 : Moctezuma meurt assassiné.

30 juin 1520 : La nuit triste.

7 septembre 1520 : Cuitlahuac est intronisé.

25 novembre 1520 : Cuitlahuac meurt de la variole.

Du 25 au 29 janvier 1521 : Cuauhtemoc est intronisé.

26 mai 1521 : Le siège de Mexico commence par la destruction de l'aqueduc de Chapultepec.

31 mai 1521 : Attaque de Sandoval par Ixtapalapa et de Cortès avec ses brigantins.

1er juin 1521 : Il s'empare du fort de Xoloc.

9 juin 1521 : Destruction du Temple de Tezcatlipoca.

Cortès et Cuauhtemoc

10 juin 1521 : Assaut du Grand Temple par Cortès.
16 juin 1521 : Destruction du palais d'Axayacatl.
30 juin 1521 : Cortès et Andrès de Tapia attaquent Tlaltelolco. Alvarado avance de Tlacopan. Défaite de Cortès.
27 juillet 1521 : Prise du marché et du grand Temple de Tlaltelolco par les Espagnols.
12 août 1521 : Captivité de Cuauhtemoc.
12 septembre 1523 : Cuauhtemoc publie la charte de partage de la Grande Lagune de Texcoco.
12 octobre 1524 : Hernan Cortès part pour Hibueras.
28 février 1525 : Mort de Cuauhtemoc et de Tetlepanquetzin.
2 décembre 1547 : Mort de Hernan Cortès.

TABLE DES MATIÈRES

ACHEVÉ D'IMPRIMER
LE 20 JANVIER 1982
SUR LES PRESSES
DE L'IMPRIMERIE HÉRISSEY
À ÉVREUX (EURE)
POUR LE COMPTE DES ÉDITIONS
ROBERT LAFFONT PARIS

Dépôt légal : février 1982
N° d'éditeur : M 521
N° d'imprimeur : 29101